미래를 바꾸는 말 한마디

미래를 바꾸는
말 한마디

안호림 지음

상상

| 들어가며 |

다양한 커뮤니케이션 매체의 출현과 발전으로 현대는 문자의 시대에서 다시 '말의 시대'로 변하고 있는 듯하다. 사회적으로도 의사소통, 말하기 교육에 대한 관심이 커지고 있다. 우후죽순처럼 늘어나고 있는 각종 스피치 관련 학원은 이러한 인기와 관심을 반영한 사회 현상이다. 뛰어난 언변은 개인적인 성공을 위해 필요한 능력이라고 오랫동안 생각되어 왔다. 더 나아가 말하기 능력은 민주주의 사회에서 민주 시민 육성을 위해 반드시 필요한 능력이기도 하다. 민주주의는 권위가 아닌 합리적 커뮤니케이션을 통한 설득이 주요 작동 원리가 되는 사회다. 현재 나날이 증대하는 한국 사회의 계층, 집단, 개인 간 갈등의 원인 중 하나는 한국 사람들이 합리적 설득의 훈련이 부족하기 때문이기도 하다. 한국의 미래를 짊어질 청년 세대를 육성하는 역할을 담당하고 있는 대학에서 사회 진출의 준비로서, 나아가 민주 시민의 필수 자질을 키우기 위한 말하기 교육의 실시는 당연한 의무이다. 의사소통 교육은 이러한 두 가지 주요 목표, 즉 개인의

능력으로서의 말하기 능력 배양을 위한 의사소통 교육, 그리고 합리적 커뮤니케이션과 민주적 토론이 가능한 민주 시민을 양성하여, 소통과 화합을 이룰 수 있는 공동체 성원으로서 필요한 자질을 갖추게 하는 것이 중요하다고 생각한다.

　말하기 교육은 단순한 자기표현이나 설득의 기술에 대한 교육의 차원, 즉 도구적 차원이 아니라 커뮤니케이션의 본래 목적인 상호 이해의 차원에서 접근할 필요가 있다. 의사소통 교육은 효과적인 의사 전달 방법에 대한 교육을 넘어 인간 상호 작용으로서의 커뮤니케이션, 타인과 자신을 둘러싼 환경과의 커뮤니케이션 원칙과 방법을 가르치는 것이어야 한다. 이는 필자가 수년간 대학에서 말하기 교육을 실시해 오면서 계속 강조해 오고 추구해 온 방향이기도 하다. 현재 한국 대학에서의 의사소통 교육은 대부분 필수 기초 교양 과목으로 운영되고 있으며, 그 내용과 수준 또한 입문 교육의 수준에서 벗어나지 못하고 있다. 또한 입문 과목으로서의 말하기 교육에 대중 스피치와 대인 커뮤니케이션으로서의 말하기 내용이 혼재되어 있는 경우도 많다. 학생들이 사회에 진출하여 전문 직업인으로서의 경쟁력을 강화하기 위해, 영역별로 심화된 교과목이 보강되어야 보다 완결성 있고 실용성을 갖춘 의사소통 교육이 이루어질 수 있다. 말하기, 의사소통, 토론에 대한 사회적 기대와 요구가 증대함에 따라 말하기 교육을 어떻게 할 것인가에 대해서도 논의되어 왔지만, 목표를 해결하기에는 부족한 점들이 남아 있다.

이 책은 커뮤니케이션 이론, 말하기 영역에 대한 탐구, 합리적인 소통, 영역별 스피치, 프레젠테이션에 대한 이론적 접근뿐만 아니라 실제로 학교에서 적용한 경험도 담고 있다. 현재 스피치에 대한 자기 계발서나 이론서들은 많지만, 실제 책을 봄으로써 셀프 트레이닝이 가능한 책은 전무하다. 의사소통에 대한 관심은 많지만 정작 무엇을, 어떻게 가르쳐야 하는가에 대한 교육적 논의가 절실한 상황에서 이 책을 출판하게 되었다. 이 책은 효율적인 의사소통을 위한 이론과 실습 요소를 모두 포함하고 있다. 한 학기를 기준으로 본다면 첫 4~5주는 커뮤니케이션에 대한 원칙과 기초 이론을 습득하고 나머지 수업 기간 동안은 여러 커뮤니케이션 상황을 포괄할 수 있는 다양한 실습 요소를 배우게 될 것이다.

『미래를 바꾸는 말 한마디』는 다양하게 전개된 상황 속에서 말하기 원리를 학습함으로써 합리적이고 비판적인 소통의 방법을 터득하도록 하기 위해 만든 책이다. 이 책은 총 5장으로 구성된다. 제1장에서는 말하기를 시작하기 전에 자기 진단과 극복을 통해 공포감이나 불안증에서 벗어나는 방법을 담고 있다. 제

2장에서는 누군가를 처음 만나게 될 때 자신을 소개하는 '나만의 자기소개 방법', 연설과 프레젠테이션, 토론, 취업에 대비하기 위한 '정보 제공 말하기', '설득적 말하기'에 대한 내용과 사례를 소개한다. 2장에 제시한 예시는 실제 학생들의 발표문이다. 제3장은 말하기의 기본 개념과 관점 그리고 그리스 로마 시대에 대중을 설득하기 위한 연설이나 변론을 위한 화법인 수사학, 말실수, 경청에 대한 내용 등을 담고 있다. 제4장에서는 뛰어난 연사가 되기 위해 필요한 자신만의 소통 스타일 탐색, 언어적 표현만큼이나 중요한 비언어적 메시지의 효과적 사용 방법 등을 다루고 있다. 그리고 마지막 제5장에서는 학교나 각종 대회에서의 발표, 회사에서의 프레젠테이션 실전과 면접에서 어떤 것들을 중점적으로 다루어야 하는지 등과 같은 상황적 말하기 스킬을 담고 있다.

"말은 곧 실력이다."라는 말이 있듯이 자신이 말한 언어는 상대로 하여금 기쁨을 줄 수도, 슬픔을 줄 수도 있다. 그만큼 말 한마디를 통해 연사의 언어적 습관, 태도, 인성까지도 엿볼 수 있기도 하다. 우리는 사람들과 함께 살아간다. 함께하는 일상에서 나를 더 돋보이게 할 수 있는 말하기 능력은 매우 중요하다. 말하기 능력은 연마를 통해 향상할 수 있는 능력이다. 오랫동안 주도적인 학습이 아니라 수동적인 학습에 익숙한 우리의 교육

환경에서 이 책은 자신을 돌아보고, 생각하고, 표현하고 그리고 반성하는 지침서가 될 수 있을 것이다. 마지막으로, 셀프 트레이닝을 받고 싶은 독자들에게 필자의 경험을 바탕으로 집필된 이 책이 잘 활용되기를 바란다.

차례

들어가며 ··· 5

제1장 대중 앞에서 말하기가 왜 두려운가

1. 발표 불안이란 ··· 15
2. 발표 불안의 원인 ····································· 19
3. 발표 불안의 진단 ····································· 27
4. 발표 불안의 극복 ····································· 31
5. 발표 불안에 대한 잘못된 개념들 ············· 46

제2장 마음을 여는 따뜻한 말

1. 청중에게 다가가기 ·································· 59
2. 글로 쓰고 말로 연습하기 ························ 64
3. 세상에 하나뿐인 나를 소개하기 ············· 77
4. 청중에게 도움이 되는 정보 제공하기 ····· 100
5. 논리와 감성으로 설득하기 ····················· 128
6. 감동을 선사하는 명연설 ························· 168

제3장 말하기와 소통

1. 말 한마디의 실수 ……………………………………… 185
2. 말 한마디로 산 움직이기 …………………………… 198
3. 경청으로 시작하기 …………………………………… 209
4. 듣고 싶은 말하기 ……………………………………… 215
5. 입장 바꿔 말하기 ……………………………………… 218

제4장 공감하라 그리고 감동시켜라

1. 소통의 의미와 형태 …………………………………… 227
2. 나와 너 메시지 ………………………………………… 232
3. 공감각을 자극하는 침묵의 메시지 ………………… 240

제5장 상황별 실전 말하기

1. 프레젠테이션 …………………………………………… 251
2. 면접 ……………………………………………………… 274

참고 문헌 …………………………………………………… 282

|제1장|

대중 앞에서 말하기가
왜 두려운가

WORDS TO
CHANGE THE FUTURE

많은 사람들이 발표를 앞두고 목이 마르고 손에 땀이 배는 경험을 해 본 적이 있을 것이다. 물론 발표에 몰두하다 보면 불안과 긴장이 갑자기 사라져 버린 경험도 있을 것이다. 누구나 학창 시절 선생님이 친구에게 질문을 던지면 곧 내 차례가 올 것이라고 생각하여 미리 답변을 준비하던 경험, 종종 "오늘 며칠이지?"라고 물으며 질문을 던지는 선생님의 습관으로 번호가 겹치는 날이면 학교 가기가 싫어진 경험도 있을 것이다. 말하기에 대해 사람들이 느끼는 어려움은 대중 앞에서 말을 해야 하는 상황 자체가 주는 두려움 때문에 발생한다. 면접을 앞둔 취업 준비생들도 마찬가지다. 합격할 것을 알고 면접을 본다면 어떠할까. 불안감과 두려움은 어디서 비롯되는 것일까. 무대 공포증, 즉 발표 불안증은 어떻게 극복할 수 있을까. 우리는 발표 상황에 왜 불안을 느낄까. 먼저 이 질문부터 답해 보기로 하자.

1.
발표 불안이란

 우리나라 학생들이 학교 수업 시간에 가장 피하고 싶은 순간은 선생님이 자신을 호명해서 발표를 해야 할 때라고 한다. 출석부의 번호가 수업 날짜의 끝 숫자와 겹치는 날마다 조마조마했던 경험들이 있을 것이다. 선생님과 시선을 마주치지 않으려고 고개를 숙이고 회피했던 순간들, 이러한 발표 회피는 학생들에게만 해당되는 것은 아니다. 직장 생활을 하면서 가장 부담되는 순간 중 하나도 프레젠테이션을 담당했을 때이다. 2011년 상영되었던 영화 〈킹스 스피치〉에서, 심한 발표 불안증이 있는 조지 6세가 1939년 9월 3일 영국 국민을 향해 독일과 맞서 싸울 것을 천명하는 라디오 연설 장면은 잊을 수가 없다. 아마 영화를 보는 관객들도 조마조마하면서 보았을 것이다. 이 영화는 발표 불안증에 시달리던 조지 6세의 실화를 감동적으로 담으면서 보는 이에게 깊은 여운을 남겼다. 이처럼 발표는 살아가면서 누구나 겪어야 하는 일이지만 선천적으로 말을 더듬거나, 남들 앞에 서면 얼굴이 빨개지거나, 암기를 했다가도 발표 순간이 되면 까맣게 잊어버렸던 경험이 있는 사람들에게는 더 무서울 것이다. 여러 사람 앞에서 자신의 생각을 논리정연하고 정확하게 표현해야 하는 '발표'는 다른 사람에게 자신을 드러내고 자신의 중요 정보를 보여 주어 설득하는 과정이다. 조직 생활을 하면서 발표를 통하여 자신의 능력을 인정받기도 하고 조직 내에서 자신의 위치를 확고하게 다질 수 있는 기회로 만들기도 한다. 그러나 이것은 발표의 기회를 잘 활용하는 사람에게만 해당된다. 대부분의 사람들은 발표를 힘들고 피하고만 싶은 부담으로 생각한다.

꼭 공식적으로 발표를 할 자리가 아니더라도 사람들은 여러 부담감을 느낀다. 이러한 부담감은 발표의 실패가 가져올 불이익에 대한 두려움이나 자신의 무능 또는 무지가 적나라하게 드러날 수 있다는 불안감 때문이다. 발표할 때 생기는 심리적 불안을 발표 불안증 또는 무대 공포증 stage fright 이라고 한다. 두 가지 모두 대중 연설 상황에 대한 불안을 가리키는 말로 사용된다. 발표 불안증은 커뮤니케이션 상황 전반에 생기는 심리적 불안인 커뮤니케이션 불안communication apprehension의 한 형태로서 대중 연설public speech에 대한 불안이라고 할 수 있다. 발표 불안speech anxiety은 다양하게 정의되어 왔다. '침묵', '사회적 침묵', '사회적 의사소통 불안', '부끄러움', '청중 불안' 등으로 표현되는데, 다수의 청중들 앞에서 발표하는 상황 즉 개인이 다수의 타인에게 관심의 초점이 되는 공식적 혹은 비공식적 상황에서 타인의 평가가 예상되거나 실제로 평가가 이루어지는 상황에서 불안을 나타내는 부적응적인 인지적, 생리적 및 행동적 반응들이다(Paul, 1966). 1970년 커뮤니케이션 학자인 맥크로스키는 타인과 커뮤니케이션을 할 때 소통을 방해하는 개인의 성향이라는 개념을 처음 제안하였고 그 이후에 다른 학자들의 연구도 꾸준히 계속되고 있다. 맥크로스키는 발표 불안을 '특성 불안', '정황 불안', '청중 불안', '상황 불안'으로 설명했다(McCroskey, 2011). 여기에서 특성 불안trait anxiety은 특정한 상황이나 청중에 상관없이 어디에서나 지속되는 불안이다. 공식적인 자리이든 비공식적인 자리이든 사람의 수가 몇 명이든 상관없이 발생하는 공포감이다. 정황 불안context anxiety은 때에 따라 불안의 정도가 달라지는 것을 말한다. 불안이 항상 지속되는 것은 아니고 많은 사람들 앞에서 이야기하거나 발표할 때 불안감을 느끼기도 하고, 대중 연설이나 토론을 하기 전에는 공포감을 느끼지 못하다가 말을 해야 할 시점이 가까워지면서 불안정해지고, 얼굴이 빨개지다가 처음 시작할 때부터 말을 못하는 경우를 말한다. 청중 불안audience anxiety은 연사의 이야기를 듣는 청중의 유형에 따라 다르게 느끼는 불안감이다. 예를 들어서 가까운 지인이나 특정한 사람이 청중에 포함이 되면 발표를 하지 못하고 불안을 느끼는 것이다. 상황 불안situation anxiety은 특정 상황의 특정한 사람에게 느끼는 불안이다. 평상시에 발표 불안이 없던 사람이 업무나 본인의 미래에 결정적인 영향을 미칠 발표를 할 때 불안감을 느끼는 것이다. 면접이나 승진 시험을 앞두고 발표를 해야 할 때 불안감을 느끼는 유형이다. 발표 불안증이 과도하면 발표자로 지명되는 순간부터 긴장과 흥분, 초조와 걱정을 하게 되고, 말투와 행동도 부자연스러워지고 말을 더듬거나 앞뒤가 맞지 않는 말을 하게 된다.

   자신이 의도하는 것을 효과적으로 표현하기 위해서 가장 필요한 것은 두려움에서 벗어나는 것이다. 그러나 대부분의 사람들은 대중 앞에서 말을 할 때 불안을 느끼게 되고 그 불안감은 발표를 기피하면 할수록 더욱 커진다(김세은, 2005).

2.
발표 불안의 원인

학기가 시작되면 학생들과 발표 불안 자가 진단을 한다. 그리고 묻는다. 발표하는 상황에서 불안할 때 어떤 증세가 나타나는지, 그리고 얼마나 자주 그런 증세가 나타났는지, 그 원인은 무엇인지, 비슷한 증상을 겪었던 과거의 경험은 없었는지 등이다. 말하기 수업이 좋은 이유 중 하나가 다른 사람의 발표를 통해 나를 볼 수 있기 때문이다. 그러면서 나의 말하기 습관과 나의 언어를 찾는 것이다. 앞서 이야기했듯이, 발표 불안의 증세는 다양하다. 시선 처리가 안 되는 것, 얼굴이 붉어지는 것, 생각했던 것들이 떠오르지 않아 머릿속이 백지처럼 하얗게 되는 것, 말하는 속도가 빨라지는 것, 몸을 흔드는 것 등이다. 이러한 불안증은 사람에 따라 다르게 나타난다. 또 상황에 따라 바뀌기도 한다. 소그룹에서는 말을 잘하지만 청중의 수가 많아질수록 의견을 말하기 힘들다는 학생들을 종종 만나곤 한다.

 발표 불안증의 첫 번째 원인은 어린 시절 부모에게 받은 영향 때문이다. 영화 〈킹스 스피치〉에서 조지 6세는 아버지인 조지 3세로부터 말을 제대로 하라며 다그침을 당한다. 이때 느낀 심리적 압박 때문에 말을 더듬는 버릇이 생기게 된다. 또 위대한 연설가로 알려진 영국의 처칠도 마찬가지였다. 처칠은 1874년 귀족 명문가에서 태어났는데, 예민하고 타협을 모르는 아버지로부터 엄격한 교육을 받아 결국 말더듬이가 되었다. 이처럼 부모가 어른의 입장에서 단정 지어 말하거나 강제적일 때, 부모의 행동은 그것을 받아들이는 자녀들에게 압박으로 다가온다. 부모가 정하는 규칙과 바라는 정도가 어긋날 때 심리적인 압박이 가중되기 때문에 아이는 부정적으로 생각할 수밖에 없다. 두 번째는 자신에 대한 자존감이다. 자신을 믿지 못하고 자존감이 낮은 사람들은 자신을 부정적으로 평가하고 '내가 할 수 있을까'라는 생각이 머릿속에 있기 때문에 결국 부정적인 결과가 올 수밖에 없다. 마지막은 개인의 성향이다. 말하기는 경험과 습관에서 나온다. 그리고 과거로부터 이어온 본인의 상황과 환경을 대변해 주기도 한다. '다른 사람들이 나를 어떻게 볼까', '내가 실수하지 않고 말을 할 수 있을까', '내가 말하는 게 맞는 말일까', '사람들이 내가 한 말로 시비를 걸면 어떡하지' 등의 걱정을 한다. 어렸을 때 대화의 장벽을 느꼈거나, 어떤 사건으로 트라우마를 가지고 있거나, 자신감을 잃었던 기억이 있거나, 정신적인 실패를 경험했던 일들이 자신의 심리를 더 괴롭히게 된다. 이런 경우 말하기에 대한 불안증은 더 높아지는 것이다. 필자 또한 마찬가지다. 처음 강단에 섰을 때, 학생들을 쳐다보는데 어디로 시선을 둬야 할까, 만족할 수 있는 강의를 할 수 있을까, 다른 선생님들보다 젊은 나이로 강단에 선 나 자신을 학생들은 어떻게 평가할까 등 스스로에 대한 평가로 걱정을 하였다. 또 완벽하고 싶었던 욕심도 함께 있었다. 어린 시절을 생각해 보면 필자는 발표를 잘하는 학생이 아니었다. 오히려 수줍음이 많았다. 그런 와중에 용기를 내서 선생님에게 질문을 했는데, 핀잔을 들은 경험이 있다. 선생님은 무성의하게 대답하셨고, 친구들은 수업이 늦게 끝났다며 원망하는 태도를 보였다. 그 이후로 필자는 질문을 거의 하지 않았던 것 같다. 그리고 웅변 학원을 다녔다. 그 학원이 발판이 되어 말에 대한 자신감과 힘 있게 말하는 습관을 갖게 되었다. 이렇듯 살아온 환경, 본인의 경험, 기억 등은 발표 불안 증세를 가중시킬 수도 있으며, 감소시킬 수도 있다. 서로 잘 모르는 학기 초의 상황, 선후배들과의 만남에서도 예외일 수는 없다. 발표자의 심리적인 불안감은 본인뿐만 아니라 청중에게도 불편함을 준다. 말하기의 능력은 교제의 폭을 넓히고 본인의 능력을 대변해 주고, 삶의 질을 높여 주기도 한다. 그렇기 때문에 불안감에 시달리는 것을 그냥 두고 방치하면 안 된다.

우리는 말을 하는 것, 듣는 것에 항상 노출되어 있다. 그런데 이런 불안 증세를 스스로 통제할 수 있을까. 어느 누구도 "말하기가 좋다.", "발표가 편안하다.", "나는 프레젠테이션을 매일 하고 싶다."라고 하지 않을 것이다. 바로 "누구나 다 어려운 것이다."가 시작이다. 다른 사람에게 평가받고 또 누군가를 평가하고 대중 앞에서 말을 해야 하는 것은 어려운 일이다. "아 남들도 다 어렵구나.", "무대에 선 배우들도 첫 무대는 어렵다고 하더라.", "경기를 뛰는 선수들도 경기장에 올라가면 가슴이 뛴다고 하네.", "누군가와 처음 만나는 자리는 떨리는구나."와 같이 떨림은 지극히 당연하다는 인식을 해야 한다. 발표에서 불안감은 누구나 다 경험하는 흔한 일임을 깨닫고, 본인이 느끼는 불안이 어떤 불안인지를 알게 되어 꾸준히 노력하고 훈련하면 자신감 있게 발표를 실행할 수 있다.

대중 앞에서 말을 해야 하는 상황은 평생 피할 수 없는 일이다. 하다못해 연말 술자리에서는 짧은 건배사라도 해야 한다. 결국 피할 수 없다면 어떻게 하면 잘할 수 있을까를 생각해야 한다. 우리에게 펼쳐지는 모든 상황은 마음가짐의 변화에 따라 달라질 수 있다. "청중이 나를 어떻게 생각할까." 하는 나를 중심으로 생각하는 태도보다 "나는 청중에게 무엇을 해 줄 수 있을까."라고 하는 청중을 중심으로 생각하는 태도를 가질 때 훌륭한 연사가 될 수 있다. 십 년 넘게 대학에서 강의를 해 오고 있지만 아직도 첫 수업은 잊을 수 없는 순간이다. 무척이나 떨렸고, 어디에 시선을 두어야 할지 모르는 두려움을 겪었다. 강의 경험이 쌓여가면서 불안감은 서서히 없어졌지만, 첫 강의 때 학생들의 시선에 대한 지나친 의식과 완벽한 강의에 대한 욕심이 스스로를 더 괴롭힌 것이다. 강단에 서기 전부터 이미 스스로를 괴롭히고 있었기 때문에 결과도 만족스럽지 못했다. 강의실 상황을 모르기 때문에 낯선 상황에 들어가면서 긴장한 것이다. 그래서 필자는 말하기 수업에서 학생들에게 항상 강조한다. 배우도 미리 무대에서 리허설을 하는 것처럼 발표하기 전 그 현장에 가서 발표해 보라는 것, 그게 불가능하다면 머릿속으로 이미지 트레이닝을 그려 보라는 것, 원하는 회사가 있다면 회사의 정보를 알아보고 그 장소를 미리 방문하라고 이야기한다. 또 영화 상영 전 스크린 앞에 서서 사람들이 앉아 있는 자리를 한번 훑어보고 내 자리를 찾아가는 방법도 있다. 처음엔 무척 낯설고 행동도 부자연스럽지만 하다 보면 이 또한 익숙해진다.

발표 불안증이 심한 학생들은 얼굴이 붉어지거나, 땀이 나고, 목소리가 떨리는 등의 생리적인 현상을 포함하여 여러 가지 정서적·사회적 부적응 현상들이 나타난다. 위에서 말한 것과 같이 발표 불안의 원인에 대한 학자들의 의견은 다양하지만, 크게 세 가지로 요약된다. 발표 불안에는 특정한 상황에서만 나타나는 상태 불안state anxiety 측면과 개인이 처한 상황보다는 그 개인의 특성, 특히 성격적인 특성 때문에 나타나는 특성 불안trait anxiety 측면, 내용에 자신이 없거나 준비가 덜 되어 나타나는 준비 불안preparation anxiety 측면이 있다. 상태 불안은 자신이 처한 상황 때문에 느끼는 불안이고 특성 불안은 상황과 관계없이 개인의 성향이나 성격 때문에 느끼는 불안증이다. 실제 발표 상황에서는 이 두 가지가 정도의 차이는 있지만 모두 나타난다고 한다. 극소수의 사람을 제외하면 누구나 낯선 이들 앞에서 말하는 것에 대해 혹은 성격 때문에, 또는 그 상황 자체나 과거의 아픈 기억 때문에 불안감을 느낀다. 준비 불안은 잘 알지 못하는 내용에 대해 발표를 하면서 내용에 자신이 없거나 준비가 덜 되었다고 느끼는 불안감이다.

우리는 다른 사람들의 시선을 생각보다 많이 의식하며 살아간다. '나는 상대에게 어떤 사람일까', '다른 사람들이 나를 어떻게 평가할까', '다른 사람에게 사랑받는 사람이 되기 위해선 어떻게 해야 할까' 등 자신에 대한 다른 사람들의 평가에 두려움을 느껴 발표를 더 어렵게 만들곤 한다. 상대에게 흠을 잡히지 않을 완벽한 발표를 추구하다가 발표를 망치는 경우를 종종 경

- 상태 불안: 발표 말고도 더 큰 고민이 있는 경우, 망신당한 경험이 있는 경우, 청중의 수준/권위/연령/지위가 높은 경우, 자신의 발표 앞뒤에 능숙하게 말하는 사람이 있는 경우
- 특성 불안: 대인 공포증이 있는 경우, 말더듬 증세가 있는 경우, 발표 경험이 적은 경우, 말하는 방법이나 내용에 자신이 없는 경우, 듣는 사람의 반대가 예상되거나 야유에 대해 부담감을 느끼는 경우
- 준비 불안: 발표 내용이 자신이 없거나, 발표 준비가 되지 않았을 경우

험하게 된다. 발표를 하다 보면 민감하게 반응하는 요소들이 있다. 무엇이 두려운지, 나의 공포는 무엇이었는지 스스로를 한번 들여다보자. 그리고 어떤 것들이 나를 괴롭히고 힘들게 하는지 스스로 생각해 보는 시간을 갖는다. 여러분의 이야기를 듣는 청중은 비판자가 아니라 긍정적인 수용자이다. 진심이 담긴 이야기를 좋아하는 수용자다. 말하기는 내가 평가받는 일이 아니라 나의 이야기를 청중에게 들려줄 수 있는 기회를 얻은 것이다. 청중과 무엇을 나눌지 생각해 보고, 실수했을 때는 다음에 똑같은 실수를 하지 않도록 문제점들을 꼭 다시 살펴봐야 한다. 발표자는 누구나 최선을 다하고 싶어 한다. 잘하고 싶은데, 높은 평가를 받고 싶은데, 기대에 미치지 못할까 걱정하기 때문에 두려움을 느끼고, 부족하다는 생각을 한다. 준비가

완벽하다면 금상첨화겠지만, 그럴 수 없는 상황이라면 현재의 발표에 최선을 다하면 된다. 평소의 호흡으로 본인이 생각하는 것보다 천천히 이야기하고, 아무도 없는 곳이 있다면 소리 내서 연습해 보자.

3.
발표 불안의 진단

발표 불안은 말하기 상황 전체에서 항상 똑같은 수준을 유지하는 것은 아니다. 연구자들은 말하기 상황에서 발표 불안의 변화를 네 단계로 구분하고 있다(Witt et al., 2006).

(1) 예감anticipation: 발표 직전
(2) 직면confrontation: 발표 시작 직후
(3) 적응adaptation: 발표 종결 직전
(4) 해소release: 발표 종결 직후

이들에 따르면 커뮤니케이션 불안은 대개 예감 단계에서 가장 높다고 한다. 즉, 발표 상황 자체보다 그 직전에 느끼는 불안감이 더 크다는 것이다. 그러므로 발표 불안을 줄이기 위해 주력해야 할 것은 사전 준비이다(Wrench et al., 2001). 어떤 상황이든 원인을 알아내고 이를 해결할 방안을 찾아낼 수 있다면 극복이 가능하다. 우선, 자신의 발표 불안증 수준을 정확하게 알아보는 진단이 필요하다. 아래 표는 리치먼드와 맥크로스키(Richmond & McCrosky, 1995)가 개발한 발표 불안증 평가표이다. 여러분의 발표 불안증은 어느 정도인지 점검해 보자.

발표 불안증 평가
(PRPSA: Personal Report of Public Speaking Apprehension)

출처: Richmond, V.P., & McCroskey, J.C. (1997).
Communication: Apprehension, avoidance, and effectiveness

다음 각 항목을 읽고, 매우 동의하면 1, 동의하면 2, 모르거나 확실하지 않으면 3, 동의하지 않으면 4, 매우 동의하지 않으면 5를 기입하라.

___ 01. 발표 준비를 하는 동안에 긴장되고 초조하다.
___ 02. 강의 중에 발표나 스피치라는 단어만 봐도 긴장된다.
___ 03. 발표할 때 머리가 혼란스럽고 말에 조리가 없다.
___ 04. 발표가 끝난 후 유쾌한 경험을 했다고 느낀다.
___ 05. 발표를 할 차례가 다가오면 불안해진다.
___ 06. 발표에 대한 불안감이 전혀 없다.
___ 07. 발표를 시작하기 직전에는 초조하나 일단 시작하면 곧 진정되어 침착해지고 편안해진다.

___ 08. 발표가 기다려진다.
___ 09. 수업 시간 중에 발표 과제가 주어지면 긴장되는 것을 느낄 수 있다.
___ 10. 발표할 때 손이 떨린다.
___ 11. 발표할 때 편안하다.
___ 12. 발표를 준비하는 것이 즐겁다.
___ 13. 발표 시 할 말을 잊을까 봐 항상 두렵다.
___ 14. 잘 모르는 주제에 대해 질문을 받으면 불안하다.
___ 15. 자신감을 갖고 발표 기회를 기다린다.
___ 16. 발표할 때 내 자신을 완전히 자제할 수 있음을 느낀다.
___ 17. 발표할 때 정신이 명료하다.
___ 18. 발표를 두려워하진 않는다.
___ 19. 발표를 하기 바로 전에 땀이 난다.
___ 20. 발표를 시작하자마자 심장이 매우 떨린다.
___ 21. 발표를 하기 위해 대기하고 있을 때 매우 불안하다.
___ 22. 발표를 할 때 신체의 일부가 긴장되고 경직된다.
___ 23. 발표 중에 시간이 얼마 남지 않았다는 것을 깨달으면 긴장되고 불안하다.
___ 24. 발표 중에 받은 긴장과 스트레스를 조절할 수 있다.
___ 25. 발표를 시작하기 바로 전에 호흡이 빨라진다.
___ 26. 발표할 시간이 한 시간 정도 남았을 때 편안하고 긴장이 안 된다.
___ 27. 불안해서 스피치를 잘 못 한다.
___ 28. 수업 시간 중에 발표할 날짜를 들으면 불안하다.
___ 29. 발표 중에 실수를 하면 그다음부터 집중하기 어렵다.
___ 30. 중요한 발표를 할 때 나의 내면에서 무기력감이 엄습하는 것을 경험한다.
___ 31. 발표를 하기 전날 밤에 잠이 잘 안 온다.
___ 32. 발표를 실행할 때 불안하다.
___ 33. 발표를 하기 위해 기다릴 때 불안하다.
___ 34. 발표 중에 너무 초조해져서 아는 것들을 기억 못 한다.

점수계산:

1. 항목 1, 2, 3, 5, 9, 10, 13, 14, 19, 20, 21, 22, 23, 25, 27, 28, 29, 30, 31, 32, 33, 34의 점수를 더한다.
2. 항목 4, 6, 7, 8, 11, 12, 15, 16, 17, 18, 24, 26을 더한다.
3. 숫자 132에서 [1번의 합계]를 더한다.
4. [3번의 합계]에서 [2번의 합계]를 뺀다.

발표 불안감의 평가:

점수	불안감 정도
34~84	매우 높다
85~92	다소 높다
93~110	보통이다
111~119	다소 낮다
120~170	매우 낮다

- 34~94: 발표 불안이 매우 심함. 전문가의 도움이 필요한 상태.
- 85~92: 발표 불안이 심함. 전문가의 상담이 필요한 상태.
- 93~110: 보통임. 노력하면 개선할 수 있음.
- 111~119: 발표 불안이 거의 없음. 조금만 노력하면 성공적인 발표를 할 수 있음.
- 120~170: 발표 불안이 없음.

　자신의 발표 불안증 지수를 보고 앞에 제시된 원인 중 어느 경우에 해당되는지 살펴보고, 원인이 파악되었다면 어떻게 해결할 것인지 함께 고민해 보자.

4.
발표 불안의 극복

현재 대학에서의 말하기 교육은 이론과 실습을 병행하고 있다. 말하기 교육을 담당하면서 특히 교육 방법이 중요하다고 생각이 드는 건, 실제로 말하기 교육을 받은 학생들은 발표 불안감이 교육을 받기 전보다 현저히 감소하는 것을 발견할 수 있었기 때문이다. 즉, 커뮤니케이션 불안감을 감소시키는 데 효과가 있었다(장해순·강태완, 2003). 말하기의 불안감은 자신감 부족, 결과에 대한 불확실, 긍정적 자기 확신 부족에서 오는 것인데 말하기에 대한 사전 준비와 연습은 이런 불안감을 극복할 수 있는 방법이다. 앞에서 이야기했듯이 발표 불안은 정도의 차이가 있을 뿐 누구나 다 겪는 흔한 일이다. 하지만 단번에 극복할 수는 없다. 발표 불안에 대한 대처법은 '긴장된 공포'에 대한 심리적인 수용이다. 자신이 겁쟁이이거나 소심한 사람이기 때문에 말을 못하는 것이라고 생각하지 말아야 한다. 여러 사람 앞에서 이야기나 발표를 할 때 긴장하는 것은 당연한 일이고, 긴장이 심해지면 떨 수도 있다는 것을 받아들여야 한다. 어떠한 상황에서도 떨지 않는 용기가 아니라 떨고 있는 자신의 모습까지 보여 주겠다는 용기가 필요하다. 발표하는 순간을 피하려고 하지 말고 롤러코스트를 즐기듯 긴장에 스스로를 맡겨 보자. 앞서 불안증의 원인 중 하나는 낮은 자존감이라는 말을 했다. 자존감이라는 것은 스스로 평가하는 것인데 외부의 평가나 환경에 의해 자존감의 높고 낮음은 변화될 수 있다. 자존감이 높으면 새로운 도전을 하거나 다른 사람들 앞에 서는 것이 두렵지 않기 때문에 어려움에 부딪쳐도 극복할 가능성이 높다. 거울로 비춰 봤을 때 스스로가 멋있어 보이는지 한번 보자. 반대로 자존감이 낮다면 새로운 변화를 두려워하고 포기하게 된다. 치열한 경쟁의 사회에서는 자존감이 낮아지지 않도록 스스로 관리해 주는 것이 중요하고 발표 전 자존감 회복을 위한 노력도 필요하다.

발표 전 준비

(1) 작은 성공부터 경험하자

 어떤 일에 대한 성공으로 자신감을 얻었을 때 스스로 가치 있다고 평가하며 자존감이 높아진다. 지금까지 스스로 어떤 일을 잘 해냈다는 성공에 대한 경험이 없을 때, 자존감은 떨어진다. 다른 사람에게 자신의 약점이 노출되는 것이 꺼려져 발표의 기회를 피하고, 발표를 스스로 만족하게 해낸 경험이 없기 때문에 발표를 피한다면 불안 증세는 시간이 갈수록 더 심해질 것이다. 목표를 낮춰서 작은 성공부터 경험하면서 자존감을 회복하도록 노력해 보자. 먼저 자신의 발표를 객관적으로 파악하고, 단계별 목표를 세우는 게 중요하다. 필자의 수업에서는 학생들이 자신의 생각을 담은 발표 원고를 준비 개요서와 실행 개요서로 나눠서 미리 써 온다. 수업 시간에 학생들이 준비한 발표 원고를 말하면, 온라인 수업일 때는 발표 동영상을 찍은 후 피드백을 하고 오프라인 수업일 때는 발표자 외 나머지 학생들과 발표자를 보고 평가 후 피드백을 준다. 발표한 학생들은 본인이 많이 떨렸다고 말하지만 영상을 본 후 "생각보다 영상을 보니 괜찮네요.", "목소리의 떨림만 고치면 될 거 같아요.", "시간이 조금 부족 했네요." 등과 같이 스스로를 평가한다. 하지만 자신의 발표를 객관적으로 보지 못하고 능력을 과소평가하거나 과대평가하는 경우들이 있다. 스스로 실수 없이 끝까지 발표한 본인의 작은 성공을 경험해 보면 발표나 토론에 자신이 없던 학생이 발표 수업이 발판이 되어 자존감을 회복하게 된다. 발표 내용을 키워드 중심으로 메모해 놓고, 발표 전 전체적인 흐름을 따라 연습해 본다. 미리 써 놓은 원고를 그대로 읽는 것은 자연스럽지도 않고, 청중의 귀에 잘 들리지도 않는다. 조금 틀리더라도 (외웠을지라도) 외우지 않은 것처럼 흐름을 따라 발표하는 것이 좋다. 청중은 나에게 우호적인 사람이라 생각하고, 나의 이야기를 들으러 온 청중에게 좀 더 따뜻한 시선으로, 마치 사랑하는 애인을 쳐다보는 눈빛으로 본다. 또 청중이 앞에 있다고 생각하고 가운데—왼쪽—오른쪽, 왼쪽—가운데—오른쪽, 이렇게 한 문장씩 시선을 번갈아 가면서 발표하는 연습을 한다. 마지막에는 원고 없이 청중의 시선을 바라보며 발표할 수 있도록 연습한다. 말하기를 완벽하게 끝낸 상황을 떠올리며 이미지 트레이닝을 해 보는 것도 좋은 방법이다. 완벽하게 이야기를 끝낸 나의 상황, 모두에게 찬사를 받은 나의 이야기, 확신과 자신감에 찬 모습 등 성공적으로 마친 나의 말하기 그림을 그리는 것이다. 모든 사람들에게는 좋은 기억이 있는 반면, 좋지 않은 기억들도 있다. 실수에 대한 기억, 기억하고 싶지 않은 트라우마, 머릿속에 떠오르는 부정적인 생각들, 환경적인 요소들 등 앞에서 말한 내용을 토대로 자신을 생각해 보고, 앞으로 있을 발표를 성공의 기억들로 쌓아 두면서 긍정적인 생각을 하는 연사가 되어 보자.

① 1단계: 발표 원고 만들기
② 2단계: 발표 내용 파악하기
③ 3단계: 키워드 보고 말하기
④ 4단계: 리허설(키워드와 가상의 청중이 있다고 생각하여 말하기)
⑤ 5단계: 원고 없이 자연스럽게 발표하기

(2) 다른 사람과 비교하지 말자

발표 불안을 겪는 학생들을 보면 발표 잘하는 사람을 기준으로 삼는 경우가 많다. 앞의 학우가 발표를 잘하는 것을 보고 다음 차례가 왔을 때 자신의 발표와 비교하여 본인은 발표를 못하는 사람이라고 단정 짓는다. 예를 들어 TV에 나오는 강연자를 보며, '나는 왜 저렇게 안될까?', 토론에서 1등한 학생을 보면서 '난 왜 저 친구처럼 토론을 못할까?' 하고 비교한다면, 스트레스만 쌓이고 본인의 발전을 위해서는 전혀 도움이 되지 않는다. 나의 실력과 월등하게 차이가 나는 사람과 비교하는 것은 내 자신감만 깎아 먹을 뿐이다. 우리는 하루아침에 달변가가 될 수 없다. 현재보다 조금 높은 수준의, 노력해서 충분히 다다를 수 있는 수준의 사람과 비교하라. 다른 사람과 비교를 할 때는 비교 대상의 장점은 무엇이고, 어떻게 노력하면 잘할 수 있을까를 분석해 보고 따라해 보자. 음악계에서는 롤 모델을 선택할 때 나와 신체 구조(어깨, 목, 키 등)와 비슷한 사람을 골라 그의 목소리를 따라하면 비슷하게 성대모사를 할 수 있다는 이야기가 있다. 닮고 싶은 롤 모델을 분석하고 자신만의 발표 스타일을 찾아가는 것이 중요하다. 자신의 발표를 영상으로 촬영해서 발표 전과 발표 후, 첫 번째 발표와 두 번째 발표를 기록해서 개선된 점이나 부족한 점을 스스로 체크해 보자. "목소리는 많이 좋아졌지만 제스처가 많다.", "저번에는 장점을 말하고 단점을 뒤에 이야기했는데, 이번엔 단점 뒤에 장점을 말하니 자연스럽네.", "들어 보니 중복되는 표현이 많네.", "시간이 많이 초과됐네." 등 부족한 점을 세세하게 적어서 분석해 보자. 최근 TED 강연을 들으며 PPT는 어떻게 만드는 것이 좋을까, 어떤 제스처가 자연스러울까, 공간 이동은 어떻게 할까 등을 공부하는 사람들이 많다. 본인이 좋은 강연이라고 느끼는 것을 골라 따라하는 것도 좋은 방법이다. 본인이 가진 단점을 한순간에 고치려고 하지 말고 하나씩 우선순위를 만들어 고쳐 나가는 연습이 필요하다. 필자도 강연하면서 100% 만족한 강의를 했다고 생각한 적이 많지 않다. 때론 잘한 것보다 실수한 것이 더 기억에 남을 때가 많다. 나의 발표 경험에서 실패한 경험이 있다면 다음에는 실수하지 않도록 고치려고 노력하고, 좋은 것이 있다면 다음 발표 때는 잊지 않고 반영하도록 노력하면 실력이 향상될 것이다. 발표는 자신의 능력을 성장시켜 줄 도구라는 것을 기억해야 한다.

(3) 발표의 경중을 따져서 도전하자

자신감을 갖기 위해서 기회가 있으면 무조건 도전하라는 말은 맞는 말일까. 태어날 때 내성적인 사람이 자신감 향상을 위해서 모든 대회에 억지로 나간다면 어떨까. 다양한 경험이 자신감을 키우고 분위기를 체험하는 데는 도움이 될 수 있지만, 발표 불안이 심한 사람이 발표를 제대로 하지 못했을 때는 오히려 자존감이 낮아지고 스스로를 자책하게 된다. 평소 턱걸이를 10개 하던 사람이 50개 도전을 한다면 나중에는 금세 포기하는 일이 생길 수도 있다. 그렇기 때문에 발표나 토론도 무조건 도전한다고 스스로에게 도움이 되지는 않는다. 본인의 능력에 맞는 기회가 왔을 때 도전해 보자. 소수의 청중 앞에서 발표를 하다가 다수의 청중으로 수를 늘려가거나, 친구들이나 가족들 앞에서 리허설을 해 본 뒤 실제 발표에 도전해 보는 것도 하나의 방법이다.

말하기 불안을 극복하기 위한 방법: 발표 전 상황

발표가 다가오면 우리는 자신도 모르게 내 몸이 떨고 있음을 알게 된다. 발표나 토론 시작을 앞두고 어떤 것들이 필요한지 살펴보자.

① 긍정적으로 사고하라

발표 불안증은 신체적인 증상이 나타나기 전에 마음속으로부터 시작된다. 그러므로 불안을 없애는 좋은 방법 중 하나는 긍정적으로 사고하는 법을 배우는 것이다. 예를 들어 발표 상황은 나의 말솜씨를 보여 줄 수 있는 기회로 생각하거나, 자기 훈련의 기회로 생각하는 등 긍정적인 면을 부각시키는 것이다. 렌치 등은 '인지적 재구조화'의 활용을 권한다(Wrench et al., 2011). 즉, 심리 변화의 단계에 긍정적인 '제목'을 붙이는 것이다. '두려운 상황', '피하고 싶은 상황'이라고 이름 붙이기보다는 '기대되는 상황', '흥분되는 기회' 등으로 말이다.

② 불확실성을 줄여라

사람들이 느끼는 불안은 대개 '불확실성'으로부터 비롯한다. 즉, 자신의 말에 대한 청중의 반응을 알지 못해 생기는 불확실성, 자신의 퍼포먼스에 대한 불확실성 등이 불안감의 원인이라는 것이다. 이중 자신의 발표에 대한 불안은 철저한 준비를 통해 크게 줄일 수 있다. 학창 시절 시험을 떠올려 보라. 어떤 과목 시험에서 가장 불안을 느꼈는가. 아마도 중요한 시험이지만 준비가 부족하다고 느꼈을 때일 것이다. 포기한 과목은 오히려 별생각 없이 치렀을 것이다. 발표가 중요할수록, 반면 준비가 덜 될수록 불안감이 심해진다. 필자의 지인이 미국에서 만난 한 교수의 일화를 말해 준 적이 있다. 그 교수는 학자로서는 뛰어났지만 대인 기피증이 있어 사람들 앞에서 말하는 것에 곤란을 겪었다고 한다. 교수는 대인 기피증을 극복하기 위해 대학에서 처음 하는 강의를 앞두고 세 시간 분량의 강의 전체를 언제 어떤 농담을 할 것인가까지 여러 차례에 걸쳐 거울을 보며 연습했다고 한다. 그 이후 그 교수의 강의는 명강의로 손꼽히는 강의 중 하나가 되었다. 몸이 기억한다는 말이 있듯이 미리 해야 할 말을 연습하고 나면 입이 알아서 해 주는 것과 같다. 그래서 '준비된 자신감을 따라올 자는 없다'는 말이 나온 것이다. 이와 같이 열정으로 스스로 학습하고, 이미지를 그려 그 환경 속으로 들어가려는 노력은 어떤 선천적 재능보다 더 중요하다.

③ 청중을 분석하라

우리가 상상하는 청중은 대개 실제의 청중보다 더 무섭고 두려운 존재로 그려진다. 여러분이 청중에 대해 보다 많이 알수록 자신의 메시지를 보다 효과적으로 구성하는 것이 가능해진다. 불안증을 극복하는 한 가지 유용한 방법은 불안감이 가장 극대화되는 발표 초반에 청중의 반응을 이끌어 내는 것이다. 청중이 원하는 것은 무엇일까, 청중은 현재 어떤 상태일까. 자신이 전달하고자 하는 메시지에 대해서 청중은 얼마나 알고 있을까. 청중의 경험과 공유하기 위해서는 어떤 메시지가 필요할까. 이런 고민들은 청중과 서로 주고받는 과정에서 자신도 모르게 불안감이 없어지는 것을 발견할 수 있다.

④ 아이디어를 조직화하라

철저하게 사전 준비를 하면 아무리 당황스럽고 긴장된 상황에서도 발표의 주요한 포인트들을 기억할 수 있다. 이러한 주요 포인트를 기억하는 좋은 방법 중 하나는 명확한 아우트라인을 만드는 것이다. 하지만 메모에 의존하거나, 글로 쓰인 연설문을 단어 하나하나 기억하라고 권하고 싶지는 않다. 청중은 눈치가 **빠르다**는 것을 항상 염두에 두어야 한다. 여러분이 메모장을 참조하면서 말하고 있다는 것을 청중이 눈치 채는 순간, 청중은 여러분의 말에 관심을 잃어버릴 것이다. 그렇다고 모든 것을 기억하고자 하는 것도 바람직하지 않다. 사람의 기억에는 한계가 있게 마련이다. 키워드 중심의 아우트라인을 만들어 포인트를 기억하는 말하기 기법은 발표 상황에서 메시지의 중요한 맥을 놓치지 않고 현장에서 벌어지는 여러 돌발 상황과 청중의 반응에 유연하게 대응할 수 있도록 해 준다.

⑤ 구어체를 사용하라

글로 쓰인 원고에 의존하는 것이 바람직하지 않은 이유는 구어체와 문어체가 다르기 때문이다. 구어체는 보다 생생하고 구체적인 표현들이 더 많이 사용된다. 이에 비해 문어체는 추상적이고 전문적인 단어들이 자주 사용된다. 자연스러운 대화체는 청중이 자신의 메시지를 쉽게 이해하고, 공감할 수 있게 해 준다. 구어체를 사용해서 얻을 수 있는 또 다른 이점은 자신의 발표를 대화와 유사한 형태로 만들 수 있다는 것이다. 청중이 자신에게 집중하게 하는 가장 좋은 방법 중 하나는 그들과 대화를 주고받는 것이다. 딱딱한 표현보다는 부드러운 표현으로 하는 말하기는 일방적인 메시지 전달 과정이 아니라 청중과 함께 메시지를 만들어가는 과정이 된다.

⑥ 실제 발표 상황과 유사한 환경에서 연습하라

머릿속에서 상상으로 발표를 준비하는 것만으로는 충분치 않다. 성공적인 발표를 위해서는 실제 상황처럼 연습할 필요가 있다. 투수는 직접 투구가 불가능할 때는 섀도 피칭을 하고 농구 선수들은 실제 슈팅 훈련이 불가능할 경우 상상의 골대를 머릿속에 그려 가며 슛 연습을 한다고 한다. 하지만 이들이 그런 훈련을 하는 것은 실제 공을 던질 수 없는 상황이기 때문이다. 상상 속의 훈련은 실제 상황을 대체할 수 없다. 상상은 언제나 실제와는 차이가 있기 마련이다. 여러분이 가능하다면 실제 발표장에서 타이머와 거울, 또는 자신의 발표를 모니터해 줄 친구를 모의 청중으로 앉혀 놓고 사전 연습을 해 보자.

⑦ 먹는 것에 유의하라

불안감을 줄이기 위해서 발표 직전 먹는 것에도 신경을 써야 한다. 발표가 주는 스트레스에 식욕이 없다고 해서 식사를 거르는 것은 권하고 싶지 않다. 발표는 많은 정신적, 신체적 에너지를 요구한다. 끼니를 걸렀다면 발표 내내 배가 꼬르륵거리는 것에 신경을 써서 힘 있는 발표를 하기가 어렵다. 또한 카페인이 많이 들어간 음료도 삼가는 것이 좋다. 카페인은 신경을 각성된 상태로 만들기 때문에 긴장감을 낮추는 데는 도움이 되지 않는다.

⑧ 적절한 속도를 유지하라

발표에서 마지막으로 중요한 요소는 속도이다. 발표를 처음 시작하거나 긴장을 하면 말의 속도가 빨라진다. 너무 빠르거나 너무 느린 말투는 메시지 전달에서 치명적이다. 대개는 발표 상황을 빨리 정리하고 싶다는 심리적 불안감 때문에 말의 속도가 빨라진다고 하는데, 초보들에게 많이 나타나는 현상 중 하나이다. 각자의 원인에 맞는 방법으로 치유해야겠지만 발표 능력 향상을 위해 실전에서 사용되는 방법으로는 이미지니어링, 영화관 기법, 사고 조절 기법, 자기 암시 기법, 3분 스피치, 100% 의미 전달 기법, 시선 교정 기법 등이 있다.

말하기 불안을 극복하기 위한 방법: 실제 발표 상황

① 예상되는 신체 반응에 대해 대비하라

사람이 긴장하게 되면 여러 가지 신체적 반응이 나타난다. 이를 미리 예상하고 대비하는 것도 말하기 불안감을 줄이는 데 큰 도움이 된다. 심호흡을 하는 방법이 있는데, 원고의 중간 중간에 "한 박자 늦춰!", "크게 심호흡 한 번" 등의 메시지를 표시해 놓는 것도 좋은 방법이다. 발표 무대에 서자마자 바로 시작하지 말고, 크게 심호흡 후 청중을 살펴보며 미소를 짓는다. 그다음 목과 혀를 풀어 준다. 운동선수들이 경기 시작 전 준비 운동을 하듯 발표를 위한 발성 기관의 근육도 준비 운동을 통해 실전 투입에 대비시켜야 한다.

② 자신이 아니라 청중에게 집중하라

발표 도중 청중 각자와 눈을 마주치는 버릇을 들이자. 청중은 언제나 자신이 잘 모르는 미지의 존재일 때 가장 두려운 존재가 된다. 청중 한 명, 한 명에 집중함으로써 발표 상황을 낯선 이들과의 두려운 만남이 아니라 청중과의 만남으로 바꿀 수 있다.

③ 유머 감각과 여유를 항상 유지하라

발표 도중에는 자주 예상하지 못했던 상황이 발생하기 마련이다. 돌발 상황에 당황하면 말의 리듬이 깨지고 말해야 하는 내용을 잊어버릴 수도 있다. 키워드가 적힌 메모지를 손 가까이 준비를 해서 콘텐츠는 잊어버리지 않게, 마음은 '나는 완벽한 준비가 되어 있는 사람이야'라는 것을 다짐하며 여유를 갖고 대처하는 자세가 중요하다. 여러분이 여유가 좀 더 있다면 청중에게 유머러스한 농담을 건네 보는 것도 좋은 방법이다. 유머러스한 메시지는 전달 효과가 높고 적절한 유머는 긴 말이나 논리보다 더 큰 설득력을 주기도 한다. 발표 내내 계속 집중하기가 어렵기 때문에 퀴즈식의 질문을 하거나 재미있는 요소를 가미하면 집중력이 높아진다. 여기서 주의할 점은 잘 알려진 진부한 유머는 피하고, 청중과 공감할 수 있는 유머나 여러분이 제대로 소화할 수 있는 유머를 구사해야 하며 신체와 관련한 불쾌감을 주는 유머는 삼가야 한다.

④ 스트레스 매니지먼트 기법(감정 조절법)을 활용하라

아무리 잘 준비가 되어 있어도, 긍정적인 마음 자세로 자신을 준비시켜도, 말하기 불안을 느끼는 사람은 여전히 있게 마련이다. 이런 사람들은 스트레스 매니지먼트 stress management 방법을 활용해 보자. 스트레스 매니지먼트란 이름 그대로 스트레스에 대한 대책이다. 여기서 사용되는 스트레스 매니지먼트 방법 중 하나는 '긍정적 시각화 positive visualization'이다. 말 그대로 긍정적인 상황을 마음에 그려 보는 것이다. 면접 상황이라면 합격해서 기뻐하는 모습, 대중 연설이라면 끝나고 우레와 같은 박수와 환호를 받고 활짝 웃는 자신의 모습을 그려 보는 것이다. 두 번째는 '체계적인 둔감화 systematic desensitization'이다. 이것은 스트레스를 관리하는 방법으로 유용하다. 사람들은 대개 자신의 두려워하는 상황을 의식적, 무의식적으로 피하려는 경향을 갖고 있는데 체계적 둔감화는 두려운 상황에 단계적 노출로 두려움을 견딜만한 수준으로 줄여 준다. 커뮤니케이션 불안에 대한 권위자인 맥크로스키는 이러한 방법을 커뮤니케이션 불안이 큰 학생들에게 적용해 본 결과 성공적인 결과(80%~90%)를 거두었다고 보고한 바 있다(McCroskey, 2001).

5.
발표 불안에 대한 잘못된 개념들

발표 불안증은 '증症'이라는 글자 때문에 용어 자체에서부터 심리적 질환 같은 느낌이 든다. 이로 인해 여러 가지 오해가 존재하는데 이 중 어떠한 것이 진실이고 어떠한 것이 거짓인지 알아보기로 하자.

(1) 발표 불안증을 겪는 사람들은 신경질적이다

가장 흔하게 발견되는 오해이다. 커뮤니케이션 상황, 특히 다수의 낯선 사람들 앞에서의 발표 상황에 대해 불안감을 느끼는 것은 지극히 정상적인 반응이다. 직업적으로 말을 잘하는 사람들도 처음 접하는 관중 앞에 서거나, 중요성이 높은 발표 상황에서는 긴장하게 마련이다. 윈스턴 처칠은 가장 위대한 영국 지도자의 한 명으로 2차 대전을 승리로 이끈 장본인이다. 처칠은 정치 신인 시절부터 뛰어난 연설가로 명성이 나 있었다. 유럽 대륙이 나치에 점령되고 수도 런던이 폭격을 당하는 상황에서도 영국인들의 불사항전 의지를 불태우게 만든 '피와 땀과 눈물 blood, sweat, and tears'이라는 문구로 유명한 그의 연설은 아직도 세계적 명연설 중 하나이지만 이런 처칠도 의회에서 중요한 연설을 하기 전에는 몸이 아프곤 했다고 한다.

(2) 농담으로 시작하는 것은 언제나 효과적이다

그렇지 않다. 유머가 효과적이려면 타이밍을 잘 잡아야 한다. 우리는 개그맨이 아니다. 사람을 웃게 할 수 있는 재주는 누구나 다 가진 것이 아니다. 자칫 적절치 못한 농담은 청중의 일부에게 모욕감을 주거나 기분을 상하게 할 수도 있다. 지인의 미국인 지도 교수는 언제나 농담으로 대화를 시작하는 버릇이 있었다. 상대방의 긴장을 풀어 주려는 배려에서 나온 행동이었지만 문제는 그 교수의 발음이 명확하지 않아 알아듣기 힘들었고, 미국과 한국의 문화 차이 때문에 그의 농담을 이해하지 못해 서로 어색해하고 민망해하는 일이 자주 있었다고 한다. 지인은 결국 교수의 표정을 보고 농담인 것을 미뤄 짐작해 내용을 이해하지 못해도 웃어넘기며 어색함을 모면했다고 한다.

(3) 발표 도중 실수는 용납되지 않는다

우리는 항상 크고 작은 실수를 범한다. 심지어 지상파 방송 메인 뉴스를 담당하는 베테랑 앵커들도 가끔 뉴스를 잘못 읽거나, 틀리게 발음하거나, 느닷없이 목이 메어 이상한 목소리를 내거나 하는 실수를 범하곤 한다. 실수하는 게 문제가 아니라 어떻게 자연스럽게 대처하는가가 더 중요하다. 정확하게 말하자면 실수인지 모르게 자연스럽게 넘어가는 것이다. 발표 도중 실수했다고 앞으로 되돌아가거나, 잠시 멈춰서 실수를 바로 잡고 넘어가면 맥이 끊기고 집중력이 떨어져 더 큰 실수를 하게 되는 경우가 생긴다. 발표 도중에 생긴 실수를 가장 잘 아는 사람은 자신이기 때문에 "다시 하겠습니다.", "너무 떨려서 갑자기 기억이 나질 않습니다.", "몸이 아파서 컨디션이 좋지 않습니다." 등의 말을 하게 되는데, 이런 말보다 밝게 웃으면서 분위기를 바꾸면 청중이 발표자를 안쓰럽게 여겨 오히려 전화위복의 기회가 될 수도 있다. 이야기를 듣는 청중은 발표하는 여러분보다 실수를 잘 기억하지 못한다는 사실을 꼭 기억해 두자.

(4) 원고의 토씨 하나까지 빠짐없이 암기해서 불안증을 극복할 수 있다

단어 하나까지 빠뜨리지 않고 전체를 암기하려다가 발표를 망칠 가능성이 오히려 더 높다. 자신이 암기해야 할 정보량이 늘어나 실수할 확률이 높아질 뿐 아니라, 한 번이라도 실수하면 처음부터 다시 '재생'해야 하는 처지에 놓일 수도 있다. 게다가 청중은 '읽는' 연설을 좋아하지 않는다. 전체를 완벽하게 외우려 하지 말고 꼭 필요한 아우트라인을 만들어 암기하는 것이 보다 효과적이다.

(5) 청중은 여러분에게 적대적이다

대부분의 경우 그렇지 않다. 청중은 대개 연사가 하는 말에 관심이 있어서 그 자리에 온 사람들이다. 청중의 기본 모드는 '공감'이다. 그들은 연사의 실패가 아닌 성공을 바란다. 연사가 불안해하면 청중도 불편한 감정을 느끼기 때문에 청중은 대부분 호의적이라고 생각하고 준비한다.

(6) **청중들은 여러분이 느끼는 불안, 공포에 민감하게 반응한다**

연구 결과에 따르면 그렇지 않다. 대부분의 청중들은 연사가 실제 느끼는 불안감에 비해 연사의 불안 정도를 낮게 평가한다. 청중은 대개 연사가 느끼는 불안감을 정확히 느끼지 못한다.

(7) **약간의 긴장감은 도움이 된다**

사실이다! 대부분의 말하기 전문가, 배우, 아나운서 등은 고양된 각성 상태를 추가적인 에너지로 활용한다. 청중은 보다 활기찬 연사를 더 좋아하게 마련이다. 연사의 에너지가 높을수록 청중은 그 연사에게 빠져든다. 약간의 긴장감과 준비된 자신감은 청중에게 멋있는 연사임을 느끼게 해 준다.

영화 〈킹스 스피치〉 사례(The King's Speech, 2010)

우리나라에서 상영되었던 〈킹스 스피치〉는 영국 왕 조지 6세의 실화에 기반을 둔 영화이다. 때는 1939년, 세기의 스캔들을 일으키며 왕위를 포기한 형 때문에 '버티'는 본의 아니게 왕위에 오르게 된다. 권력과 명예, 모든 것을 다 가진 그에게 두려운 것은 바로 대중 앞에 서는 것이었다. 왜냐하면 조지 6세는 어려서부터 말을 더듬고 자신이 생각한 대로 말로 표현하지 못하는 장애가 있었기 때문이다. 즉위하고도 수차례의 대중 연설에서 실패하여 말을 제대로 하지 못하는 사람이라고 낙인찍혀 있었다. 국왕의 자리가 버겁기만 한 조지 6세와 그를 지켜보는 아내 엘리자베스 왕비, 그리고 국민들도 애가 타기는 마찬가지였다. 게다가 때는 2차 세계 대전, 불안한 정세 속에 새로운 지도자를 간절히 원하는 국민들을 위해서라도 전쟁 선포의 라디오 연설을 제대로 해야만 했다. 라디오 연설에서 몇 차례의 고비를 넘기고 성공적으로 연설을 마치는 조지 6세를 연기하는 콜린 퍼스의 연기는 화면에 몰입하게 만드는 감동을 주었다. 영화는 바로 그 말더듬이 영국 왕이 세상을 감동시키는 콤플렉스 극복 도전기를 소개하고 있다. 결국, 아내의 소개로 괴짜 언어 치료사 라이오넬 로그를 만나게 되고 말더듬이 영국 왕은 각고의 노력 끝에 자신의 말하기 장애를 극복하게 된다.

이 영화를 보면 어떻게 대중 앞에서 그토록 두려운 마이크 앞에 설 수 있는가 하는 물음에 대하여 자신을 믿고 후원해 주는 주변 사람들의 지지 덕분이라고 답할 수 있을 것이다. '말더듬이' 증상은 발표 불안증이 보다 구체적으로 나타난 것이다. 말이 막혀 나오지 않는 것은 자신이 제대로 말을, 단어를 발음하지 못할 것이라는 두려움과 공포, 과거 경험에 대한 좌절감에서 기인한다고 언어 치료사들은 지적한다. 자신의 말소리를 듣는 것 자체가 공포로 다가오기에 영화에서 언어 치료사인 라이오넬 로그는 조지 6세가 자기 자신의 목소리를 듣지 못하도록 큰 소리의 음악이 나오는 헤드폰을 씌워 주고 책을 읽게 한다. 조지 6세는 자신의 목소리를 듣지 못하는 상태가 되자 너무도 유창하게 책을 읽어 간다. 역사적인 말하기를 해내기까지 주인공의 노력과 주변 사람들의 배려는 이 영화에서 가장 감동적인 부분이다. 영화를 보며 신기했다. 조지 6세는 자신의 목소리를 들으며 느끼는 좌절감과 공포가 말더듬 증상을 더 악화시킨다는 사실을 몰랐던 것이다. 마음에서 오는 심리적 불안감이 말을 잘 못하는 증상으로 나타난 것이다. 물론, 선천적인 요인으로 인한 말더듬은 유전적 요인이 70% 이상(2013년 미국, 난청·의사소통 장애 연구소 발표: GNPTAB, NAGPA, GNPTG 유전자 변형)이라고 알려졌지만, 대부분 후천적 요인으로 인한 말더듬은 과거의 심리적 트라우마가 원인이 되어 지나친 부담감, 좌절, 압박감으로 나타난다고 한다. 영화 〈킹스 스피치〉에서도 조지 6세는 어려서 대중연설을 중요하게 여긴 아버지에게 다그침을 당하고 심하게 혼난 경험 때문에 트라우마를 가지게 된다. 특히, 언어 습득 과정과 여러 사건들 속에서 받는 스트레스가 좋지 않은 경험으로 자리하면서 결국은 말더듬 증상으로 굳어진 것이다. 불안감을 멋지게 극복한 이 영화의 사례는 모든 사람들에게 열정을 불러일으켰고 큰 감동을 선사해 주었다.

아래의 연설문은 1939년 독일이 폴란드에서 군을 철수하지 않자 조지 6세가 라디오를 통해 제2차 세계 대전을 선포하는 장면의 대사이다. 영화를 본 관객들은 이 장면을 기억할 것이다. 바로 언어 장애를 극복하는 감동의 순간이 담겨 있다. 하지만 여기에서 주목할 것은 연설 중간 중간에 등장하는 노인과 그리고 젊은이, 가족의 모습이다. 이것은 "왕도 함께할 것이니 불안해하지 말고 단합하여 온 국민이 전쟁에 참여하자."라는 상징적인 의미를 담는다. 조지 6세가 가족들과 함께 왕궁 발코니에 나갔을 때 국민들이 함성을 지르는 모습은 왕실이 대중의 신념과 가치관을 잘 통제했다는 것을 간접적으로 보여 주었다.

> 지금 이 순간 역사상 가장 운명적인 날을 맞아 저는 국내와 해외에 있는 모든 국민들의 가정에 직접 찾아가 문턱을 넘어 대화하는 심정으로 국민 한 분 한 분 모두에게 이 말을 전합니다. 우리는 생애 두 번째의 전쟁을 맞이합니다. 우리는 수차례 노력하여 적국과의 갈등을 평화적으로 해결하기 위해 모든 방법을 다 동원해 보았지만 실패로 돌아갔습니다. 결국 충돌을 피할 수 없게 되었습니다. 우리에게 주어진 소명은 전 세계 문명국가에 위협이 될 사상과 맞서는 것입니다. 저들의 사상은 겉

은 그럴듯하지만 힘이 곧 정의라는 미개하고 야만적인 정치 논리일 뿐입니다. 우리가 숭상하는 모든 가치를 지키기 위해서라도 전쟁은 더 이상 피할 수 없습니다. 이제 저는 이 고결한 목적과 행복한 미래를 위해 모든 국민이 한뜻으로 동참하기를 요청하는 바입니다. 모두가 마음을 합쳐 이 시련을 이겨 내길 기원합니다. 고된 여정입니다. 앞길이 험할 수도 있고 전쟁에 마음속까지 질식할 수도 있습니다. 그러나 우린 오직 정의를 위해서 싸울 것이고 경건한 마음으로 우리의 결의를 신께 맹세합니다. 모두가 하나가 되어 그 맹세를 지킨다면 우리는 주께서 보호하사 반드시 승리할 것입니다.

우리가 발표 불안증을 겪는다면 그 역시 과거의 좋지 않았던 경험에서 기인할 수 있다. 이러한 심리적 기제에서 회피하는 각종 치료법을 발표 불안증에 도입해 보자. 먼저 '노래하기'가 있다. 노래하기는 대중 앞에서 연설하는 것과 같은 부담을 느끼지 않으면서 즐거운 놀이로 인식하며 말을 트는 연습을 할 수 있다. 두 번째는 '운동 경기 중에 말하기' 방법이 있다. 이 방법은 시끄러운 주변 소음으로 자신의 목소리가 잘 안 들리는 상황에서 상대에게 자신의 의사를 전달하기 위해 더 큰 목소리로 말하는 것이다. 세 번째는 '욕설 내뱉기'이다. 이것은 자신감과 스트레스 해소를 통해 말하기 공포를 제거해 주는 방법이다. 네 번째는 '역할놀이'이다. 역할놀이 방법은 입장을 바꿔서 전달하는 의사소통으로 상대의 입장이 되어 상대의 메시지를 경청하게 되면서 상대가 내 말을 못 알아듣거나 나를 무시할지 모른다는 불안감을 해소해 준다. 유사한 방법으로 '연극'이 있으며 이 외에 자신의 트라우마를 직시하여 심리 치료를 병행한다면 효과는 더욱 커질 것이다.

  무한 경쟁의 현대 사회에서는 남보다 더 자신의 능력을 알리고 인정받기 위해 자신이 더 먼저 말하고 남들보다 뒤처지지 않고 소외되지 않기 위해 말을 잘해야 한다는 강박감이 부담으로 작용하여 발표 불안감이 더욱 커진다. 오히려 이 경우엔 먼저 말을 하려 하기보다 남의 말을 경청해 주는 배려심을 가져야 한다. 이러한 사회성 훈련은 꼭 필요한 상황에 적절한 말만 하도록 하는 데 도움을 준다. 제일 중요한 것은 말하기 강박에서 벗어나야 하는 것으로, 이를 실천하기 위해 상대의 말을 들을 때 경청하며 간단히 메모하는 습관을 갖는다. 그러면 상대방 메시지의 맥락이 보이고 자신이 꼭 해야 할 말이 무엇인지 구체적으로 보일 것이다. 조시 6세가 말더듬을 치료할 수 있었던 것은 언어 치료사 라이오넬 로그에 대한 친근한 유대감과 신뢰가 심리적 안정을 주고 이를 통해 자신의 심리적 트라우마를 먼저 극복했기 때문이다. 아직도 발표 불안증이 있다면 원인이 무엇인지 자신의 과거 트라우마를 직시하고 인정해야 한다. 그리고 그것을 스스로 위로하고 자신의 이야기를 듣는 청중을 믿어야 한다.

그들이 충분히 여러분을 신뢰하고 있으며 호의적이고 경청해 줄 준비가 되어 있다고 생각한다. 그러면 우리도 조지 6세처럼 발표 불안증을 충분히 극복할 수 있다.

|제2장|

마음을 여는
따뜻한 말

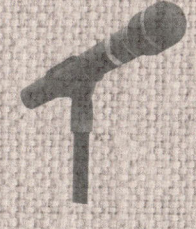

WORDS TO
CHANGE THE FUTURE

상대방과 대화하는 것은 무엇인가. 말하기는 일대일 대화가 아니다. 불특정 다수와의 대화에서 공감과 반응을 어떻게 이끌어야 할까. 우리는 때론 친하지 않은 상대와 약속을 하고 무슨 말을 할까 고민한 적이 있다. 서로에 대한 공감대가 없기 때문일까, 서로 아는 게 없어서 궁금한 게 무엇인지 몰라서일까. 무턱대고 하는 대화는 때론 상대에게 불쾌감을 주고 무모한 행위로 보일 수 있다. 대중을 상대로 어떻게 하면 말을 잘할 수 있을까. 상대의 니즈를 파악하고 대화하기 전 어떤 메시지를 전할지 미리 정리가 되어야 한다. 말하기의 목적에 맞게 '정보제공', '설득', '유흥', '격려'로 구분할 수 있다. 자신이 이야기하고자 하는 내용을 어떤 목적으로 청중에게 전달할지 분석한 후 키워드 중심으로 메모를 하고 전체적인 아웃라인을 그려서 말하기를 연습해 보자. 청중의 마음을 사로잡기 위해서는 이성과 감정이 적절하게 이루어져야 한다. 아리스토텔레스가 이야기한 설득의 3요소는 공신력(에토스), 감성(파토스), 논리(로고스)이다. 이 중 하나만 부족해도 상대의 마음을 움직일 수가 없다. 설득에 성공하기 위해서는 에토스, 파토스, 로고스 순으로 언급하라고 필자는 말하고 싶다. 지금부터 청중의 마음을 여는 따뜻한 말을 전하는 연사가 되어 보자.

1.
청중에게 다가가기

　흔히 우리가 잘못 알고 있는 것 중 하나는 '말을 잘한다'고 할 때 말하기(발화) 행위가 전부인 것으로 착각하는 것이다. 즉, 대중이나 상대 앞에서 일방적으로 말을 하고 상대를 설득하는 행위로 말하기를 규정하는 것이다. 그러나 말하기 전문가들이 꼽는 '말 잘하기'의 조건은 서로 대화하는 것이다. 일방적인 말하기는 설교와 마찬가지다. 말하는 사람이 자신의 주장만 일방적으로 전달하면 지루해지고 졸음이 쏟아지거나 주의를 집중하기 힘들다. 대화란 무엇인가? 우리는 '주거니 받거니'라는 표현을 자주 사용한다. 여러분이 3분을 사용하고 상대가 2분을 사용하는 대화, 말하기 전문가들은 이를 '공감을 위한 5분 소통법'이라고 규정한다. 그렇다면 대인 커뮤니케이션에서 '말하기'는 일대일 대화로 이야기할 수 있지만 불특정 다수의 청중을 향한 대화는 어떻게 규정되어야 할까? 우리는 이것을 대중에 대한 질문과 리액션 유도에서 찾을 수 있다. 리액션, 즉 피드백은 공감과 반응으로 요약되는데 뛰어난 말하기 전문가일수록 대중들에게서 질문과 반응을 이끌어 내는 것에 탁월하다. 이러한 소위 '밀당'의 기술은 상대로 하여금 대화에 집중하게 하고 빠져들게 하는 마력이 있다. 마치 연애와 같은 것이다.

우선, 일대일 커뮤니케이션 상황에서 말하기 상황을 점검해 보자. 어떻게 하면 상대에게 말을 잘할까? 그것은 무엇에 대해 말할 것인가로 귀결된다. 그다지 친하지 않은 상대와 만나서 말하는 것이 어렵다고 할 때 무엇이 문제인지 물어보면, 대부분 "무슨 말을 하지?", "할 말이 없다.", "공유할 것이 없다."라고 말한다. 이것은 말재주가 없는 것이 아니라 무슨 말을 해야 하는지 스스로 정리가 안 된 것이다. 상대와 공유할 점이 없다는 것은 둘 간의 공통 관심사가 없기 때문이 아니라 상대에 대해 파악을 하지 못했거나 궁금증이 없기 때문이다. 즉, 객관적인 정보(소속이나 업무 등)는 있지만, 상대방의 성격, 취향, 관심사와 같은 심층 정보가 없어서 무슨 말을 해야 할지 모르는 것이다. 말을 잘하기 위해서는 상대의 말을 잘 듣고, 상대가 무엇을 원하는지 파악한 후에 말하기가 시작되어야 한다. 말을 꺼내기 전에 무슨 메시지를 상대에게 전달할지가 자기 안에서 정리가 되어야 한다. 무턱대고 대화를 해 보겠다고, 상대에게 아무 말이나 던져 봐서 상대를 파악하려는 것은 조급하고 무모한 행위이다. 이런 식으로 대화를 시작하면 아마도 오래되지 않아 할 말이 없어 더 이상 대화가 이어지지 못하고 단절될 것이다.

그렇다면 대중을 상대로 어떻게 하면 말을 잘할 수 있을까. 가상의 상대를 향해 부단하게 연습하라고 강조하고 싶다. 대중들이 관심을 가질 만한 소재를 선정하고 3분 동안 이야기할 경험담이나 공감을 이끌어 낼 만한 사례를 스토리로 구성한다. 다음은 대중에게 질문하고 '밀당'의 기술을 선보일 1분을 준비한다. 이 과정의 반복이 대중 말하기의 기본이다. 대중들이 관심을 가질 소재로 주의를 끌고 그들이 공감할 사례로 반응을 이끈다. 이런 과정의 반복을 통해 연사의 이야기는 곧 청중 자신의 이야기가 된다. "나만 그런 게 아니구나. 아, 저건 내 얘기인데! 좀 더 들어 볼까?" 청중이 원하는 것을 말해야 한다. 대중들은 그것을 정보라고 여긴다. 자신이 알고 있던 것을 확신하게 되거나 가지고 있던 정보가 잘못되었을 때 그 오류를 수정할 기회로 여기는 것이다. 대중이 설득되고 그들의 태도와 행동이 바뀐다면 말 잘하는 사람이 된 것이다. 하지만 이러한 대중을 상대로 하는 말하기는 아무런 준비 없이 가능한 것이 아니다. 가상의 스토리 원고를 만들고 가상의 대중에게 질문하고 연습한다. 청중의 예상 질문과 답변까지 준비한다. 대중으로부터 예상치 못한 질문을 받을 경우 머릿속이 하얘진다는 경험담은 여러 번 들어 본 적이 있을 것이다. 적어도 유사한 예상 질문까지 준비해야 진정으로 말 잘하는 사람이 될 수 있는 것이다. 일대일 대화이든 대중을 상대로 한 말하기이든 일방적 메시지 전달식 말하기는 '설교'로 취급된다. 일방적 말하기의 내용과 메시지가 아무리 중요하다 해도 공감이 형성되지 않는 전달 방식은 결코 사람의 마음을 움직이게 할 수 없다. '설교'의 방식도 바뀌어야 한다.

정리하자면, 상대의 정보를 얻고 상대가 원하는 것을 파악한 뒤 상대에게 전할 메시지를 정리한다. 불특정 다수인 대중에게 전할 스토리를 구성하고 원고를 만들어 연습한다. 스토리는 자신의 경험일 수도 있고 주변의 사례일 수도 있다. 다만 그 스토리가 다수의 공감을 이끌어 낼 내용이어야 한다. 나의 이야기가 아니라 누구나 겪을 수 있고 일어날 수 있는 이야기여야 한다. 이 경우 메시지는 지식 전달이 아니라 공유와 공감에 중점을 둔다. 경험을 나누고 생각을 나누고 의견을 나누는 대화가 진정으로 유의미한 말하기라는 점을 주시해야 한다. 그 누군가와의 대화가 유익했고 수업 중에 들은 교수의 말에 귀가 솔깃했다면 우리는 그 대화를 머릿속에 저장한다. 그리고 다음 기회가 왔을 때 그런 유익한 시간을 다시 만들고 싶다는 생각을 한다. 적어도 그 순간 그러한 대화를 이끈 사람은 내 안에서 말 잘하는 사람으로 기억된다. 이제, 그러한 사람을 부러워만 할 것이 아니라 스스로 그러한 사람이 되어 보자. 여러분도 노력하면 상대에게 기억나는 사람이 될 수 있다.

2.
글로 쓰고 말로 연습하기

첫째, 목적을 정하라

말하기는 반드시 목적이 있다. 목적은 모임의 성격, 대중의 특성, 말하기를 하는 사람의 역할에 따라 달라진다. 일반적으로 대중을 상대로 하는 말하기는 정보를 제공하거나, 대중을 설득하거나, 대중을 즐겁게 하거나, 대중을 격려하는 목적 등으로 이루어진다. 이러한 목적을 생각하고 말하기 주제를 정하게 된다. 목적은 두 가지 이상 중복될 수 없다.

일반적으로 말하기 목적은 '정보 제공', '설득', '유흥', '격려'로 구분할 수 있다.

정보 제공	설득	유흥	격려
저렴한 유럽 여행	지지자 투표 호소	재즈의 즐거움	세미나 축사
파리 박물관 소개	낙태 합법화 주장	BTS SNL 출연	회사 창립 기념사
베토벤의 일생	사형제 폐지 주장	영화제 참관 경험	축구 선수 격려
아이돌이 되는 길	군 가산제 도입	스포츠 경험	예술인의 밤 축사

자신이 이야기하고자 하는 내용이 어떤 목적을 가지고 있는지 분류한 후, 그 안에서 키워드를 중심으로 화제를 메모해 두자. 화제성 있는 주제를 찾는다면 시의성 때문에 금방 신선하지 않은 화제가 될 수도 있다. 그렇기 때문에 평소 생각나는 주제가 있거나 소재로 쓸 수 있는 내용이 있다면 기록하고 체크해서 연결 고리를 만든다. 마이클 샌델은 이 노트를 화제 창고라고 불렀다.

핫한 화제 창고

- 사람: 가정 관계, 부모, 절친, 존경하는 사람, 반 친구, 자신, 이웃 관계 등
- 사건: 잊지 못할 일, 여행, 인상 깊은 이야기, 흥미로운 이야기, 소망, 꿈, 휴일, 연애, 결혼, 옷이나 액세서리 등
- 생활: 어릴 적 재미있었던 일, 학습 생활, 독서 생활, 직업, 여가 생활, 쇼핑, 성장 과정, 고향의 변화, 고향 풍속, 친구나 동료와 어떻게 지내는지 등

- **취미**: 영화 감상, 음악, 책, 반려동물, 스포츠, 기타 취미 이야기, 문예 활동, 자신 있는 음식, 맛있는 음식, 꿈꾸는 직장 등
- **사회적 이슈**: 친구 사귀기, 최신 뷰티 소식, 자녀 교육, 공중도덕, 위생과 건강, 다이어트, 사회 현상에 대한 관점, 개인적 수양, 외국어를 공부한 경험, 자연환경, 올림픽, 상품 소비, 과학 기술 발전, 주식 재테크, 자동차, 게임, 군사 무기 등

여기서 시의성이 떨어지거나 주제와 상관없는 불필요한 내용은 삭제하고, 새로운 내용으로 하나씩 채워 간다. 평소에 보고 듣고 느낀 것을 메모하고 책을 읽으면서 좋은 글귀들은 나만의 노트에 저장한다. 생각나는 것이 있다면 바로 써 두자. 바로 써 두지 않으면 떠오르는 아이디어가 있어도 금방 사라져 버린다. 발표의 목적을 정하고 생각나는 것들을 메모지 한 장에 최대한 많이 나열한다. 스마트 앱이든, 메모지이든, 장소에 구애받지 않고 메모를 해 두면 충분한 자료들이 확보된다. 이렇게 모아 놓은 자료들은 발표 시 주제나 청중에 따라 1차, 2차로 구분해 두면 논리를 완성하는 데 도움이 된다.

둘째, 주제를 정하라

말하기의 목적이 정해지면 이야기할 내용을 한 줄로 설명할 수 있는 주제를 정하는 것이 필요하다. 주제가 명확하지 않을

경우에는 말하기의 방향을 잃고 중언부언하게 된다. 결국 연사는 공신력과 좋은 이미지를 청중에게 주지 못하는 결과를 낳는다. 그러므로 발표하기 전에 이거 하나만은 꼭 청중에게 각인시키고 싶다는 내용을 중심으로 주제를 정하고, 한 문장으로 주제문을 작성해 보는 것이 좋다. 만약 여러분에게 "행복이란 무엇일까요?"라고 질문을 한다면 어떤 대답을 할 수 있을까. 이렇게 질문을 했을 때 어떻게 시작할지 고민하게 된다. 이럴 때 하고자 하는 말에 주제를 붙인다. 나에게 행복이란 ① 건강한 가정을 만드는 것, ② 회사에서 인정받는 것, ③ 부모님이 건강하게 사시는 것으로 정했다고 하자. 그럼 한정된 주제는 ①②③을 포함하여 '나에게 행복은 건강한 가정과 하는 일에서 인정받는 사람이 되고 부모님이 건강하게 사시는 모습을 보는 것이다'가 된다.

중점 사항

- 한정된 주제와 개괄적 세부 목적을 선정한다.
- 세부 목적을 달성하기 위한 핵심 명제를 개발한다.
- 뼈대인 주요 아이디어를 개발한다.
- 주요 아이디어를 자세히 논의하는 세부 내용을 개발한다.
- 세부 내용에서 사용할 부연 자료를 선택한다.

말을 할 때 미리 요약하고 정리해 두지 않으면 자신이 어느 방향으로 가는지, 같은 말을 반복하는 것은 아닌지, 머리가 복잡해진다. 주제를 명확하게 정하고 말을 하면 주제에서 벗어난 이야기를 하지 않게 된다. 주제를 정할 때는 연사, 청중 그리고 상황을 고려해야 하는데 연사는 우선 자신의 지식수준, 전문성, 성향 등을 고려하여 주제를 정할 필요가 있다. 그 주제에 관한 충분한 수준의 지식과 전문성을 가지고 있는가, 혹은 그 주제와 관련한 정보나 지식에 대해 관심과 호감을 가지고 있는가의 자기 진단이 필요하다. 또 청중의 인구학적 특성, 성향, 수준 등을 고려하여 주제를 정할 필요가 있다. 청중의 다수를 이루는 이들의 연령대는 어떻게 되는지, 남성(여성)이 다수인지 혹은 혼합된 청중인지, 어느 지역에 속한 이들이 주를 이루는지, 특별한 정치적 성향이나 관심을 가진 청중은 없는지 등에 대한 고려가 필요하다. 지식수준이나 학력 수준도 발표의 방향과 질적 수준을 정하는 데 중요한 요소가 된다. 또 말하기 현장의 상황도 중요한 주제 선정의 요소이다. 수업에서의 발표인지, 기업 연수원에서의 정책 발표인지, 공개된 장소의 불특정한 대중을 상대로 하는 연설인지 등과 같은 상황이 주제를 정하는 기준이 된다.

주제에 대한 대략적 범위가 정해지면, 주제를 좀 더 명확히 한정할 필요가 있다. 주제를 한정함으로써 말하기의 집중력을 높일 수 있으며, 중언부언을 피할 수 있다.

예: 음악

- K-Pop - 걸그룹 - 브레이브걸스
- 클래식 - 작곡가 - 바흐

이와 같이 주제를 좁히고 명확히 한정한다.

셋째, 주요 아이디어를 조직하라

주요 아이디어는 말하기를 구성하는 중요한 뼈대이다. 주요 아이디어를 조직하기 위해서는 먼저 주제문을 작성한다. 주제문은 세부 목적을 달성하기 위해 반드시 언급해야 할 몇 가지 중심 내용으로 작성하며, 하나의 완전한 서술형 문장으로 표현하는 것이 바람직하다. 1996년 미국의 히치Hitch 교수는 짜임새 있는 언어에 대한 기억력 테스트를 했다. 400명의 참가자들을 대상으로 A와 B조로 나눈 후 같은 내용을 보여 주었다. A조의 내용은 순서가 뒤죽박죽으로 되어 있었고, B조의 내용은 분류가 되어 있었다. 그 뒤 기억력 테스트를 한 결과 B조의 기억력은 A조보다 높았다. 이 연구는 논리적으로 정리가 된 글은 상대의 기억에 더 오래 남는다는 것을 보여 주었다.

예를 들어, 시력 저하 예방을 위한 발표 주제문은 다음과 같이 표현할 수 있다.

과도한 모니터 시청과 스마트폰 사용으로 눈이 나빠지므로 평소보다 모니터 시청과 스마트폰 사용량을 줄이면 눈이 더 나빠지는 것을 어느 정도 예방할 수 있다.

한 문장으로 주제문이 결정되면, 이 주제와 관련된 아이디어들을 조직하는 작업이 필요하다. 아이디어를 조직하면 보다 논리적으로 말할 수 있다. 논리적 말하기는 청중의 이성적 판단에 영향을 주면서 말을 쉽게 이해시킬 수 있는 동시에 말에 대한 신뢰감을 높여 준다. 아이디어를 조직하기 위해서는 다음과 같은 몇 가지 쉬운 방법을 참조할 수 있다.

① **연대기/시간적 조직**: 발표 주제와 관련된 주요 소재들 혹은 아이디어들을 시간, 일, 월, 년 등을 기준으로 시간의 흐름에 따라 배열하여 조직하는 방법이다. 일이 진행된 과정 혹은 역사적 사건의 경위를 설명할 때 유용하다. 예를 들어 〈나의 인생 소개〉를 한다면, 유년 시절, 중·고등학교 학창 시절, 청년 시절, 현재 그리고 나의 미래 순으로 말하기를 조직할 수 있다. 연대기 혹은 시간적으로 조직한 말하기

는 시간 흐름에 따른 스토리텔링 구성에 유용하다.

② **공간적 조직**: 발표 주제와 관련된 주요 소재들 혹은 아이디어들을 장소에 중심을 두고 배열하여 조직하는 방법이다. 예를 들어 〈나의 인생 소개〉를 공간적 조직으로 한다면, 내가 태어난 고향, 유년 시절 성장한 장소, 청년 시절 생활한 도시 등과 같이 장소와 공간을 순서적으로 배열하여 말하기를 구성할 수 있다. 공간적으로 조직한 말하기는 입체적이고 시각적인 이미지를 주는 데 유용하다.

③ **인과적 조직**: 발표의 주제와 관련하여 주요 소재들 혹은 아이디어들을 인과 관계로 배열하는 방법이다. 사건 혹은 사회적 현상, 개인의 인생 스토리를 원인과 결과로 설명함으로써 연사가 주장하는 바를 쉽게 이해시키고 설득시킬 수 있다. 예를 들어 〈비만의 위험〉에 대한 발표를 준비한다면, 비만을 일으키는 여러 원인들—식습관, 운동 부족, 체질적 요소— 등을 소개하고, 이로 인해서 비만이 발생한 결과가 어떤지를 설명하는 방식이다. 이와 같은 인과적 조직법은 청중의 이목을 집중시킴으로써 설득에 유용하다.

④ 문제 해결식 조직: 발표의 주제와 관련하여 주요 소재들 혹은 아이디어들을 문제의 진단과 관련한 부분과 문제의 해결과 관련한 부분으로 구분하여 배열하여 조직하는 방법이다. 예를 들어 〈성공적 다이어트〉를 주제로 할 경우, 비만이 일으키는 다양한 원인과 비만으로 인한 건강상의 문제점들을 지적하고 이를 해결하고 건강을 지키기 위한 다이어트 방법들을 제시하는 방식이다. 객관적이고 과학적인 분석을 통해 문제의 심각성을 최대한 부각하고 이 문제들을 해결할 수 있는 방법들에 대해 확신을 주는 것이 필요하다.

⑤ 소재별 조직: 발표의 주제와 관련하여 주요 소재들 혹은 아이디어들을 소재에 따라서 배열하여 조직하는 방법이다. 발표 주제와 관련한 소재들은 매우 다양할 수 있다. 따라서 주제와 직접적인 연관이 있거나 중요도가 높은 소재들을 선정하여 중요도에 따라서 배열하는 것이 바람직하다. 〈친환경 에너지 정책〉을 소재로 한 발표를 준비할 때 바이오 에너지 기술 현황, 풍력의 에너지원 활용 가능성, 수력이나 파력 활용 현황, 태양광 에너지의 효율성 등 각 소재별로 친환경 에너지 정책 방향을 제시할 수 있다.

위에서 열거한 방법 외에도 양자 간의 비교를 통한 말하기 조직이나 동기를 유발하는 말하기 조직 등 연사의 필요와 목적에 따라서 다양하게 아이디어를 조직하는 방법이 있다. 발표의 근거나 타당성, 공신력을 높여 주기 위해서는 다양한 부연 자료를 제시할 필요가 있다. 예를 들어 언론에 보도된 사실, 주장하는 이야기와 비슷한 사례, 통계청 등의 기관이 제공한 통계 자료, 사건의 증언록 등이 있다. 발표 중 적절하게 부연 자료를 제시함으로써 주장에 대한 신뢰성을 높이고 청중을 이해시키고 설득시키는 데 효과를 높일 수 있다. 또 발표의 목적에서 열거한 아이디어들을 이 단계에서 뽑아낸다. 필요 없는 것은 삭제하되, 말하기의 목적에서 중심을 잡고 있는 내용이 무너지지 않도록 한다. 더하고 뺀 것들을 정리하고 분류해서 논리에 맞게 뒷받침할 수 있는 결론을 준비한다.

넷째, 목소리에 힘을 싣고 기억나는 마무리를 하자

말의 시작이 문 열기라면 마무리는 문을 닫아 주는 역할을 한다. 그러기 위해선 기억에 남는 메시지와 말에 힘을 실어야 한다. 가끔 학생들에게 "여러분 목소리는 바뀔 수 있을까요?"라고 질문한다. 답은 태어나면서 가진 성대는 바꿀 수 없지만 목소리는 바꿀 수 있다는 것이다. 미국의 심리학자 앨버트 머레이비언 Albert Mehrabian의 이론에서 4초 이내에 첫인상의 80%가 결정되고 30초 내에 그 사람의 좋은 점과 나쁜 점이 결정되고 이미지가 굳어진다고 했다. 이것을 '머레이비언의 법칙'이라고 한다. 한번 굳어진 이미지는 40시간 이상 그 상대와 함께 보내야만 바뀔 수 있다고 하니 '첫인상'에서 어떻게 보이느냐에 따라 상대가 보는 내가 달라질 수 있다는 이야기이다. 이에 영향을 끼치는 시각적 요소는 55%, 청각적 요소는 38%로 나타났고 말의 내용은 7%밖에 되지 않았다. 즉 발표할 때 내용보다 더 중요한 것은 제스처, 시선, 목소리, 동선이라는 말로 해석된다. 누구에게나 호감 가는 목소리와 면접에서 편안해 보이는 목소리, 발표에서 강한 호소력과 청중에게 울림을 주는 목소리는 누구나 갖고 싶을 것이다. 타고난 성대와 외모는 어떻게 할 수 없어도 목소리는 훈련을 통해서 바꿀 수 있다는 이야기를 다시 해 보자. 허스키한 목소리를 가진 사람이 방송을 진행하는 것을 우리는 종종 본다. 예쁜 목소리를 가지고 있지 않더라도 불편한 소리가 나지 않도록 자신에게 맞는 발성법과 성대의 진동으로 목소리에 안정된 호흡이 뒷받침되면 소리가 안정되게 나간다. 연사는 자기 목소리의 특성을 잘 파악하여 약점을 보완하고 대처하는 방법을 생각해 봐야 한다. 청중은 목소리의 굵기, 크기, 강약, 속도, 높낮이, 발음의 특성 등에 따라서 신뢰감, 친근감, 권위, 의구심 등의 감정을 일으키게 된다. 예를 들어 굵고 부드러운 목소리의 경우 안정감이나 교감을, 크고 강한 목소리는 열정과 흥분을,

톤이 높은 목소리는 공격적 인상을 주며, 사투리는 지역적 동질감을 강화해 준다.

좋은 목소리를 가지고 있는 연사는 큰 무기를 가지고 있는 것이다. 좋은 목소리는 좋은 음색과 적절한 음높이를 가지고 있음을 의미한다. 성량이 풍부한 소리, 아름다운 소리, 명료한 소리, 공명이 되는 소리 등을 일반적으로 좋은 목소리라고 이야기한다. 음높이는 1초에 평균적으로 성대가 진동하는 횟수와 주파수 변동으로 나타내는데, 남성의 경우 120Hz, 여성은 330Hz를 정상적 범위로 보고 있다. 듣기 좋은 목소리는 청중이 가장 편안하게 들을 수 있는 음높이와 함께 다양한 음높이를 구사하면서 리듬을 타면서 말하는 것을 의미한다. 안정된 호흡법을 이해하고 목소리 강약을 조절해 보자. 발성의 다양성으로 강조해야 할 부분에 음을 높이고, 약하게 해야 할 부분에 음을 낮추면 상대방은 말하는 사람이 어떤 부분을 강조하고 싶은가를 알게 된다. 정리하자면 목소리에 힘을 싣고, 청중이 기억할 수 있는 마무리 한 문장을 준비한다. 1차 청중이 연사의 말을 듣고 2차 청중에게 자신이 기억나는 말로 전달하면서 정보력은 확산된다. 아무리 말을 잘해도 마무리 정리를 제대로 하지 않으면 청중은 아무것도 기억하지 못한다. 우리가 영화나 책, 공연을 추천받을 때 어떤 메시지로 추천하는지를 잘 생각해 보자. 사람들은 확실한 정보를 좋아하기 때문에 이야기를 끝낼 때 문을 닫는다는 의미로 완벽한 마무리를 해야 한다. 청중이 기억했으면 하는 메시지와 청중에게 하고 싶은 메시지를 한 문장으로 정리한다. 청중이 연사의 마지막 메시지와 목소리를 기억한다면 대화의 목적이 정보 제공이든 설득이든 유흥이든 오락이든 상대방에게 인정받는 연사가 될 것이다.

3.
세상에 하나뿐인 나를 소개하기

우리는 누군가를 처음 만나게 되면 자기소개를 한다. 아마 지금껏 살아오면서 셀 수도 없이 자기소개를 했을 것이다. 필자는 학생들에게 첫 시간 자기소개 과제를 내주면서 언제나 하는 요구가 있다. "누구나 다 할 수 있는 소개가 아니라, 나만 할 수 있는 소개를 하라."라고 말한다. 가령 '훌륭하신 아버지와 자상하신 어머님의 몇남 몇째로 자란…', 'OOO대학교 OOO과에 재학 중인 OOO' 등의 소개가 아닌 나만의 이야기를 말하는 것이다. 이러다 보니 가끔 학생들의 자기소개를 듣고 몰래 눈물을 흘린 적도 있다. <남들에게 한 번도 해 보지 않았던 이야기, 학창 시절 왕따 당한 이야기, 이혼한 부모 이야기, 가난 때문에 힘들었던 이야기, 자신이 기억조차 하기 싫은 가슴 아픈 이야기> 등 이런 소개로 본인의 스토리를 그린다. 이런 학생들의 이야기를 듣고 나면 이름이 더 잘 외워진다. 가끔 교수들이 학생들 이름 외우기가 어렵다고 하는데, 필자는 수업에서 학생들의 이런 자기소개를 듣고 나면 자연스럽게 학생 얼굴과 스토리, 이름이 같이 연상된다. 말하기에 필요한 것은 완벽함이 아니라 사랑과 열정이다. 완벽보다는 자신의 열정에 더 투자하라고 하고 싶다. 열정과 사랑으로 정성을 쏟은 말하기는 그 어떤 것과도 바꿀 수 없는 선물이다.

그렇다면 지금껏 수도 없이 하는 자기소개에 학생들은 왜 망설일까. 면접관에게 하는 3분의 소개에서조차 어떤 말부터 해야 할지 고민을 한다. 자기소개는 나 자신을 정의 내리고, 내가 누구인가를 타인에게 알리는 행위이다. 즉 자신이 말하려고 하는 주제문을 만들고, 목적과 목표를 세운 후 세부적인 사례를 중심으로 자신을 소개하는 방식이다.

① 나는 다른 사람에게 어떻게 나를 소개할까
② 10년 전 나의 모습과 지금의 나의 모습, 10년 후 나의 모습은 어떨까
③ 인생에서 터닝 포인트는 언제, 무엇 때문이었을까
④ 마음속에 닮고 싶은 인물이 있다면 누구이고, 왜 그런 생

각을 했을까

⑤ 현재 무엇을 위해 나는 살고 있을까

⑥ 내가 살아온 배경에서 남들과 다른 점은 없을까

⑦ 나는 인생에게 가장 중요하게 생각하는 것이 무엇일까

⑧ 어릴 때 나의 꿈은 무엇이고, 현재 나의 꿈은 무엇일까

⑨ 내가 가장 좋아하는 것과 가장 싫어하는 것은 무엇일까

⑩ 나는 내 스스로 괜찮은 사람이라고 생각하는가

　　(성격, 성실성, 매너, 지식 등)

자기소개 기본 조직

- **성장 배경, 출생, 출신**: 주제에 부합하는 특이한 점을 간략하게 제시
- **목적, 장래 목표**: 평소 가지고 있던 꿈
- **목적에 대한 준비**: 나의 과거는 어땠는가
  　　　　　　　나의 꿈을 실현하기 위한 현재와 미래의 준비는 무엇인가
- **목적과 관련된 강점**: 예를 들어 설명함
  　　　성격: 친화력, 리더십, 추진력, 팀워크 중시, 특별한 개성
  　　　지식: 준비되어 있는 정도
- **목적과 관련된 단점**: 크게 문제가 되지 않고 애교스러운 것이나 흥미로운 것
- **결론**: 꿈을 실현하기 위한 실천 방향 및 각오

학생들이 수업에서 했던 자기소개 예문을 함께 살펴보자. 발표문을 작성하고 뼈대를 구성하는 개요서를 작성하면 여러분들이 하고자 하는 말이 무엇이었고, 그 아이디어를 뒷받침하는 세부 내용 즉 경험이나 논리는 무엇인지를 알게 된다. 예문을 보면 아이디어가 많은 학생들도 있고 상대적으로 적은 학생들도 있는데, 3개 정도 잡는 것을 추천한다. 학교에서 가르쳐 준 '삼단 논법'대로 2가지만 말하면 너무 적게 느껴지고, 4가지 이상 말하면 너무 많은 것처럼 느껴진다. 삼각형의 꼭짓점 모습대로 3은 우리에게 안정적인 구조를 주는 숫자이다. 정보의 수가 많아서 과부하가 걸리지 않도록 꼭 기억해야 할 메시지를 3개 정도 요약해서 말하는 연습을 해 보자.

〈 자기소개 예시1: 인생의 터닝 포인트 〉

저는 가장 놀고 싶은 시기인 20세에 재수를 하면서 남들과 다른 경험을 하면서 깨달은 저의 인생 이야기를 하려고 합니다.

저는 중학교 때까지 학교에서 성적이 상위권이었습니다. 하지만 고등학교 때 여자 친구를 사귀고 친구들과 노는 것이 좋아 공부를 하지 않았습니다. 고3 때부터 정신을 차리고 열심히 하려고 노력을 했지만 성적은 낮았고 목표치는 높았습니다. 어머니의 반대를 무릅쓰고 저는 재수를 했습니다. 저의 고집으로 재수를 결심했기 때문에 정말 열심히 해야 했습니다.

재수를 하면서 4가지를 포기했습니다. 그 4가지는 '핸드폰, 친구들, 여자 친구, 잠'입니다. 먼저 재수 생활을 시작함과 동시에 핸드폰을 포기하고 가지고 다니지 않았습니다. 두 번째는 수능을 보기 전까지 재수 학원 밖의 친구들과는 연락을 하지도 만나지도 않았고 시간을 아끼고자 혼자 밥을 먹고 학원 버스에서도 따로 앉아 영어 단어를 외웠습니다. 세 번째는 3년 넘게 사귄 여자 친구와 연락을 끊고 한 번도 만나지 않았습니다. 마지막은 재수 생활 중간부터 새벽 1시에 잠들고 5시에 일어나 총 4시간을 자면서 시간을 아꼈습니다.

제가 수능에 성공하기 위해서는 나 자신과의 약속을 지켜야 한다고 다짐했습니다. 수능을 볼 때까지 휴일이나 주말을 포함해서 하루도 빠짐없이 학원 문을 여는 시간부터 문을 닫는 시간까지 공부하겠다던 저 자신과의 약속을 지켰습니다. 책상에 엎드려서 자던 저의 버릇도 고치겠다고 자신과 약속했습니다. 잠이 부족할 때 스스로를 채찍질해서 정신을 차리고 '끝까지 포기하지 말자'고 생각했습니다.

저는 이런 과정을 통해서 중요한 것을 깨달았습니다. 살면서 꼭 지키고 살아야 하는 '나와의 약속, 나의 신념'이 필요하다는 것을 느꼈습니다. 신념을 가지고 노력하다 보니 처음 가졌던 마음가짐을 잃어버리지 않고 살아가는 데 도움이 되었습니다. 아주 작고 사소한 나의 가치관이나 목표에 관련된 자신과의 약속을 하나둘씩 정해서 지키려고 노력하다 보면 자신의 신념과 가치관이 뚜렷해진다는 것을 깨달았습니다. 인생에서 최선의 노력을 한 그 시절이 제 인생의 터닝 포인트가 되었고,

그런 신념을 가지고 앞으로의 인생을 살아가겠다고 다짐했습니다. 저의 소개로 여러분들의 인생에 대해 다시 한번 생각해 볼 수 있는 시간이 되었기를 바랍니다. 지금까지 경청해 주셔서 감사합니다.

〈자기소개 예시1〉에서 학생은 재수 생활을 통해 자신이 했던 노력과 경험이 신념을 만드는 데 중요했다는 했다는 점, 자신과의 약속이 중요하다는 것을 4가지 아이디어로 이야기한다. 아이디어1은 재수를 시작하게 된 배경, 아이디어2는 재수하면서 포기했던 4가지, 아이디어3은 자신과의 약속 지키기, 아이디어4는 신념을 갖는 게 중요하다는 내용을 담고 있다. 이 내용을 개요서로 작성해 보면 다음과 같다.

주제: 나 자신

말하기 목적: 자기소개

한정된 주제: 재수 생활을 하면서 겪었던 경험들을 통해 배우고 깨달은 점

세부 목적: 가장 놀고 싶은 20세에 재수 생활을 하면서 내가 했던 노력들과 경험들을 소개하고 이를 통해 깨달은 점을 토대로 신념의 중요성을 전달하기 위해서

주제문: 재수하는 동안 나만의 규칙을 세워 가며 할 수 있는 최선의 노

력을 다한 경험을 통해 살아가면서 꼭 지켜야 할 나와의 약속 필요성과 중요성을 깨달아 '신념을 찾아 지켜 나가야겠다'는 생각을 갖게 됨.

서론: 나의 인생이 크게 바뀌게 터닝 포인트를 간단히 언급하며 그 중 하나인 '재수 생활'에 초점을 맞춰 발표를 이어 나갈 것을 예고함.

본론
주요 아이디어1: 재수를 시작하게 된 배경을 설명함.

주요 아이디어2: 재수 생활을 하면서 포기했던 4가지를 소개하며 그때의 마음가짐을 전달함.
　세부 내용1: 핸드폰. 먼저 재수 생활을 시작함과 동시에 핸드폰을 정지함.
　세부 내용2: 친구. 수능 전까지 친구들과 연락도 만남도 하지 않고 시간을 아끼고자 혼밥하며 학원 버스에서 따로 앉아 영어 단어 외움.
　세부 내용3: 여자 친구. 3년 넘게 사귄 여자 친구와 한 번도 만나지 않음.
　세부 내용4: 잠. 재수 생활 기간 새벽 1시에 잠들고 5시에 일어남.

주요 아이디어3: 나 자신과 꼭 지켜야하는 약속을 세워 지키려고 애씀.
　세부 내용1: 수능을 볼 때까지 주말과 휴일 포함하여 학원에 나가 공부함.
　세부 내용2: 책상에 엎드려 자지 않고 졸음이 올 때마다 스스로 채찍질함.

주요 아이디어4: 이런 과정을 통해 두 가지를 깨달음.

세부 내용1: 살면서 꼭 지키고 살아야 하는 나와의 약속

세부 내용2: 신념을 가지고 있으면 초심을 잃지 않음.

결론: 아주 작고 사소한 것이라도 나의 가치관이나 목표에 관련된 나와의 약속을 하나, 둘 정해서 무슨 일이 있어도 지키려고 노력하다 보면 나만의 신념과 가치관이 뚜렷해진다는 것을 알게 됨.

〈자기소개 예시2: 학우들과 다른 고등학교 시절을 보내며〉

저는 고등학교 졸업도 하지 못한 학생이었습니다. 중학교에 입학한 지 얼마 되지 않아서 학교에 적응하지 못해 방황한 탓에 유예 경고를 받았고 결국 고등학교에 입학해서 한 달도 다니지 못하고 학교를 그만두었습니다. 방황하면서 제가 할 수 있는 일은 아르바이트뿐이었고 수능을 준비하는 다른 학생들과 다른 삶을 살았습니다. 당시 할 수 있는 건 아르바이트였는데 그것도 17세라는 나이에 할 수 있는 일은 정해져 있었습니다. 이렇게 친구들과 다른 경험을 하면서 지식과 능력을 갖지 못하는 사람은 사회에서 도태된다는 것을 점점 깨닫게 되었습니다. 그러면서 하루하루 삶에 대한 소중함을 느꼈고, 그 깨달음이 공부를 하고 싶게 만들었습니다.

그 이후 모든 일을 그만두고 수능 준비에 몰입했습니다. 하지만 제대로 배운 교육은 초등학교가 마지막이었고, 중학교 3년과 고등학교 3년, 잃어버린 6년의 시간을 채우기 위해 몇 배로 노력해야만 했습니다. 처음 저는 원하는 대학에 가지 못했지만, 포기하지 않고 도전하여 현재는 원하는 대학으로 편입했습니다. 이 세상 모든 사람에게 기회는 공평

하게 주어져 있지만 그 기회를 잡는 건 자신의 의지와 간절함이라는 것을 깨달았습니다. 그래서 절대 포기하지 않고 미래만 바라봤습니다.

저는 다른 학우들과 다른 삶을 살면서 세 가지 교훈을 얻었습니다. 첫째는 능력과 지식이 없는 사람은 도태된다는 것을 깨달았습니다. 아르바이트를 하면서 많은 사람들과 만나고 대화를 나누면서 안정된 삶을 사는 사람들은 자신의 노력이 있구나 하는 것을 느꼈습니다. 실제 직업에는 귀천이 없다고 하지만, 그 직업을 통해서 사람이 얻게 되는 가치는 다르다는 것을 알게 됐습니다. 두 번째는 아르바이트를 하면서 시간당 몇천 원 받는 저의 삶보다 그 시간에 공부를 해서 자신의 능력을 키우는 게 중요하다는 것을 깨달았습니다. 예전엔 학교 그 자체가 싫었고 자연적으로 공부와 멀어지게 되었고 대부분의 시간을 일하며 보냈습니다. 그 이후 검정고시는 졸업장을 따기 위해서 커트라인을 맞추자는 마음으로 공부한 거라 제 삶의 공부라고 말하기는 어렵습니다. 하지만 첫 번째 교훈처럼 어느 순간 가슴으로 다가온 건, 현재 몇천 원 버는 것이 중요한 게 아니라 그 시간에 다른 것을 해서 빨리 성장하는 것이 더 시급하다고 생각했습니다. 그래서 간절함과 의지가 생겼습니다. 누구에게나 기회가 주어지지만 그것을 하고 못하고의 차이는 스스로의 의지에 달려 있습니다. 정말 간절히 원한다면 못할 것이 없다고 생각합니다. 이렇게 별 볼 일 없이 살던 제가 여러분과 같이 수업을 듣고 있지 않습니까.

여러분, 지금 제 목표는 영어를 잘하는 것입니다. 여기 있는 학우들보다 어쩜 제가 영어를 공부한 시간은 짧지만 단기간에 토익 940점이라는 점수를 받았습니다. 너무 기뻤습니다. 하지만 지금은 점수를 받기 위한 공부가 아닌 외국인들과 소통하고, 유학을 가고 싶어도 경제적 문제로 가지 못하는 학우들에게 동기 부여가 될 수 있는 사람이 되고자 합니다. 여러분 저는 지금 행복합니다. 이 자리에서 발표하는 제 자신이 대견스럽기도 합니다. 끝까지 제 이야기 들어 주셔서 고맙습니다.

〈자기소개 예시2〉는 일반적인 학생이 경험하지 않은 자신의 이야기를 한다. 세 가지 아이디어를 통해 인생을 바꾼 삶, 절망과 행복, 솔직함을 담고 있다. 다른 학우들과 다른 삶을 살았던 이야기, 평범하지 않다고 생각하는 이야기를 준비하면서 '이 이야기를 해도 되나' 하고 망설이는 학생들도 있을 것이다. 이건 부끄러운 일이 아니다. 현재 이렇게 자신의 이야기를 할 수 있는 것은 현재의 삶에 대한 만족도가 높다고 판단된다. 오히려 이런 진심이 담긴 메시지를 통해 청중은 연사의 진실성, 친밀감, 자신을 돌아보는 시간을 갖게 된다. 〈자기소개 예시2〉의 개요서이다.

주제: 나 자신

말하기 목적: 자기소개

한정된 주제: 남들과 다른 나의 학창 시절

세부 목적: 남들과 다른 학창 시절을 보냈고, 그 생활을 통해 무엇을 깨달았는지, 어떤 깨달음과 교훈을 얻었는지 알리기 위해서

주제문: 고등학교 입학 후 한 달만에 학교를 그만두고 검정고시를 준비하며 그동안의 공백을 채우기 위해 노력해서 '인생은 의지와 간절함이 있으면 무엇이든 할 수 있다'는 삶에 희망과 용기를 얻음.

(14살 때 중학교를 입학한 지 얼마 되지 않아 학교에 적응하지 못한 나. 하지만 오랜 시간이 지나도 학교에 적응하지 못하고, 오히려 도망치듯 살기에 바쁨. 그런 생활이 이어지고, 결국 고등학교에 입학해서 한 달도 채 다니지 못하고 학교를 그만둠. 방황하면서 아르바이트를 하며 시간을 보낸 나. 그 시절 학우들이 경험하지 못하는 다른 일을 하며, 자신의 능력과 전문 지식을 갖지 못한 사람은 사회에서 도태된다는 것을 깨닫게 됨. 그 후 모든 일을 그만두고, 오로지 수능 준비에만 몰입. 하지만 중학교 때 학교에 적응을 하지 못한 탓에 학교를 다니지 못해서 유예 경고까지 받아 제대로 배운 교육이란 초등학교가 마지막이었음. 그래서 나에겐 없는 중·고등학교 6년의 기간을 채우기 위해 몇 배로 노력함. 처음에 원하는 대학을 가지 못했지만, 포기하지 않고 다시 도전하여 원하는 대학으로 편입하게 됨. 이 세상 모든 사람에게 똑같이 공평하게 기회는 주어져 있지만 그것을 잡는 건 본인의 의지와 간절함의 차이라는 것을 깨달았으며, 그래서 절대 포기하지 않고 앞으로 향해 나가야겠다는 확신을 얻게 됨.)

서론
제대로 배운 교육은 초등학교가 마지막이었음. 중학교 1학년 때부터 학교에 적응하지 못해서 거의 학교에 가지 않았고, 그 후 고등학교에

진학해서도 결국 적응하지 못해서 학교를 그만둠. 17세라는 나이에 학교를 그만두고, 그 나이에 할 수 있는 일은 많지 않았음. 다행히 좋은 사장님을 만나서 pc방에서 알바를 처음 시작할 수 있게 되었고, 그 이후에도 다른 일을 하면서 시간을 보냄. 일을 하면서 하루하루 삶에 대한 소중함을 느꼈고, 그 깨달음을 통해 공부를 시작하게 됨.(제 삶에서 얻은 교훈으로 이야기 시작)

본론
주요 아이디어1: 자신의 능력이나 전문 지식이 없는 사람은 사회에서 도태됨.
    세부 내용1: 일 하면서 만난 사람들을 보고 안정된 삶을 사는 사람들은 자신의 능력이 있다는 것을 깨달음, 직업의 귀천이 없다고 하지만 삶의 가치는 다름.
    세부 내용2: 학교 자퇴 후 학교 자체가 싫었고 자연스럽게 공부와 멀어짐. 졸업장을 따기 위해 검정고시를 했고 일하면서 만난 사람들을 보며 현재 몇천 원을 버는 것보다 미래 성장을 위한 노력이 더 중요하다고 생각함.

주요 아이디어2: 성공과 실패는 자신의 의지에 달림.
    세부내용1: 모든 사람에게는 동등한 기회가 있음. 간절히 원한다면 못할 게 없다고 생각함.
    세부내용2: 별 볼 일 없는 삶을 살던 자신이 학우들과 함께 수업을 듣는 게 자랑스러움.

결론
1. 현재 목표는 영어를 지금보다 더 잘하는 것임.

2. 단기간에 토익 940점을 받음.
3. 유학 가고 싶어도 갈 수 없는 학우들에게 나의 경험을 통해 희망과 동기 부여가 되는 사람이 되고자 노력할 것임.

〈자기소개 예시3: 연예인을 꿈꾸는 나 자신〉

여러분은 공부도 못하고 성격도 소심한 학생이 인문계 고등학교에 다닌다면 어떤 모습일 거라고 생각하시나요? 대부분 그런 학생은 친구도 없고 동료 학생들에게 무시당하기 일쑤이고 답답한 친구가 아닐까 생각하실 겁니다. 그 친구가 바로 고등학교 시절의 저였습니다. 그랬던 제가 지금은 '연예인'을 꿈꾸면서 준비하고 있습니다. 소심했던 제가 갑자기 연예인을 꿈꾸게 되었을까 궁금하지 않으신가요. 오늘 저는 그 이유에 대해서 고등학교 시절의 경험을 토대로 이야기하겠습니다.

저는 성격도 소심하고, 특출나게 공부를 잘하는 것도 아닌, 대부분의 학생들은 제가 있는지 없는지 관심조차 없는, 눈에 띄지 않는 학생이었습니다. 그 시절 저는 많은 방황을 했습니다. 잘하는 것도 없고, 자신감이라고는 말 그대로 1도 없는 제가 뭘 해야 하는지, 뭘 잘할 수 있을지 끊임없이 고민하고 찾아봤지만 쉽게 찾지 못했습니다. 그러던 제가 우연히 연극 동아리에 들어가게 되었습니다. 물론 저로서는 엄청난 용기를 낸 것입니다. 하지만 새로운 것을 시도한다는 것 자체가 즐거웠고, 연극을 통해 제가 아닌 다른 사람이 되어 볼 수 있다는 것이 자존감을 찾을 수 있는 기회라 생각했습니다. 뭐 하나 열심히 해 본 일이 없던 제가 처음으로 연극 동아리 활동에 열성을 다했고, 그 결과 전국 청소년 연극제에서 저희 동아리가 입상하는 결과를 얻게 되었습니다. 연극제 입상은 그동안 뚜렷한 목표 없이 살았던 제게 큰 전환점이 되었습니다. 연극의 매력에 푹 빠져 버린 저는 연극영화과 입시를 준비하게 되었고, '연예인'이라는 꿈을 가지게 되었습니다. 연기에 관심을 갖다 보니 노래, 춤 등 다른 것에도 자연스레 관심이 생기고 무언가를 잘할 수 있다는 자신감이 생겼습니다. 이런 자신감은 저의 다른 생활에도 영향을 주었습니다. 안 하던 공부도 열심히 하게 되었고, 관심이 전혀 없던 외모도 가꾸기 시작했습니다.

꿈을 꾸기 시작하면서 처음으로 제 인생에 구체적인 목표가 생겼습니다. 처음에는 그저 연기하는 게 좋았을 뿐이었습니다. 하지만 연기에 몰입할수록 연기를 통해 이루고자 하는 것이 생겼습니다. 그것은 많은 사람들한테 주목을 받는 직업인 '연예인'이 되는 것이었습니다. 지금은 연예인이 되기 위해 연기뿐 아니라 노래, 춤 등을 배우고 공부하며 제 자신을 보다 나은 사람으로, 다른 사람들에게 보여 줄 수 있는 그 무언가를 가진 사람으로 채워 가기 위해 노력하고 있습니다.

목표를 향해 노력하다 보니 제 성격이 바뀌는 것을 느낄 수 있었습니다. 지금 와서 생각해 보면 중·고등학교 시절을 왜 그렇게 낭비해 버렸는지 그 시간이 아깝게 느껴집니다. 꿈을 향해 달려가다 보니 보다 나은 사람이 되어 있었습니다. 꿈을 이루려고 노력하는 그 과정 자체에서 제 자신이 자존감 없는 소심한 사람에서 적극적이고 자신감 넘치는 사람으로 변화하게 되었습니다.

저는 이런 과정을 통해 '꿈'을 꾼다는 것, 그리고 그것을 현실로 만들기 위해 노력한다는 것이 얼마나 중요한지를 깨달았습니다. 제가 앞으로 연예인이 되어 있을지, 아니면 지금 생각하지 못한 다른 사람이 되어 있을지 잘 모르겠습니다. 하지만 한 가지 확실한 것은 저는 앞으로도 '꿈'을 위해 목표를 세우고 자신의 능력을 개발하며 달려갈 거라는 겁니다. 목표를 달성하기 위해 저는 끊임없이 한계에 도전할 것입니다. 그러한 과정을 통해 보다 나은 제 자신이 되고 싶습니다. 여러분도 '꿈'을 위해 달리다 보면 분명히 과거의 나 자신과는 다른 사람이 되어 있고 성장한 자신을 볼 수 있을 것입니다. '꿈'이라고 부를 만큼 거창한 것이 없어도 좋습니다. 오늘부터 작은 것에 목표를 세우고 도전하다 보면 분명히 성장해 가는 여러분을 발견할 수 있을 것입니다. 지금까지 경청해 주셔서 고맙습니다.

〈자기소개 예시3〉은 연예인이라는 평범하지 않은 꿈을 꾸고 있는 자신의 이야기를 솔직하게 말하고 있다. 발표의 내용은 크게 보아 4가지—고등학교 시절의 연극 경험과 그 결과, 연예인으로서의 꿈을 꾸게 되면서 생긴 변화 2가지로 구성되어 있다. 처음 시작의 질문에서 "여러분은 공부도 못하고 성격도 소심한 학생이 인문계 고등학교에 다닌다면 어떤 모습일거라고 생각하시나요?"를 "여러분, 학창 시절에 있는지 없는지조차도 모를 만큼 눈에 띄지 않았던 사람이 연예인이 된다면 어떨까요?", "여러분, 뭐 하나 잘하는 것도 없고 눈에 띄지도 않고 게다가 소심하기까지 한 사람이 TV 속의 주인공을 꿈꾼다면 어떤 생각이 드시나요?" 혹은 "여러분은 어떤 꿈을 꾸면서 사시나요?" 이렇게 시작해도 좋을 것 같다. 자칫 성격이 소심한 학생과 인문계 고등학교가 무슨 연결 고리가 있을까 생각할 수 있는 질문이다. 발표의 시작은 소심하고 성적도 그다지 우수하지 못한, 지극히 평범한 고등학생이었던 자신의 과거를 고백하는 것으로부터 시작한다. 하지만 동시에 연예인을 준비하는 자신이라는 좀처럼 기대하기 힘든 반전을 제시하면서 청중의 관심을 끌어내고 있다. 자기소개는 자신을 포장하기 위한 것이 아니다. 부끄럽고 숨기고 싶은 자신의 모습이라도 솔직하게 드러내는 것이 청중에게 진실되다는 인상을 심어줄 수 있다. 아래는 〈자기소개 예시 3〉의 개요서이다.

주제: 나

말하기 목적: 자기소개

한정된 주제: 과거의 소극적인 성격에서 적극적인 성격으로 바뀐 현재

세부 목적: 고등학교 시절, 방황하고 소극적인 자신을 변화시켜 준 연극 동아리 활동으로 목표를 세우고 도전하면 성장할 수 있다는 것을 알려 주기 위해서

주제문: 고등학교 시절 연극 동아리 활동으로 소극적인 성격에서 적극적인 성격으로 변화하면서 연예인이 되고 싶다고 생각함.

서론

1. 공부 못하는 소심한 성격의 학생이 인문계 고등학교에서 공부한다면 어떨 것이라고 생각
   1) 우선은 고등학생 동창들에게 무시당하거나 답답한 친구라고 생각
   2) 그 답답한 친구가 바로 나
2. 연예인을 준비
   1) 왜 연예인을 꿈꾸는지 궁금?
   2) 오늘 나는 그 이유에 대해서 고등학교 시절에 대해서 잠깐 이야기하고자 함.

본론

주요 아이디어1: 고등학교 시절, 방황하다가 우연히 연극 동아리를 들어가게 됨.
  세부 내용1: 특출나게 잘하는 게 없어서 자존감이 낮아진 상태로 연극 동아리에 들어감.
  세부 내용2: 전국 청소년 연극제에서 입상함.

주요 아이디어2: 연극제 입상을 통해 연극영화과 입시를 준비하며 꿈이 생김.
  세부 내용1: 연기뿐만이 아니라 노래, 춤에도 관심이 생김.
  세부 내용2: 연습을 하면서 자신에 대한 자신감이 생김.
  세부 내용3: 안 하던 공부를 열심히 하게 됨.
  세부 내용4: 외모를 가꾸기 시작함.

주요 아이디어3: 꿈을 통해 처음으로 목표가 생김.
  세부 내용1: 처음에는 막연하게 연기를 사랑함.

세부 내용2: 연기를 통해서 연예인이 되고자 함.

세부 내용3: 연예인이 되기 위해 춤, 노래, 연기 등을 배움.

세부 내용4: 꿈을 향해 가는 과정에서 스스로 변화됨.

주요 아이디어4: 목표를 향해 가다 보니 성격이 바뀜.

세부 내용1: 고등학교 시절에 대한 후회

세부 내용2: 꿈을 향해 달려가다 보니 스스로 단단해짐.

세부 내용3: 소극적인 나에서 적극적인 나로 변함.

결론:

1. 앞으로도 꿈을 위해 목표를 세우고 자신의 능력을 개발하며 달려갈 것임.
2. 꿈을 위해 달려가다 보면 과거의 나와는 다른 사람이 되어 있음.
3. 오늘부터 작은 목표라도 세우고 도전하면 분명히 성장할 수 있는 발판이 될 것임.

〈 자기소개 예시4: 패션 인플루언서 〉

저는 여러분들이 요즘 인스타그램, 유튜브 등을 통해 쉽게 접할 수 있는 이른바 인플루언서입니다. 평소의 관심사와 우연히 겹치면서 현재는 인플루언서로 활동하고 있는데요. 하지만 현재가 저의 최종 목적지는 아닙니다. 지금의 경험을 통해 더 큰 분야에서 일을 하고 싶다는 꿈을 꾸고 있고, 그것을 이루기 위해 노력하고 있습니다. 그러면 저는 어떻게 인플루언서가 되었을까요? 그리고 무엇을 배웠을까요? 지금부터 제가 인플루언서가 된 과정, 인플루언서 활동을 하면서 얻은 경험,

그리고 그 경험을 통해 어떤 꿈이 생겼는지 설명하면서 저에 대해 소개하겠습니다.

저는 어릴 때부터 주위 사람들뿐 아니라, 길거리를 지나가는 사람들의 옷차림, 즉 코디에 관심이 많았습니다. 관심 가는 옷차림을 보게 되면 단순한 호기심을 넘어 직접 찾아보고 제 나름의 스타일로 소화하고자 시도하는 것을 즐겼습니다. 그러면서 가장 답답했던 것은 어디에서 살 수 있는지 알기 쉬운 브랜드 의상과 달리 보세 옷들이나 액세서리 등의 경우 사고 싶어도 구매처를 알기 힘들었다는 것이었습니다. 그러던 와중 '스타일쉐어'라는 어플을 알게 되었습니다. 스타일쉐어는 브랜드 의상뿐 아니라 다양한 의상의 구매 정보를 찾기 쉽게 정리해 놓은 어플입니다. 처음 발견했을 때, 유레카를 외치고 싶었습니다.

처음에 저는 일반 사용자들과 비슷하게 검색 기능만 사용했지만 점차 활동이 늘어나게 되었고, 제 스타일을 좋아하는 사람들도 자연스럽게 늘어나기 시작했습니다. 평소 좋아하는 스타일을 공유하다 보니 게시물들 중 유독 인기가 많았던 것들이 있었고, 이러한 게시물 때문에 제 계정을 팔로우하는 사람들이 점차 많아졌습니다. 팔로워가 어느 수준까지 오게 되자 쇼핑몰이나 브랜드에서 홍보를 요청하는 연락이 오기 시작했고 자연스레 옷이나 액세서리를 먼저 받고 이를 소개하는 인플루언서가 되었습니다. 인플루언서 활동이 커질수록 쇼핑몰이나 의류 브랜드에서 일하는 사람들과의 교류가 점차 많아졌습니다. 그런 만남을 통해 '기획 담당자, 마케터, 패션 MD, 패션 에디터, 디자이너'라는 직업들이 어떤 일을 하는지 명확하게 알게 되었습니다. 패션 산업에 대한 지식이 늘어날수록 제 관심이 커졌고, 매력을 느꼈습니다. 그러다 보니 어느새 제 꿈이 패션 산업에서 일하는 것으로 굳어졌고 대학 진학과 대외 활동, 현재 준비 중인 자격증들이 모두 패션 관련으로 초점이 맞춰졌습니다.

당연히 대학에 진학할 때, 어느 과에 갈 것인가 고민할 필요도 없었습니다. 학교에서 이론적인 부분을 배우고 인플루언서 활동을 통해 실습적인 부분을 경험하면서 꿈은 점점 구체화되었습니다. 학과에서 배우는 전공과목들은 어느 패션 분야에 진출하더라도 조금씩 활용할 수 있게 다양한 영역을 포괄하고 있습니다. 인플루언서 활동을 통해서 도매 사업, 홍보, 판매, 모델, 기획 등 패션 관련 실무들을 경험할 수 있었습니다. 이론과 실제 경험의 합이 동일한 시기에 정확하게 맞춰지는 느낌이라 자신감이 생기고 꿈도 더 구체적으로 변해갔습니다.

저는 어떻게 보면 운이 좋았는지도 모르겠습니다. 하지만 제게 주어진 기회를 잡을 수 있었던 이유는 제가 꾸준히 패션이라는 것에 관심을 가지고 공유하는 활동을 해왔기 때문입니다. 인플루언서 활동을 통해 남들이 경험해 보지 못한 저만의 경험을 해 볼 수 있었고, 패션 관련 분야들을 직·간접적으로 조금씩 체험해 보면서 어느 분야가 저와 맞고 어느 분야가 저와 맞지 않는지 알 수 있었습니다. 현재 제 꿈은 저만의 브랜드를 론칭하는 것입니다. 그것이 언제가 될지는 잘 모르겠습니다. 하지만 꾸준히 노력하다 보면 언젠가는 사람들이 제가 만들고 판매하는 옷을 입고 다니는 날이 오지 않을까 생각합니다. 꿈꾸는 것을 실전으로 옮기는 제가 되겠습니다. 지금까지 경청해 주셔서 고맙습니다.

〈자기소개 예시4〉는 SNS 인플루언서라는 독특한 일을 하는 학생의 자기소개서이다. SNS 인플루언서는 최근 대학생들이 관심을 많이 가질 만한 직업이지만, 성공적인 인플루언서를 실제로 만나 그의 이야기를 듣는 것은 흔하지 않은 기회이기 때문에 그 자체만으로도 청중의 관심을 끌어내기에 유리할 수밖에 없다. 발표문은 점진적으로 성장·변화하는 모습을 보여 주는 자연스런 흐름 구성을 취하고 있다. 청중이 말의 흐름을 쫓아가기 편한 구성이다. 전체적으로 무리 없는 구성을 하고 있는 발표이지만, 청중의 흥미를 돋울 수 있고, 보다 생동감을 느낄 수 있는 간단한 에피소드를 포함시키는 것도 한 가지 방법일 수 있다. 아래는 〈자기소개 예시4〉의 개요서이다.

주제: 나 자신

말하기 목적: 자기소개

한정된 주제: 우연한 계기로 하게 된 일과 그 경험을 통해 형성된 장래 희망

세부 목적: SNS 인플루언서가 된 계기를 설명하고 이로 인해 생긴 경험과 장래 희망을 소개하기 위해서

핵심 명제: 우연한 기회에 SNS 인플루언서가 되었고 이로 인해 경험한 것들을 바탕으로 나만의 브랜드를 론칭하고 싶다는 꿈을 갖게 됨.

서론

1. 여러분들이 요즘 SNS를 통해 어쩌면 쉽게 접할 수 있는 SNS 인플루언서임.
2. 평소 관심사와 겹치면서 현재는 인플루언서로 활동 중이지만 이 경험들을 통해 더 큰 분야에서 일하고 싶다는 꿈이 생김.
3. 어떻게 인플루언서가 되었고 그로 인해 얻은 경험은 무엇이며 어떤 꿈이 생겼는지 나를 소개함.

본론

주요 아이디어1: 학생 때부터 주변 옷차림이나 코디에 관심이 많았음.
    세부 내용1: 브랜드의 옷들은 로고가 쓰여 있기 때문에 한눈에 어디서 살 수 있는지 파악이 가능하지만 일반 보세 옷들이나 액세서리 같은 경우 사고 싶어도 구매처를 알기가 힘들어 답답한 적이 많았음.
    세부 내용2: 그러던 중 '스타일쉐어'라는 어플을 알게 되었고 자주 들어가서 예쁜 옷들의 구매 정보를 쉽게 얻음.

주요 아이디어2: 검색 기능만 사용했던 그 어플에서 활동하기 시작하면서 내 스타일을 좋아하는 사람들이 늘어남.
    세부 내용1: 평소 좋아하는 스타일을 공유하다 보니 게시물들 중 유독 인기가 많았던 게시물들이 있었고 그 때문에 내 계정을 팔로우하는 사람들이 많아짐.
    세부 내용2: 쇼핑몰이나 브랜드에서 홍보를 요청하는 연락이 왔고 자연스레 옷이나 액세서리를 먼저 받고 이를 소개하는 SNS 인플루언서가 됨.

주요 아이디어3: 쇼핑몰이나 브랜드에서 일하는 사람들과의 교류가 점점 많아짐.
　　세부 내용1: '기획 담당자, 마케터, 패션 MD, 패션 에디터, 디자이너' 라는 직업들에 대해 정확히 어떤 일을 하는지 명확하게 알게 됨.
　　세부 내용2: 알면 알수록 매력을 느꼈기에 패션 관련으로 꿈이 생겼고 대학 진학과 기타 대외 활동, 준비 중인 자격증들이 모두 패션 관련으로 맞춰짐.

주요 아이디어4: 학교에서는 이론적인 부분을 배우고 사회에서는 실습적인 경험으로 꿈이 점점 구체화됨.
　　세부 내용1: 학교에서 가르치는 전공과목들이 어느 패션 분야에 진출하더라도 조금씩 활용할 수 있게 다양하고 구체적임.
　　세부 내용2: 인플루언서로 활동하며 도매 사업, 홍보, 판매, 모델, 기획 등 패션 관련 일들을 경험함.
　　세부 내용3: 이론과 실제 경험의 합이 동일한 시기에 정확하게 맞춰지는 느낌이라 자신감이 생김.

결론
1. 다양한 경험을 통해 패션 관련 많은 분야들을 직간접적으로 조금씩 체험해 보면서 어느 분야가 나와 맞고 어느 분야가 맞지 않는지 알 수 있었음.
2. 언제가 될지는 모르겠지만 레드 오션인 패션업계에서 꼭 나만의 브랜드를 론칭해 사람들이 내가 만들고 판매한 옷을 입고 다니는 날이 오길 바람.

4.
청중에게 도움이 되는 정보 제공하기

발표는 목적에 따라 정보 제공, 설득, 유흥, 격려로 구분할 수 있다. 앞의 자기소개는 정보 제공 말하기 종류 중 하나다. 정보 제공을 위한 말하기는 청중과 연사 사이의 정보 비대칭을 해소해 주고, 청중들에게 다양한 형태의 도움을 줄 수 있는 말하기 방식이다. 현대 사회에서 정보는 중요한 자산으로 취급된다. '정보 자본'이라는 말이 나올 정도로 정보는 무형의 자산으로 현금화할 수도 있을 뿐 아니라, 사회적인 영향을 미칠 수도 있다. 이런 점에서 정보 제공 말하기는 청중의 필요나 욕구를 충족시키는 정보들을 제공하는 것이 목적이다. 정보 제공은 청중에게 새로운 주제와 내용으로 구성하고, 청중의 흥미와 관심을 끌 수 있는 중요성이 있어야 한다. 정보를 효과적으로 전달하기 위해 다양한 교육 기법을 활용할 수 있다. 정보 제공을 할 때는 크게 3가지 구성을 생각해 볼 수 있다. 제공하는 정보의 유용성을 강조하는 '동기 부여', 청중의 관심을 이끌어 낼 수 있는 '관심 집중 기법', 주요 내용을 반복하고 내용을 청중과 연관시켜 내용을 체계적으로 조직해야 하는 '기억력 향상 기법'이 있다.

정보 제공 말하기의 기본적인 요건으로는 '다양성', '유용성', '객관성', '공공성' 네 가지를 들 수 있다. 첫째, 정보의 '다양성'은 말하기 주제와 관련한 다양한 정보를 다각적인 차원에서 제공하는 것을 의미한다. 예를 들어 저렴한 유럽 여행에 대한 정보 제공의 경우 저렴한 숙소, 저렴하게 교통을 이용하는 방법, 저렴한 여행 상품 등 다양한 소재나 관점에서 정보를 제공할 수 있다. 둘째, 정보의 '유용성'은 정보를 수용하는 청중들에게 실현 가능하고, 유용한 정보여야 한다는 것을 말한다. 예를 들어 우주선이 작동하는 원리에 관한 정보는 주부 교실 수강생들에게 유용한 정보라고 할 수 없다. 셋째, 정보의 '객관성'은 특정 집단이나 이익 관계자의 시각에 맞춰진 정보가 아니라 누구에게나 가치 중립적이고 객관적인 내용과 형식을 갖춘 정보를 말한다. 예를 들어 어떤 정보를 제공할 때, 그 정보의 유익한 부분과 해로운 부분을 모두 설명해 주는 방식은 정보를 보다 객관적으로 제공한다. 넷째, 정보의 '공공성'은 다수의 청중을 대상으로 하는 발표에서, 대부분 공공적 성격을 띤 정보를 제공하는 것이 일반적이고 공공의 이익과 사회에 기여할 수 있는 정보를 제공하는 것이 바람직하다. 한편, 주제에 대한 청중의 지식수준에 따라 정보 제공의 수준을 조절할 필요가 있다. 연사는 우선 주제 및 소재에 대해 청중이 갖고 있는 예비지식의 정도를 파악해야 한다. 주제에 대한 지식이 많은 청중은 기존의 지식 위에 새로운 지식을 제공한다. 즉, 청중이 알고 있는 기존 지식과 새로운 지식을 연결 지어 설명함으로써 청중의 이해를 돕는다. 그리고 그 수준에 적절한 전문 용어를 사용하고 주제에 대한 지식이 적은 청중에게는 기초부터 설명한다. 청중의 지적 수준에 맞게 적절한 양의 정보를 제공하고 청중이 이해하기 쉽게 쉬운 단어와 평이한 용어를 사용한다. 주제에 대한 지식은 많으나 무관심한 청중에게는 서론에서 청중의 관심을 이끌어 내야 한다. 본론에서는 내용에 관심을 갖도록 한다.

정해진 주제에 따라 정보를 수집하는 1단계, 정보를 조직하는 2단계, 최종 점검을 하는 3단계가 있다. 1단계에서는 청중과 장소, 주제, 연사가 원하는 청중의 반응을 예상한다. 2단계에서는 주제에 따라 조직법을 선택하고 발표가 얼마나 명확한지 확인한다. 3단계에서는 실제 발표 상황에 들어가 리허설을 한다. 정보 제공 말하기는 정확해야 하고, 듣는 청중들에게 유익함과 실용성이 있는 정보여야 한다. 그러기 위해서 출처 표기가 중요하다. 하지만 필자의 책에선 출처 표기법을 제대로 숙지하지 못한 발표문 사례가 있어서 출처 표기는 제외하였다.

〈정보 제공 예시1: 보디랭귀지〉

여러분은 앞서 발표한 학우들의 발표 내용들을 얼마나 기억하시나요. 절반? 30%? 대부분의 사람은 한 시간이 경과되면 들었던 정보의 절반 이상을 기억하지 못한다고 합니다. 여러분의 머릿속에 앞선 발표자들이 말한 내용은 기억하지 못할 수도 있지만 의외로 발표자들이 했던 행동, 이를테면 특이한 몸짓이나, 인상적인 표정은 남아 있을 수 있습니다. 한 연구에 따르면 사람들은 말의 내용보다 말하는 모습을 기억하는 성향이 있다고 합니다. 보디랭귀지, 즉 비언어적 표현은 여러분이 효과적으로 소통하는 데 최고의 무기가 될 수 있다는 것입니다. 그래서 오늘 저는 여러분에게 상황에 따른 보디랭귀지에는 어떠한 것이 있고, 보디랭귀지를 효과적으로 사용할 수 있는 방법에 대해 말씀드리겠습니다.

여러분, 보디랭귀지를 통해 어떻게 의사소통을 효과적으로 할 수 있을까요? 카리스마를 강조하는 보디랭귀지에는 크게 4가지 종류가 있습니다. 첫째는 손짓입니다. 단순한 손짓을 효과적으로 사용해서 듣는 이의 마음을 움직일 수 있습니다. 한 실험 연구에서 사람은 음성 메시지보다 손짓을 3배 이상 잘 기억한다고 합니다. 손짓은 제가 하는 말에 사람들이 더 집중하고, 이해하도록 도와주고, 보다 오랫동안 기억할 수 있도록 해 줍니다. 여러분 이 손짓이 어떤 뜻인지 아시죠? (OK 손 모양을 보여 주며) 바로 'OK' 사인입니다. OK 사인은 집중력을 높여 줍니다. 적절한 OK 사인은 사려 깊고, 목표 지향적이며, 집중력이 좋다는 이미지를 준다고 합니다. 이 사인을 주로 강조할 때, 정말 중요한 단어를 이야기하는 순간에 사용하는 것이 효과적인데요. 손을 삼각형 모양으로 모으는 첨탑 제스처는 자신감을 드러내는 역할을 합니다. (손 모양 보여 주며) 여러분이 잘 아는 주제나 자신감이 있는 내용을 말할 때 사용하면 효과적입니다. 전문성을 강조하는 부분이나 결론 내용을 전달할 때 적절한 제스처입니다. 큰 동작을 이용해 강조하는 것도 효과적인 방법입니다. 한쪽 팔을 옆으로 2시 방향으로 쭉 뻗는 동작을 통해 하이라이트를 설명하는 것이 주목을 모으기도 합니다.

말하기에 포인트를 주는 보디랭귀지는 어떠한 것이 있을까요. 효과를 높일 수 있는 보디랭귀지는 다양하지만 저는 오늘 5가지 방법에 대해 이야기하겠습니다. 첫째는 '손바닥 비비기'입니다. 대화를 시작하기 전에 손바닥을 비비는 몸짓은 청중에게 흥미롭고 재미있는 일이 일어날 것이라는 메시지를 무의식적으로 전달하는 효과가 있습니다. 손바닥 비비기는 미소와 함께 사용하면 효과가 더 커집니다. (조금 쉬고) 여러분은 제가 하는 말이 진심이라는 것을 대개 어떻게 몸짓으로 표현하시나요? 자주 사용하는 방법 중 하나는 '가슴에 손을 얹은 행동'입니다. 그리고 이 행위는 실제로 효과가 있습니다. 미안함이나 고마움을 표현할 수 있고, 안타까움을 표현하거나 위로할 때 더 진지하게 보이는 역할을 합니다. 지금 제가 말하는 동안 열심히 고개를 끄덕이시는 분들이 보입니다. 이처럼 말하는 사람에게 동의한다는 표시를 해 주는 '고개 끄덕이기'는 발표자에게 큰 힘이 됩니다. 고개를 끄덕이는 행위는 발표 상황이 아닌 일반적인 대화 상황에서도 매우 효과적입니다. 게다가 고개 끄덕이기는 전염성이 있습니다. 자신이 먼저 고개를 끄덕이면 그 말을 듣는 사람도 따라서 고개를 끄덕이는 빈도가 많아집니다. 말하는 이도, 듣는 이도 서로의 말을 긍정해 주는 데 효과가 있습니다. 사람들이 눈썹을 올리는 것은 대개 버릇인데요. 어떤 사람은 무의식 중에 이런 행위를 하고, 어떤 사람은 하지 않죠. '눈썹 올리기'는 짧은 시간 내에 호감과 관심을 전달할 수 있는 매우 효과적인 제스처라고 합니다. 여러분도 거울을 보면서 연습해 보시기 바랍니다. 또 표정이 풍부한 사람은 의사 전달력이 높습니다. 말로는 할 수 없는 다양한 감정을 전달할 수 있기 때문입니다. '풍부한 표정'은 말하는 내용에 건강한 생명력을 줍니다. 마치 흑백 사진보다는 컬러 사진이 생동감이 넘치는 것처럼요. 여러분도 상황에 맞는 적절한 표정을 풍부하게 사용해서 말하기를 컬러 사진으로 만들어 보시기 바랍니다.

위에서 말하듯이 말하기에서 효과적인 보디랭귀지는 손바닥 비비기, 가슴에 손 얹기, 고개 끄덕이기, 눈썹 올리기, 다양한 표정 짓기의 5가지가 있다는 것을 알 수 있었습니다. 비언어적인 표현인 보디랭귀지는 효과적인 의사소통에서 중요한 역할을 합니다. 하지만 자연스러운 보디랭귀지와 함께 소통하는 것은 생각보다 어려운 일입니다. 말하는 것을 연습해야 말솜씨가 늘어나듯이 보디랭귀지를 상황에 맞게 사용하기 위해서는 연습이 필요합니다. 연습을 통해 보디랭귀지를 익숙하게 사용하다 보면 발표에서도, 주변 사람들과의 소통에서도, 긍정적이고 진실성 있는 이미지를 만들 수 있습니다. 여러분! 지금부터 시작하세요. 경청해 주셔서 고맙습니다.

〈정보 제공 예시1〉은 비언어적 커뮤니케이션의 대표적 형태인 보디랭귀지의 중요성과 유용함에 대해 청중에게 전달하는 것을 목적으로 한 발표문이다. 정보 전달 발표의 성격에 적절하게 발표문은 이론적인 내용보다 비전공자 청중의 특성에 적합하게 실제 도움이 될 수 있는 여러 가지 팁을 제공하는 것에 초점을 맞추고 있다. 그러면서도 청중들에게 충분한 정보를 전달하는 데 성공했다. 어떠한 발표든 최초에 청중의 흥미를 끌어내는 것이 발표의 성공 여부에 큰 비중을 차지한다. 위 발표문은 청중에게 질문을 던지고, 이에 대한 답을 듣는 것부터 시작함으로써 청중의 주목을 끌고 있다. 정보 전달 발표에서 주의할 점 중 하나는 청중이 계속해서 흥미를 가질 수 있도록 해야 한다는 것이다. 위 발표의 경우, 연사 자신이 소개하는 보디랭귀지를 직접 보여 주고 이를 통해 청중의 반응을 이끌어 내고 반복해서 청중이 계속 발표에 집중할 수 있도록 유도하는 것이 가능하다. 다만, 출처 제시에서 '한 실험 연구에서'가 아니라 'OOOO년 OOO의 실험 연구에 따르면'처럼 구체적으로 명시해 주면 청중에게 공신력을 높여 준다. 아래는 〈정보 제공 예시1〉의 개요서이다.

주제: 보디랭귀지

말하기 목적: 정보 제공

세부 목적: 언어적 표현 외에도 비언어적 표현인 보디랭귀지의 중요성과 상황에 따른 사용법으로 정보를 제공하기 위해서

주제문: 보디랭귀지가 소통에 얼마나 영향을 미치는지 중요성을 알리고 상황에 따른 비언어적 표현의 효과를 체험하고 실천하는 방법을 공유함.

서론
1. 학우들이 발표한 내용을 기억하는지 질문을 함.
2. 사람들은 들려준 말보다 모습을 기억하는 것을 설명함.
   (UCLA 연구 결과)
3. 비언어적 표현인 보디랭귀지는 말하기에서 최고의 무기가 될 수 있음.
   (예고-상황에 따른 보디랭귀지는 어떤 것들이 있는지)

본론
주요 아이디어1: 카리스마를 강조하는 4가지 보디랭귀지

   세부 내용1: 손짓으로 마음을 움직이게 할 수 있음.
      1) 실제 실험 사례(3배 이상의 기억)
      2) 손짓은 사람들이 나의 말하기에 집중하고 이해하도록 도와주며, 오래 기억함.

   세부 내용2: 'OK' 사인으로 집중력을 높임.
      1) 사려 깊고, 목표 지향적이며, 집중력이 좋다는 이미지를 줌.
      2) 강조하는 역할로, 자주 사용하는 것보다 중요한 단어를 말할 때

   세부 내용3: 첨탑 제스처로 자신감을 드러냄.
      1) 잘 아는 주제나, 자신감이 있을 때

2) 높은 지위를 가진 사람들
    3) 차가운 카리스마
    4) 전문성을 강조하는 부분, 결론 내용 전달
  세부 내용4: 큰 동작으로 강조하기
    1) 큰 동작을 이용해 하이라이트 설명
    2) 한쪽 팔을 옆으로 쭉 뻗는 동작 2시 방향으로

주요 아이디어2: 포인트를 주는 5가지 보디랭귀지
  세부 내용1: 기대감을 부르는 손바닥 비비기
  세부 내용2: 진심을 확실하게 전달하는 가슴에 손 얹기
  세부 내용3: 동의를 표현하는 고개 끄덕이기
  세부 내용4: 호감과 관심을 전달하는 눈썹 올리기
  세부 내용5: 말하기에 생명을 불어넣는 다양한 표정 짓기
    (예고-정리, 발표 끝날 때가 됐다는 신호)

결론
1. 비언어적 표현인 보디랭귀지는 위의 설명처럼 생각보다 중요함.
2. 노력 없이 자연스러운 보디랭귀지와 함께 소통하는 것은 생각보다 어려움.
3. 혼자서 많이 연습하고 익숙해진다면, 발표에서도 주변 사람들과의 소통에서도 긍정적이고 진실성 있는 이미지로 남을 수 있음.

〈정보 제공 예시2: 옷 구매 비법〉

여러분은 옷에 대해 얼마나 관심이 있으신가요? 여러분 중에는 평소 패션에 관심을 가지고 관련 정보를 이것저것 찾아보면서 자신을 꾸

미는 분도 있고 대학에 들어와서 조금씩 관심을 가진 분도 계실 텐데요. 요즘 사회 분위기는 외모가 그 사람의 능력 중 하나로 경쟁력의 일부가 되었습니다. 특히 고등학교 시절에 비해 사회적 접촉 범위가 늘어가고 있는 여러분은 점점 외모가 사람을 판단하는 요소들 중 크게 작용한다는 것을 느꼈을지도 모르겠습니다. 정도 차이는 있겠지만 대부분 외모에 관심이 있을 것이라 생각하고, 어떻게 하면 좀 더 자신을 잘 꾸밀 수 있을지 고민할 거라 느낍니다. 오늘 저는 외모를 구성하는 한 부분인 '옷'을 합리적인 가격에 구매할 수 있는 방법에 대해 이야기해 보려고 합니다. 옷에 관심을 기울이다 보면 옷 사는 데 들어가는 비용이 부담스러워지기도 하는데요. 합리적인 옷 구매 방법을 터득하게 되면 금전적인 여유가 많지 않은 대학생들에게 실질적인 도움이 될 수도 있고, 자신만의 스타일을 찾는 데 도움이 될 것이라고 생각해서 주제로 선택하게 되었습니다. 그럼 먼저 옷을 구매하는 법에 대해 알아볼까요?

옷을 구매하는 방법은 크게 3가지로 나눌 수 있습니다. 오프라인 구매, 온라인 구매, 그리고 오프라인에서 착용해 보고 온라인에서 구매하는, 이른바 모루밍족 mobile showrooming이라고 불리는 이들이 사용하는 방법 세 가지입니다. 그럼 하나씩 살펴보도록 하겠습니다. 첫 번째 오프라인 구매입니다. 오프라인 구매는 매장을 방문해서 직접 입어 보고 옷이 자신에게 잘 맞는지, 색감이 잘 어울리는지, 재질은 어떠한지를 정확히 알 수 있다는 장점이 있습니다. 그리고 매장에서 바로 구매하고 착용하는 것이 가능합니다. 하지만 그만큼 시간과 노력이 필요합니다. 하루 반나절을 쇼핑몰에서 보낼 각오를 하기 전에는 다양한 상품을 보는 게 어렵습니다. 그리고 대개는 온라인으로 구매하는 것보다는 비싼 가격에 구매해야 합니다. 두 번째는 온라인 구매입니다. 온라인 구매는 다양한 상품을 빠른 시간 내에 볼 수 있다는 장점이 있습니다. 그리고 오프라인에 비해서 비용을 상당히 절감할 수 있습니다. 하지만 실제 입어 보고, 만져 보는 게 불가능하다 보니 핏, 색감, 재질 등을 정확히 아는 것은 불가능합니다. 사실 이런 문제가 온라인에서 옷을 사는 것을 망설이게 하는 가장 큰 이유죠. 피팅 모델이 입은 사진이 너무 맘에 들어서 덥석 구매했는데, 자신이 입어 본 후 모델은 모델이구나 하고 한탄하게 되면 돈과 시간만 낭비하게 됩니다. 또한 아무리 요즘 온라인 배송이 빠르다고 해도, 구매하고 나서 어느 정도의 시간이 지나야 옷을 받아 보기 때문에 불편함을 호소하기도 합니다. 세 번째 방법은 오프라인에서 착용하고 온라인으로 구매하는 것입니다. 온라인 구매의 단점인 실제 옷이 자신에게 어울리는지 직접 입어 보고 판단할 수 있어서 비용이 절감됩니다. 하지만 시간과 노력이 많이 듭니다. 게다가 구매는 온라인으로 하게 되니 최소한 하루 이틀은 지나야 구매한 옷을 받아 볼 수 있습니다. 이런 세 가지 방법 중에 금전적으로 여유가 없는 대학생에게 가장 잘 적합한 방법은 세 번째입니다. 그럼 세 번째 방법에 대해 좀 더 자세히 설명드리겠습니다. 먼저 여러분이 해야 할 일은 원하는 상품을 조사하는 것입니다. 상품 조사는 패션 커뮤니티의 글을 참고하고 인스타그램, 유튜브 등 SNS을 활용하거나 패션에 대해 잘 아는 지인을 이용하는 방법 등이 있습니다. 사전 조사를 통해 여러분이 실제 매장에 방문해 착용해 볼 옷의 후보를 정해야 하는데요. 이러한 조사를 통해 보다 효율적인 매장 방문이 될 수 있도록 해야 합니다. 다음으로는 사전 조사를 통해 선택한 상품을 판매하는 브랜드 숍에 직접 방문해 착용해 보는 것입니다. 매장 방문을 할 때는 여러 브랜드 숍이 한군데 모여 있는 번화가, 이를테면 명동, 대학로, 남대문, 동대문을 이용하거나 백화점, 쇼핑몰을 이용하는 것이 여러분의 발품을 덜 팔게 하는 방법입니다. 그리고 최종 구매는 온라인을 통해 합니다. 온라인 쇼핑몰을 이용하거나 각 의류 브랜드의 온라인 매장을 이용하면 됩니다. 특히 가격 비교 기능이 있는 네이버 쇼핑 사이트를 이용하면 보다 저렴한 가격으로 상품을 구매할 수 있으니 적극적으로 활용하면 도움이 됩니다.

자 그럼 각각의 과정에 대한 자세한 설명을 드려보겠습니다.
(각 단계에 대한 예시─구체적인 내용은 사진과 참고 자료를 참조)
이러한 과정을 알면 옷을 사는 데 있어서 합리적으로 구매할 수 있고, 입어 보는 과정에서 자신의 스타일을 찾는 데 도움이 될 수 있습니다.

지금까지 저는 여러분에게 옷을 합리적으로 구매하고, 그 과정 속에서 자신의 스타일 정체성을 찾아가는 방법에 대해 이야기했습니다. 옷을 많이 사고, 입어 보는 것도 중요하겠지만, 옷에 대한 관심과 노력이 더해지면 자신의 스타일이 만들어집니다. 물론 상당한 노력이 필요합니다. 하지만 이런 과정들이 자신의 스타일을 만들어가는 과정이라고 생각하면 힘들기만 한 과정은 아닐 것입니다. 여러분도 제가 위에서 제시한 방법을 통해 옷을 구매한다면 현명한 소비자로서의 패셔니스트가 될 수 있을 것입니다. 지금까지 경청해 주셔서 고맙습니다.

〈정보 제공 예시2〉는 합리적인 의류 구매 방법을 자신의 실제 경험을 토대로 청중에게 전달한 정보 제공이다. 발표에서 청중과의 거리감을 줄이기 위해 친근감 있는 어조와 질문지법으로 이야기를 시작했다. '요즘은 외모도 경쟁력의 일부로 취급된다'는 메시지를 동시에 사용해서 청중의 관심을 유도하고 있다.

이와 같은 발표가 청중에게 실질적인 도움이 되기 위해서는 사진, 이미지, 동영상 등을 적절하게 이용할 수도 있다. 또한 최대한 발표 내용을 실천에 옮기는 단계에서 부딪힐 수 있는 여러 가지 문제점들에 대해 생생한 정보를 제공해 주는 것이 청중의 이해를 높이는 데 도움이 된다. 나아가 음성 메시지로만 전달하는 것에 비해 시각적 정보 자료를 이용하여 청중의 주목을 높이고, 발표의 효율성을 높이는 것도 가능하다. 한편, 발표 내용이 비교적 길기 때문에 최대한 간결하게 정리된 정보를 전달해 주어 청중이 정보의 양에 압도되는 것을 방지하는 것도 중요하다. 아래는 〈정보 제공 예시2〉의 개요서이다.

주제: 합리적인 옷 구매법

말하기 목적: 정보 제공

세부 목적: 외모에 관심이 많은 대학생들은 옷을 사는 것에 많은 관심이 있을 거라 생각하고 이런 관심이 소비로 이어질 때 합리적인 옷 구매 방법을 알려 주기 위해서

주제문: 옷 구매 과정에서 합리적인 구매 방법을 알게 된다면, 금전적인 여유가 없는 대학생들에게 금전적인 이익과 스타일을 찾는 데 **도움을 줌**.

서론

1. (청중의 관심 유도/친근한 어조)

   청중에게 옷에 대한 관심 질문, 옷에 대한 관심이 많은 분들 계실 텐데요!

2. (공적이며 단호한 어조)

   외모가 능력이며 경쟁력으로 판단되는 사회, 특히 20대는 외모가 사람을 판단하는 요소들 중 크게 작용함.

3. 그만큼 많은 분들이 외모에 대한 관심이 많을 것이고, 이러한 요소를 더욱 발전시키기 위해 외모를 구성하는 한 부분인 '옷' 구매의 정보를 알림.

(전환: 그럼 먼저 옷을 구매하는 법에 대해 알아볼까?)

본론
주요 아이디어1: 옷을 구매하는 방법은 크게 3가지로 나눌 수 있음.

　세부 내용1: 오프라인 구매
　　1) 매장 방문 후 시착을 할 수 있음: 핏, 색감, 재질을 정확히 알 수 있음.
　　2) 즉각적인 구매 및 착용 가능
　　3) 다양한 상품을 보기에 제한적
　　4) 온라인에 비해 상대적 높은 가격

　세부 내용2: 온라인 구매
　　1) 다양한 상품과 쉬운 접근성을 가짐.
　　2) 오프라인에 비해 상대적 낮은 가격
　　3) 가장 큰 부분인 시착을 할 수 없음: 핏, 색감, 재질을 정확히 알 수 없음.
　　4) 즉각적인 구매 불가능

세부 내용3: 오프라인 착용 → 온라인 구매(모루밍족)

  1) 매장 방문 후 시착을 할 수 있음: 핏, 색감, 재질을 정확히 알 수 있음.

  2) 온라인 가격으로 구매

  3) 즉각적인 구매가 불가하고 배송 시간 걸림.

  4) 시간과 노력이 필요함.

(전환: 금전적 여유가 없는 대학생에 맞는 방법인 3번째를 설명하면서 본인 사진 첨부)

주요 아이디어 2: 오프라인 착용과 온라인 구매의 절차

세부 내용1: 먼저 자신이 원하는 상품 조사

  1) 패션 커뮤니티

  2) 인스타 그램, 유튜브 등 (SNS)

  3) 지인

세부 내용2: 원하는 상품 브랜드 숍 방문 및 착용

  1) 번화가

  2) 백화점

세부 내용3: 온라인을 통한 구매(강조)

  1) 네이버 쇼핑

  2) 브랜드 사이트

(전환: 자 그럼 각각의 과정에 대한 설명)

주요 아이디어 3: 절차에서의 주의 사항

세부 내용1: 상품 조사(예시와 함께 설명)

  1) 패션 커뮤니티(사진 첨부)

  2) 인스타그램(사진 첨부)

  3) 지인 인터뷰와 기사 등

세부 내용2: 브랜드 숍 방문 및 착용
　　1) 매장 방문 후 핏, 색감, 재질 판단
　　2) 상품별 비교 및 판단 후 1, 2, 3 순위 정하기
세부 내용3: 온라인을 통한 구매: 네이버 쇼핑(사진 첨부)
　　1) 제품명 or 상품 코드 검색
　　2) 리뷰 많은 순 or 낮은 가격 순
　　1) 제품명 검색
　　2) 이벤트 확인

(전환: 이러한 과정으로 옷 구매에 있어서 합리적으로 구매할 수 있고 구매 과정 속에 자신의 스타일을 찾는 데 도움을 줌)

결론
1. 지금까지 옷을 합리적으로 구매하고, 자신의 스타일 찾는 방법을 살펴봄.(정리)
2. 옷을 많이 사고, 입어 보는 것도 중요하겠지만, 옷에 대한 관심과 노력으로 자신의 스타일이 만들어짐. 이러한 과정들은 노력이 필요하겠지만 자신의 스타일을 찾아가는 것이라고 생각하길 바람.(결언)

〈정보 제공 예시3: 근육통과 운동 처치법〉

여러분은 얼마나 자주 운동하세요? 운동을 정기적으로 하는 분들은 가끔씩 근육통을 경험해 보셨을 텐데요. 최근 몸 관리가 하나의 트렌드로 자리 잡으면서 많은 사람들이 웨이트 트레이닝, 자전거, 등산, 수영 등 다양한 운동을 통해 자기 관리를 하고 있습니다. 오늘 저는 운동을

하면서 발생하는 근육통은 무엇이고, 발생 원인과 근육통을 줄일 수 있는 운동 처치법들을 소개하려고 합니다. 제가 드린 정보를 통해 체계적이고 효과적인 운동을 하는 여러분이 되셨으면 합니다.

근육통은 근육이 쑤시고 아픈 증상을 말합니다. 근육통의 원인은 근육의 과다 사용이나 부상, 긴장 또는 스트레스이지만 때로는 특정한 약품, 칼륨이나 칼슘의 부족, 전해질 불균형, 염증, 감염 등에 의해 발생할 수도 있습니다. 근육통은 운동이나 일상생활 중에서 근육이 버틸 수 있는 힘보다 더 큰 힘을 받아서 근육이 찢어지게 되고, 이때 염증이 생겨 통증이 발생하는 것입니다. 근육이 찢어지면서 틈새가 생기고, 이렇게 찢어진 틈새에 새로운 세포가 생성되면서 근육이 발달합니다. 결국 근육이 발달하는 과정에서 근육통은 필수적인 거죠. 대부분의 사람들은 근육통의 원인이 젖산 때문이라고 알고 있습니다. 하지만 이는 정확하지 않은 정보입니다. 젖산은 쉽게 말하자면 운동 과정에서 근육 내 당분을 사용하고 남은 잔여물입니다. 당연히 운동을 하면 혈중 젖산 농도가 증가합니다. 이렇게 일시적으로 증가한 혈중 젖산 농도는 운동 후 1~3시간 이내에 정상으로 돌아갑니다. 근육통은 운동 후 24시간에서 72시간이 지난 후에 발생하는데 근육통의 주된 원인은 젖산이 아니라 원심성 수축으로 인한 미세 손상 때문입니다. 원심성 수축은 근육의 길이가 늘어나는 수축을 말하고 근육의 길이가 짧아지는 것은 구심성 수축입니다. 이를테면 손에 아령을 들고 팔을 위로 들어 올릴 때는 구심성 수축이 발생하고, 올린 팔을 펴서 내릴 때 원심성 수축이 일어납니다. 근육통은 원심성 근수축으로 인한 미세 손상 때문에 순차적으로 일어나는 염증과 부종으로 발생하는데 반드시 젖산 때문에 발생하는 것이 아니라는 것이죠. 굳이 말한다면 젖산은 근육통의 주된 원인이라기보다는 부차적인 이유에 해당됩니다.

지금까지 근육 스트레스가 생기는 원인에 대해서 알아보았습니다. 운동한 후 근육통이 덜 생기려면 젖산을 신속하게 산화시키고, 근육 손상에 대해 빠르게 대처해야 하는데요. 그렇다면 산화와 근육통 해소 방법은 무엇일까요.

젖산은 우리 몸의 근육통을 유발하는 주된 요인은 아니지만, 보조적인 요인입니다. 그러므로 젖산을 빨리 산화시키는 것이 근육통 해소에 도움이 됩니다. 강도 높은 무산소 운동이나 장시간의 유산소 운동을 하면 운동을 할 수 있게 해 주는 피루브산이 더 빨리 만들어지고 이때 사용되지 못하여 쌓인 피루브산은 젖산이 됩니다. 젖산이 쌓이면 근육이 산성화되어 움직이지 못하고, 더는 운동할 수 없는 상태가 됩니다. 젖산을 산화시키기 위해서는 저강도의 유산소 운동이 필요한데요. 한 연구에 따르면, 운동이 끝난 후 가벼운 유산소 운동은 호흡량을 증가되고, 혈액 순환을 통해 근육의 모세 혈관에 산소를 공급하는 효과를 낳는다고 합니다. 이렇게 모세 혈관에 산소가 공급되면 혈중 산도를 높이는 CO_2가 배출됩니다. 즉, 가벼운 유산소 운동은 활동근에서의 젖산 산화를 증가시키는 효과가 있습니다. 짧은 시간에 폭발적인 운동량을 필요로 하는 무산소 운동은 주로 속근을 사용합니다. 이를테면 100미터 달리기는 무산소 운동으로 속근을, 마라톤은 유산소 운동으로 지근을 사용합니다. 젖산은 무산소 운동에서 발생하기 때문에 젖산 제거에 유산소 운동은 효과적입니다. 근육을 키우고 싶은 분들은 무산소 운동도 해야겠지만 젖산 제거에는 유산소 운동을 하는 것이 근력 강화를 위해 더 좋은 방법입니다.

다음은 원심성 근수축으로 생긴 염증과 부종, 즉 근육통을 처치할 수 있는 방법에 대해서 소개하겠습니다. 원심성 근수축으로 생긴 근육통을 제거하기 위해서 자주 쓰이는 방법 중 하나가 운동이 끝난 직후 냉찜질을 하는 것입니다. 냉찜질은 열을 내리고 염증, 부종, 혈류량을 감소시켜 줍니다. 또 통증을 느끼는 부위를 스트레칭하거나 마사지하는 것도 좋은 방법입니다. 인간의 몸에는 혈관 외에도 림프관이라고 하는 것이 있습니다. 혈관을 통해 혈액이 흐르듯이 림프관을 통해 림프액이 순환됩니다. 림프액에서 몸의 노폐물을 순환하기 때문에 부기와 염증 강화에 효과가 있습니다, 또한 근육통의 정도에 따라서 파스나 피부로 흡수되는 소염 진통제를 사용하거나 전기 치료를 이용하는 것도 방법입니다. 자 그러면 어떻게 근육 스트레스를 해소할까요? 두 가지 방법이 있습니다. 첫째는 젖산을 빠르게 해소하기 위해, 운동을 바로 끝내지 않고 가벼운 유산소 운동으로 마무리하는 방법이 있고요. 두 번째는 운동이 끝난 직후 염종·부종을 가라앉히기 위해 스트레칭이나 냉찜질을 해 주는 방법이 있습니다.

이제 제 발표를 마무리할 때가 왔습니다. 저는 지금까지 근육 스트레스를 해소하기 위해서, 먼저 근육통에 대한 정의와 원인에 대한 살펴보았습니다. 그리고 근육통의 원인을 해소하기 위한 젖산 산화 방법과 운동 방법을 소개했습니다. 마지막으로 운동으로 발생한 근육통 해소를 위해 여러분들이 손쉽게 할 수 있는 운동 방법과 간단한 처치법에 대해 말씀드렸습니다.

몸을 건강하고 아름답게 가꾸기 위해 하는 운동, 최대한 여러분의 몸에 부담이 가지 않도록 즐겁게 할 수 있다면 좋겠죠. 오늘 제가 드린 정보가 여러분에게 아름다운 몸매 관리와 건강 관리를 하는 데 도움이 될 수 있기를 바랍니다. 지금까지 발표 들어 주셔서 감사합니다.

〈정보 제공 예시3〉은 운동을 하다 보면 자연스럽게 경험하게 되는 근육통의 원인과 처치법에 대해 알려 주는 것을 목적으로 하고 있다. 발표문에서 나오듯 근육통은 많은 이들이 잘못된 정보를 갖고 있는 경우가 많기 때문에 이러한 잘못된 상식에 대해 정확하게 짚어 줄 필요가 있다. 사람들의 잘못된 지식을 바꾸는 것은 생각보다 쉽지 않으므로 젖산이 근육통의 주원인이라는 정보가 정확하지 않은 이유를 납득하기 쉽게 전달해야 한다. 의학적인 내용을 담고 있기 때문에 전문 용어를 남발하거나, 지나치게 이론적인 지식을 많이 담을 경우 청중이 이해하기 어려워할 수 있으니 최대한 평이한 용어로, 실천적인 지식의 형태로 전달하도록 노력할 필요가 있다. 아래는 〈정보 제공 예시3〉의 개요서이다.

주제: 근육통(근육 스트레스)

말하기 목적: 정보 제공

세부 목적: 근육통이 생기는 원인에 대해 제대로 알고 스트레스를 줄이고 올바른 건강 관리에 도움을 주고자 함.

주제문: 자신의 몸을 관리하는 사람들이 증가하면서 건강한 운동을 할 수 있도록 운동하면 생기는 근육통의 정의, 원인, 근육통을 줄일 수 있는 방법을 통해 근육통으로 고통받지 않고 수월하게 운동할 수 있음.

서론

1. 스트레스와 근육 스트레스(근육통)에 대한 정의
    1) 스트레스: 적응하기 어려운 환경에 처할 때 느끼는 심리적·신체적 긴장 상태
    2) 근육통
        - 근육이 쑤시고 아픈 증상
        - 운동이나 일상생활 중에서 근육이 버틸 수 있는 힘보다 더 큰 힘을 받아서 근육이 찢어지게 되고, 이때 염증이 생겨 통증을 느낌.
        - 근육이 찢어지면서 근육에 틈새가 생김. 찢어진 틈새 사이에 새로운 세포가 생성되면서 근육이 발달하게 됨.

2. 근육통이 생기는 원인
    (젖산 때문이다? no 원심성 근수축 때문이다?)
    (젖산이 뭘까? 쉽게 말해, 근육 내의 당분을 사용하고 남은 잔여물)
    1) 혈중 젖산 농도는 운동 후 1~3시간 이내에 정상 수준으로 회복되지만 근육통은 24·72시간에 발생함
    2) 구심성 근수축은 근육통을 유발하지 않음.

(전환: 근육통 해소 방법 소개)

본론
주요 아이디어 1: 젖산을 효과적으로 제거할 수 있는 방법(이론)
　세부 내용: 왜 유산소이냐? 속근과 지근 간단히 설명

주요 아이디어 2: 원심성 근수축으로 발생한 염증과 부종(근육통) 처치법
　세부 내용1: 운동 직후 냉찜질, 부위별 스트레칭(시간 남으면 자세히 설명), 마사지
　세부 내용2: 파스나 피부로 흡수되는 소염 진통제 사용
　세부 내용3: 전기 치료 등

주요 아이디어 3: 가장 좋은 근육 스트레스 해소 방법
　세부 내용1: 젖산의 해소
　세부 내용2: 운동 직후 스트레칭과 냉찜질

결론
1. 지금까지 근육 스트레스를 해소하기 위해서, 먼저 근육통에 대한 정의와 원인에 대한 정보 를 제공함.
2. 그 원인들을 해소하기 위한 젖산 산화 방법과 운동법 소개
3. 발생된 근육통 해소를 위해 청중들이 쉽게 실행 할 수 있는 운동 방법과 간단한 처치법을 제공함.(정리 멘트)
4. 청중이 근육통에 대해 제대로 알고 근육통에 적절히 대응함으로써, 아름다운 몸매 관리와 건강 관리를 할 수 있게 도움을 줌.(결론)

〈정보 제공 예시4: 유학지에서의 효과적인 외국어 학습법〉

안녕하세요. 저는 ㅇㅇㅇ입니다. 지금부터 발표를 시작하겠습니다.

요즘 뛰어난 외국어 실력에 대한 수요는 점점 더 늘어나고 있는 현실인데요. 아마 여러분들도 학원에 다니거나, 인강을 통해 외국어 실력을 키우려고 노력 중일 것입니다. 대학생들이 외국어 실력 향상을 위해 많이 활용하는 방법 중 하나는 유학 또는 교환 학생 프로그램을 이용해서 어학 연수를 다녀오는 것입니다. 하지만 "어학연수를 1년이나 다녀왔는데 전혀 실력이 안 늘었다."라고 푸념하는 친구들을 보신 적이 종종 있을 것입니다. 무작정 유학을 간다고 언어 실력이 향상되지는 않습니다. 어학연수를 통해 외국어 실력을 향상시키기 위해서는 철저한 준비와 노력이 필요합니다. 오늘 저는 러시아로 1년간의 유학 경험을 바탕으로 직접 실천했었던 효과적인 외국어 학습법을 유학 전·유학 중·유학 후, 총 3단계로 나누어 발표하겠습니다.

먼저 어학연수를 가기 전 중요한 것은 가지고 있는 언어 실력을 최대한 높이는 것입니다. 자격증 취득은 그런 방법 중 하나가 되는데요. 저는 러시아어 공인 인증 시험인 토르플TORFL에서 1급을 취득한 후 유학을 갔습니다. 자격증이 있으니 러시아어에 대한 자신감이 생겼고 현지인과 대화를 나눌 때 보다 적극적인 태도를 가질 수 있었습니다. 여러분도 들어 보신 적 있을 겁니다. 외국어 실력을 향상시키는 가장 좋은 방법은 그 언어를 모국어로 쓰는 사람들과 많은 대화를 나누는 것이라고요. 어학연수 전 준비로 두 번째로 필요한 것은 최소한의 일상 회화가 가능한 수준까지 언어 실력을 높이는 것입니다. 유학지에 가서 일상 회화 수준까지 언어 실력을 높이는 데 최소 2개월이 걸립니다. 쇼핑이나 지하철 카드 발급 등의 일상 회화 정도는 가능하도록 미리 공부하고 유학을 떠난다면 2개월이라는 시간을 절약할 수도 있고, 남들보다 좀 더 높은 단계에서 시작할 수 있으니 당연히 여러분도 좀 더 나은 수준까지 외국어 실력을 키우는 게 가능합니다.

다음으로 말씀드릴 것은 유학지에서 외국어 실력을 키우는 방법입니다. 첫 번째 가장 중요한 것은, 현지의 자원을 최대한 활용하는 것입니다. 그중 한 가지 방법은 현지 친구를 많이 사귀는 겁니다. 저는 현지 한국어 학교인 세종학교에서 봉사 활동을 하면서 러시아 친구들을 많이 사귈 수 있었습니다. 그렇게 사귄 친구들과 메신저로 대화하고 자주 만났습니다. 그 과정에서 현지인 친구들이 사용하는 실생활 표현들을 익힐 수 있었고, 학습용 교재가 아닌 실제 현지인들의 말 속도나 억양에도 익숙해질 수 있어서 듣기 실력을 키우는 데 큰 도움이 되었습니다. 둘째, 수업은 기본입니다. 아는 것이 있어야 현지인과 대화도 가능하고, 여러분의 어휘 능력도 빨리 향상시킬 수 있습니다. 세 번째는 나만의 작은 습관을 만드는 것입니다. 예를 들면 전 매일 아침 등교하며 지하철에서 무료로 나눠 주는 신문에서 가장 재미있어 보이는 기사 하나씩을 읽었습니다. 하굣길에는 그날 수업 시간에 배운 단어들을 암기하는 습관을 들였습니다. 작은 습관이었지만 일 년을 매일같이 반복하다 보니 제 러시아어 실력이 향상되는 것을 느꼈습니다. 네 번째는 유학이 끝날 즈음 현지에서 해당 언어 자격증을 따오는 것입니다. 현지에서 자격증을 따는 것은 많은 이점이 있습니다. 유학이 끝날 때쯤 언어 실력이 가장 최상일 때이며, 현지에는 한국보다 더 많은 교재들이 서점에 비치되어 있고, 시험 가격이 저렴한 경우가 많기 때문에 이왕이면 현지에서 유학의 결과물을 가져오는 것이 좋다고 생각합니다. 제 경우는 유학지에서 토르플 2급을 취득해서 돌아왔습니다. 마지막으로 유학 후에는 유학으로 쌓은 언어 실력이 녹슬지 않도록 꾸준히 관리하는 것이 중요합니다. 아무리 해당 언어를 유창하게 할 수 있을 정도까지 실력을 높여 왔다고 해도 오랜 기간 사용하지 않으면 실력이 녹슬기 마련입니다. 언어 실력을 유지하는 방법 중 하나는 한국 대학 내에 있는 많은 외국인 학생들을 최대한 활용하는 것입니다. 제 경우에는 러시아어—한국어 교류 소모임을 만들었고 러시아나 중앙아시아 친구들과 함께 활동하며 언어 실력을 유지할 수 있었습니다. 마지막으로 추천할 수 있는 방법은 학교 수업이나 학원 등의 사교육을 통해 언어 감각을 잃지 않으려고 노력하는 것입니다. 저는 유학에서 돌아온 후 전공 필수 수업이 아니더라도 학교의 러시아어 수업은 모두 들었습니다. 인터넷 강의와 화상 수업을 활용해 러시아어에 최대한 자주 노출되려고 노력하고 있습니다.

이제 제 이야기를 마칠 때가 되었네요. 지금까지 저의 러시아 유학 경험을 통해 외국어 실력을 키우기 위해 유학을 가서 최대한의 효과를 볼 수 있는 공부법을 유학 전·유학 중·유학 후 총 3단계로 나누어 여러분에게 말씀드렸습니다. 어쩌면 생각보다 특별하지 않다고 느낄 수 있지만 여기서 중요한 핵심은 '꾸준함'입니다. 이 방법들을 꾸준히 실천한다면 반드시 효과를 볼 수 있는 방법이라는 것을 저의 경험으로 자신 있게 말할 수 있습니다. 외국어를 잘한다는 것은 분명히 경쟁력이 있다고 생각합니다. 만약 유학을 준비하고 있거나 관심 있는 학우가 있다면 도움이 될 수 있기를 바라며 발표를 마치겠습니다. 지금까지 경청해 주셔서 고맙습니다.

〈정보 제공 예시4〉는 어학연수를 최대한 효과적으로 이용하는 방법에 대해 발표자의 실제 경험을 토대로 하여 정리하여 전달하고 있다. 본문을 유학 전·유학 중·유학 후의 3단계로 구분하여 짜임새 있는 발표가 되고 있다. 발표 전 중요한 작업 중 하나는 개요서를 만드는 것이다. 개요서의 구조가 탄탄할수록, 내용이 상세할수록 이를 발표문으로 만드는 일은 생각보다 쉽고 단순한 일이다. 아무리 뛰어난 연사도 준비가 전혀 되지 않은 상태에서 좋은 발표를 하기는 쉽지 않다. 게다가 정보 제공은 지식과 정보의 전달이 목적이기 때문에 충분한 사전 준비는 필수적이다. 그러므로 발표 준비에서 가장 많은 시간과 노력을 기울여야 하는 단계는 정보 수집과 개요서 작성이다. 앞에서 말한 것처럼 준비한 발표문을 토씨 하나 틀리지 않고 외워서 읊는 방식은 오히려 발표를 망치기 쉽다. 발표문은 개요서를 실제로 전달하는 하나의 예일 뿐이다. 아래 〈정보 제공 예시4〉의 개요서에 비교적 상세하게 기술되어 있다.

주제: 유학지에서의 효과적인 외국어 학습법

말하기 목적: 정보 제공

세부 목적: 외국어 실력을 키우기 위한 방법 중 하나로 유학을 고민하고

준비하고 있는 학우들을 대상으로 1년간의 러시아 유학 경험을 통해 직접 경험한 외국어 학습 방법을 알려 주기 위해서

주제문: 단순히 유학을 간다고 언어 실력 향상이 향상되는 것은 아니기 때문에 유학 전·유학 중·유학 후로 단계를 나누어 각 단계의 효과적인 외국어 학습 방법을 알고 실천한다면 유학의 효과를 극대화하고 목표를 성취할 수 있음.

(연결: 안녕하세요. 저는 ㅇㅇㅇ입니다. 지금부터 제 발표를 시작하겠습니다.)

서론

1. (서언, 관심 끌기) 여러분, 유학 다녀왔는데 언어 실력이 별로 늘지 않았다고 주변 사람들의 하소연을 들어 보신 적이 있으신가요?
2. 최근 많은 대학생들이 외국어 실력을 향상시키기 위해서 유학 또는 교환 학생 프로그램을 많이 활용함. 그러나 유학을 다녀온 후 '내가 얻은 것이 무엇인가, 오히려 시간 낭비를 한 건 아니겠지.'라는 고민을 하는 친구들을 많이 봄.
3. 유학을 간다는 사실 자체가 언어 실력 향상을 보장해 주지는 않음. 그렇기 때문에 외국어 실력을 향상시키기 위해 철저히 준비하고 노력해야 함.(핵심 명제)
4. 러시아로 1년간 유학을 다녀온 경험을 바탕으로 직접 실천했었던 효과적인 외국어 학습법을 유학 전·유학 중·유학 후 3단계로 나눔.(예고)

본론

주요 아이디어1: 유학 가기 전 자신의 언어 실력 향상
　　세부 내용1: 공인 외국어 자격증 취득

세부 내용2: 최소 일상 회화가 가능한 수준의 실력 만들기

주요 아이디어2: 유학 중에는 현지의 자원들 최대한 활용
　　　세부 내용1: 친구 사귀기
　　　세부 내용2: 수업은 기본
　　　세부 내용3: 나만의 작은 습관 만들기
　　　세부 내용4: 유학지에서 외국어 자격증 취득하기

주요 아이디어3: 유학으로 쌓은 언어 실력 관리
　　　세부 내용1: 학교 안의 외국인 친구들 만나기
　　　세부 내용2: 학교 수업 또는 사교육으로 언어감을 잃지 않도록 노력

(종료 예고: 이야기를 마칠 때가 됨)

결론
1. 지금까지 유학 전·유학 중·유학 후에 따라 실제 효과를 보았던 외국어 공부 방법들을 공유함. 생각보다 특별하지 않다고 느낄 수 있지만 중요한 것은 꾸준함. 꾸준히 실천한다면 효과가 있는 방법이라는 것을 경험에 비추어 말함.(정리)
2. 외국어를 잘한다는 것은 경쟁력이 된다고 생각함. 성공적인 유학 경험 또는 뛰어난 외국어 능력의 소유자가 되기를 바람.(결언)

(마무리 인사)

5.
논리와 감성으로 설득하기

논리적인 말하기는 설득을 위해 꼭 필요한 말하기 종류이다. 청중을 사로잡는 것은 논리적으로 설득하고, 감성을 자극하며, 공감을 일으킬 때 가능하다. 공신력 있는 연사가 되기 위해서는 논리, 감정, 도덕성 그리고 문화적 공감적 요소들이 필수적이다. 이는 민주주의 사회에서 의사 결정의 중요한 동력이 되는 동시에 민주 시민의 자질을 높여주는 데 기여한다. 타인을 설득하는 것이 생활의 일부가 되어 버렸고, 다양한 의견들이 실시간으로 소통되는 상황에서 상대를 설득하고 함께 공유하고자 하는 노력이 더욱 필요한 시대가 된 것이다.

논리로 설득하기 위해서는 첫째 서론―본론―결론 등의 구조를 갖추고 체계적으로 말하기를 조직해야 한다. 논리적 조직법에는 일반적으로 연역법과 귀납법이 있다. 연역법(deduction, 演繹法)은 각 포인트를 서로 연결하는 것이다. 주부와 술부의 유사성을 살피고 유사성을 상위 포인트의 추론으로 이끌어 내는 방식이다. 만약 유사성이 없다면 추론을 끌어내기가 매우 어렵다. 예시를 통해 다시 한번 확인해 보자.

서론	서론 시작
본론	① 대전제 + 뒷받침 ② 소전제 + 뒷받침
결론	결론: 핵심 명제(소전제+대전제)

①번 예시를 보면,

　사람은 죽는다. (대전제)

　소크라테스는 사람이다. (소전제)

　→ 그러므로 소크라테스는 죽는다. (결론)

②번 예시를 보면,

　A기업은 성장기 사업과 성숙기 사업을 가지고 있다. (소전제)

　성장기 사업은 자금을 필요로 하지만, 성숙기 사업은 자금을 창출한다. (대전제)

　→ 그러므로 성숙기 사업은 기업 성장을 위한 핵심 자금원이다. (결론)

이처럼 연역법은 대전제가 소전제를 매개로 하여 결론이 대전제의 개념 속에 포함되어 논리적으로 이끌어 내는 방법이다. 연역법에 의하여 얻은 결론은 대전제의 일부이기 때문에 사실 새로운 지식이라고 보기는 어렵다. 귀납법(induction, 歸納法)은 창의적이고 여러 사실들을 관찰하거나 실험을 통해 결과를 이끌어 내는 방식이라서 연역적 추론보다는 어렵다. 많은 사실들을 관찰하여 보편적인 결론을 도출해 내는 방법이 바로 귀납법인 것이다. 여러 가지 생각과 사건, 사실 사이의 유사점을 파악한 후, 하나로 묶어서 유사점의 의미를 설명하는 것이다. 즉 현재 나타나고 있는 여러 현상들을 파악한 후, 미래를 예측하는 방식들이 귀납적 방식이다. 예시를 살펴보자.

서론	논제 예시(소전제)
본론	① 개념 정의(생략도 가능) ② 소전제 + 입증 내용 ③ 소전제 포괄적 판단(공통 논리)
결론	중심 생각(대전제) + α

소크라테스는 죽었다. 공자도 죽었다. 석가도 죽었다.
소크라테스, 공자, 석가는 사람이다.
→ 그러므로 모든 사람은 죽는다.

하지만 부분적인 관찰 사실로부터 얻은 결론을 일반적인 진리로 여기는 것은 논리적인 오류가 있다. 모든 사례를 완전히 조사하고 관찰한 것이 아닐 수도 있기 때문이다. 비슷한 예를 들어 보겠다. 실제로 많은 사례를 확인하여 "모든 백조는 희다."라는 결론을 내었다. 그런데 오스트레일리아에 '검은 백조가 있다는 것'을 확인하고 잘못된 결론을 인정한 경우가 있었다. 귀납법은 진리일 가능성이 높은 것이지 확실한 진리는 아니다. 그렇다고 귀납법의 가치가 떨어지는 것은 아니기 때문에 다양한 경험을 통해 도출해 낸 과학적 지식들을 만들어 내고 있다. 이 외에도 가추법(abduction, 假椎法)이 있다. 가추법은 법칙(대전제)과 결과(결론)를 이용하여 사례(소전제)를 만들어 내는 것을 말한다. 관찰을 통해 드러난 특이한 현상으로부터 설명할 수 있는 새로운 원리, 지식의 세계, 탐구적이면서 창의적인 성격 때문에 문제 해결 방법을 찾아내려는 탐구자들에게 가추법은 매력적이다. 한마디로 관찰을 통해 문제를 해결하거나 새로운 사실들을 탐구할 때 가추법이 사용된다. 가추법을 주로 이용하는 주인공 중 셜록 홈즈를 떠올릴 수 있다. 그는 가추법을 활용하여 추론과 가정을 통해 자신의 조수이자 친구인 왓슨과 의뢰인들을 놀라게 했다. 이 외에도 심리 변화를 꿰뚫어 보는 관찰력으로 사건을 해결할 때 이 방법이 쓰였다. 가추법은 결론이 전제에 들어가 있지 않다는 점에서 연역법과 다르고, 전제에 들어 있는 결론은 "양적으로 확장한 것이 아니다."라는 점에서 귀납법과 다르다. 어떤 특이한 현상에 대해 설명할 수 없는 가설을 만들고 이 가설을 증명하는 원리로 만들어진 가추법은 실제 많은 과학자들이 이 방법을 통해 원리에 대한 실마리를 찾았지만, 결국은 연역법을 채택한 태도를 보이기도 했다. 이는 가추법의 "결론이 참일 수는 없다."라는 약점 때문일 것이다. 예를 들어, 한 사람이 나무에서 배가 떨어지는 장면을 여러 차례 목격하고 이 원인으로 까마귀가 나는 것을 가설로 세운다고 하자. 바로 "까마귀 날자 배 떨어진다."라는 말이다. 이 경우와 같은 사례를 여러 차례 목격하면 진리로 입증될 수 있다. 하지만 까마귀가 나는 것 이외에도 배가 떨어지는 것에는 다른 원인의 가능성이 있을 수 있다. 이런 약점을 가지고 있지만 다른 가능성을 제거한다면 가추법의 신뢰는 매우 높아지게 된다. 이를 설명할 수 있는 것이 우리가 과학 시간에 배운 가설 연역법이다. 가설 연역법은 가추법과 다르게 현실 세계를 관찰하고 가설을 설정하고 가설에 따라 현실 세계를 예측한다. 하지만 현실 세계에 대한 자료를 모았는데 부정적 결과가 나오면 가설을 폐기하고, 긍정적 결과가 나오면 이 가설은 이론으로 입증이 된다. 학자들이 새로운 연구를 시도하는 탐색적 연구에서 많이 활용되는 가추법은 창의적인 추론법이다. 우리가 당면하고 있는 문제들을 해결하고 새로운 원리를 탐색하는 데 과감하게 가추법을 사용해 보자.

다시 한번 정리를 해 보면,

〈연역법〉

가격이 너무 높으면 매출이 줄어들 것이다.(규칙)
가격을 너무 높게 책정하였다.(사례)
→ 그러므로 매출이 줄어들 것이다.(결론)

〈귀납법〉

가격을 올렸다.(사례)
매출이 줄었다.(결과)
매출이 줄어든 이유는 가격이 높게 책정되었기 때문이다.(규칙)

〈가추법〉

매출이 줄어들었다.(결과)
매출이 줄어든 이유 중 하나는 가격이 높기 때문이다.(규칙)
실제로 가격이 높은지 점검한다.(사례)

이와 같은 논리적 전개, 주제와 관련한 전문적인 용어 사용, 근거의 제시는 논리를 완결하는 중요한 요소가 된다.

둘째는 논리와 더불어 청중의 감성Pathos을 자극하고 호소하는 행위가 중요하다. 논리적 전개는 청중의 이성과 합리적 판단력에 영향을 미치며, 이것만 가지고는 청중을 설득할 수 없다. 감정에 영향을 미치는 요소는 다양한 형태가 있다. 아리스토텔레스는 『수사학 2권』에서 청자에게 영향을 미치는 요소로 분노, 평온함, 우정과 증오, 두려움과 신뢰, 수치심과 파렴치함, 호의, 연민, 분개, 시기심, 경쟁심과 멸시 등을 제시하고 있다. 이렇게 감정에 영향을 미치는 요소들은 나이, 성별, 지식수준, 직업 등과 같은 청중 개개인의 특성에 따라 다를 수 있다. 따라서 연사는 청중의 특성과 청중이 처한 상황을 고려하여 자신이 의도하려는 감정에 호소할 수 있는 말을 해야 한다.

"닭이 울지 않아도 새벽은 옵니다."
"독재가 판치는 세상이라도 민주주의의 아침은 오게 되어 있습니다!"

셋째는 도덕성Ethos 또는 인격이다. 연사의 도덕성이나 인격은 청중이 연사에 대해 갖는 공신력을 결정한다. 연사는 자신의 성격, 인품, 도덕적 기준 등을 이용해서 자신의 공신력과 선의를 강조하여 자신이 하는 말을 거부감 없이 받아들이도록 한다. 말하기가 아무리 논리적이고 감성을 자극한다 해도 연사에 대한 신뢰가 없으면, 연사가 주장하는 바에 동의하지 않거나 그 의도를 의심하게 된다. 그러므로 연사는 말하기를 시작하는 시점에서 자신의 공신력을 확보하고자 하는 노력이 필요하며, 말하기를 하는 중간에도 도덕성이나 인격, 전문성을 알려 주는 메시지가 필요하다. 아래와 같은 멘트는 연사의 공신력을 확보하는 중요한 요소가 된다.

"돈이냐 명예냐 고민하지 않을 수 없었다. 그러나…"
"20년 동안 그 분야를 연구해 보니…"

넷째는 문화Mythos이다. 문화는 연사와 청중이 공유하는 문화적 신념이나 가치관 또는 정서이다. 문화는 무엇보다 연사와 청중 사이의 간격을 좁혀 주고 공감력을 형성하는 데 큰 도움이 된다. 따라서 연사는 청중과 공통의 문화와 정서를 가지고 있는 하나의 공동체 일원임을 보여 주거나 강조할 필요가 있다. 예를 들어 기업 신입 사원 연수에서 사원들을 상대로 강연을 할 때, 사원들이 입고 있는 유니폼을 연사도 입고 연설하는 방식도 생각할 수 있다.

"서울 사람들은 여유를 좋아하고 정이 많습니다."
"대학 시절 우리가 했던 고민들을 다시 한번 생각하게 됩니다."

청중의 마음과 생각을 사로잡기 위해서는 논리, 감성, 도덕성 그리고 문화적 요소들이 발표 중에 적절하게 잘 배치되고 표현되어야 한다. 설득적 말하기는 정보 제공 말하기와는 달리 청중에게 선택을 강요하거나 약속을 요구한다. 설득적 말하기의 연사는 단체나 조직 혹은 국가의 리더들로 청중에게 영향력을 행사하고 행동을 촉구한다. 그러나 청중의 태도는 기존의 사고방식이나 가치 체계 속에 굳어져 있어서 변화를 일으키기가 어렵다. 연사가 청중의 태도를 효과적으로 변화시키기 위해서는 그들이 현재 지니고 있는 지식, 정보, 감정, 경험 등을 파악하고 그에 적절하게 대응할 수 있는 내용으로 연설문을 조직하고 설득의 요소들을 제시해야 한다. 따라서 설득적 말하기 발표는 보다 많은 연구, 관찰 그리고 전략 및 기획이 필요하다.

청중은 태도, 성향, 믿음 및 가치관에 따라서 연사의 발표에 대해 각기 다른 반응을 보인다. 청중의 특성에 따라 말하기의 방향과 전략을 수립하는 노력이 필요하다. 발표 주제에 적대적인 청중에 대해서는 무엇보다 연사의 주장에 대해 저항감을 줄이고 수긍하도록 만드는 것이 중요하다. 저항감이 적은 청중에 대해서는 협력적 분위기를 만들고 유사점에 초점을 맞추어 공감대를 형성하려는 노력이 필요하다. 저항감이 큰 청중에 대해서는 감성보다는 이성에 호소하고 진실성을 보여 주는 노력이 필요하다. 처음부터 태도 변화를 기대하기보다는 의식 변화에 목적을 두고 말할 필요가 있다. 무관심하거나 중립적인 청중에 대해서는 자극을 통해 주제에 대한 환기와 관심을 유도할 필요가 있다. 따라서 관심 집중에 방해되는 요인들을 제거하고, 열의가 생기도록 자극한다. 이를 위해서는 청중의 감정에 호소하고 신뢰감을 갖도록 필요한 정보나 근거를 제시하며 관심을 강화시키는 데 노력한다. 호의적이지만 실천이나 행동으로 옮기지 않는 청중에 대해서는 행동을 유도하는 말하기가 필요하다. 무엇보다 행동하지 않는 이유를 파악해서 그에 맞게 행동을 촉구하게 한다. 이를 위해서는 행동 방법을 제시하고, 공동 신념을 확인하는 동시에 행동의 당위성을 강조한다. 그리고 더 나아가 명확한 실천 계획과 일정 및 방법을 제시한다. 설득적 말하기와 정보 제공 말하기의 다른 점은 설득적 말하기는 연사의 목적과 가치관을 청중에게 심어 줘서 행동에 변화가 있기를 바라고, 개인보다는 집단에 영향을 미친다는 것이다.

설득적 말하기의 목적

연사가 청중의 태도를 효과적으로 변화시키기 위해 이성·감성 혹은 욕구에 호소하여 연사의 주장에 동의하고 행동으로 옮길 수 있도록 행위를 유도함.

설득적 말하기의 특성

① 설득적 말하기는 청중에게 선택을 강요함.
② 설득적 말하기는 청중의 약속을 요구함.
③ 설득적 말하기는 윤리적이어야 함. 청중에게 영향력을 행사하기 때문임.
④ 설득적 말하기 연사는 리더 자신에게 동조하고 따르게 만들기 때문임.
⑤ 설득적 말하기 연사는 청중의 행동 촉구를 위해 감정에 호소함.
⑥ 설득적 말하기 연사는 개인보다는 집단에게 영향을 미치도록 함.

아리스토텔레스는 수사학에서 설득의 3요소를 공신력ethos, 감성pathos, 논리Logos라고 했다. 에토스는 연사가 가진 진실성, 도덕성, 카리스마, 성품을 말한다. 논리에 맞는 말을 한다고 하더라도 자질을 의심받으면 설득할 수가 없다. 파토스는 청중의 심리 상태를 말한다. 설득하려는 사람이 어떠한 열정도 진심도 보이지 않은 상태에서 연사가 주장을 펼쳐 봤자 청중의 마음은 변화하지 않는다. 로고스는 논리를 말한다. 하지만 설득의 필요요건이지 충분조건은 아니다. 로고스만으로는 청중을 설득할 수 없지만 로고스 없이는 설득 자체가 불가능하다는 말이기도 하다.

설득 전략

① 연사의 공신력ethos: 연사의 능력(지식과 논리), 신뢰성(정직과 선의), 인간적 매력, 신체적 혹은 정신적 힘(에너지) 등은 연사의 신뢰감을 높이는 중요한 요소임.
  - 증언testimony을 사용함.
  - 전문적 경력과 경험을 활용함.
  - 사회 활동, 종교, 인생철학 등의 내용을 포함함.
② 감성pathos: 청중의 특성, 발표 환경, 주제에 따라 적절한 감정적 요소를 호소함.
  - 긍정적 감정: 기쁨, 즐거움, 행복
  - 부정적 감정: 죄책감, 창피, 증오, 공포, 불안
  - 생리적 욕구: 본능적 욕구
  - 안전에의 욕구: 질서 속에서의 안전, 안녕, 안정 욕구
  - 사랑에의 욕구: 사교와 사랑 욕구
  - 자존 욕구: 지위의 확보와 존경 욕구
  - 자아실현 욕구: 자기완성 욕구
③ 논리Logos: 사실 전달, 수치나 통계 사용, 논증을 필요로 하는 진술statement, 진술을 뒷받침할 증거evidence, 진술과 증거를 통합하는 결론conclusion 등으로 구조 만듦.
  ※ Toulmin의 논증 모델이 논리 구성을 위한 좋은 모델

- 주장claim: 사실적, 가치적, 정책적
- 근거evidence: 사실, 예, 통계, 증언
- 논거argument: 원칙의 일반화, 인과관계, 상관관계 등
- 한정restrict: '대부분의 경우에', '보통은', '같은 상황에서'
- 반박rebuttal: ~한 의견에 동의하는 사람들도 있다. 하지만 ~ 일 것이다.

위에서 정리한 것과 같이 에토스, 파토스, 로고스라는 설득의 3요소가 균형을 이룰 때 상대방의 마음을 움직일 수 있다. 여기서 에토스가 가장 중요하다. 한 가지 예를 들어 보자. A는 지역 국회의원 B가 소속된 '갑' 정당을 싫어한다. 이유는 B는 도덕적이지 않고 인성이 좋지 않은 사람이기 때문이다. A는 B가 실언을 내뱉을 때마다 국회의원 자격이 없다고 비난하며 주변 사람들과 SNS에 비판적인 의견을 피력했다. A는 선거에서 자신이 지지하는 '을' 정당을 선택할 것이다. 을 정당은 A가 지지하는 정당이고 갑 정당과 비교해 봤을 때 최적의 정당이라고 생각했기 때문이다. 그런데 생각하지 못했던 일이 터졌다. 공교롭게도 을의 국회의원 후보의 과거 이력 중 갑 정당의 B보다 더 심한 가령, 본인이나 가족의 특혜 논란이나 욕설과 같은 도덕적 흠결이 밝혀진 것이다. A는 당황할 것이다. 그러나 A는 '을'의 후보를 '갑'의 B에게 했던 것처럼 비난하지 않는다. 오히려 "그럴 수

있다고 생각하고 본의는 아닐 거야."라고 말한다. 왜 그럴까. 답은 간단하다. A가 '을'을 좋아하기 때문이다. 논리로만 따지면 A는 '을'을 지지하면 안 된다. 물론 지지했다가 도덕적인 결함으로 지지를 하지 않는 사람들도 있지만 이런 상황에 놓인 사람들은 A와 같은 반응을 보인다. 이유는 정치나 철학, 종교 등 이 분야는 에토스가 관여하기 때문이다. 자신이 지지하는 사람에게 문제가 생겼을 때 합리화하는 것이다. 반대로 합리화의 영역을 초월하는 문제가 발생하면 호감은 악감으로 바뀐다. 결국 아리스토텔레스 설득의 3요소 중 에토스가 가장 중요하다고 말한 이유이고, 성공적 설득을 이끌기 위해선 에토스, 파토스, 로고스 순으로 접근하는 것이 효과적이다.

 말하기는 현대인이 살아가는 데 필수적인 요소가 되었다. 자신의 생각을 담대히 표현하고, 타인과 소통하며 관계를 맺지 않으면 현대인으로서 살아가기가 매우 어려운 환경이 된 것이다. 참여 민주주의가 점점 더 확대되고 있으며, 각종 미디어의 발전으로 자기 PR 시대가 활짝 열려 있다. 이는 개인의 능력을 중요시하는 사회를 조성하게 되며, 이에 걸맞는 인재상은 자기표현이 능숙한 사람이다. 권위적 억압보다 설득이 중요한 사회가 됨에 따라 올바른 리더십을 발휘하기 위해서는 말하기 능력이 필수 불가결한 요소가 되었다. 설득적 말하기는 토론의 주제와 비숫하게 연사의 철학이나 가치관이 개입된다. 그래서 발표하기 전 연사는 주제에 대해서 찬성하는 쪽인지, 반대하는 쪽인지를 머릿속에 그리고 찬성하는 쪽이면 왜 찬성하는지, 반대하는 쪽을 설득할 때 어떻게 해야 하는지 설득 자료를 준비해야 한다. 연사의 발표를 듣고 청중의 생각과 행동이 바뀔 수 있게 하려면 어떤 논리가 있어야 하는지, 그 논리의 증명은 어떻게 해야 하는지 생각해야 한다. 설득적 말하기에서 아래의 형식처럼 개요서를 작성하면 보다 편하게 발표할 수 있다.

〈 설득적 말하기 개요서 예 〉

주제: 기부

한정된 주제: 제주도 태풍 피해 복구를 위한 기부

개괄적 목적: 설득

세부 목적: 제주도에서 발생한 태풍으로 기부 활동을 통해 빠른 피해 복구와 이재민 지원을 위해서

주요 아이디어1: 제주도 태풍의 피해 상황
    세부 아이디어1: 자연재해 피해 현황
        (연결사두 번째 변화는)
    세부 아이디어2: 태풍 발생 및 재산 피해 현황

주요 아이디어2: 피해 복구를 위한 지원 방법

세부 아이디어1: 재산상 피해에 따른 기부금 모금, 기부 방법
　　　세부 아이디어2: 물품 지원을 위한 필요 품목, 전달 방법

결론
한 사람의 작은 정성과 기부가 절망에 빠져 있는 이재민들에게 새로운 희망을 줄 수 있도록 모두에게 동참을 촉구

학생들의 예시를 통해 함께 보자.

〈설득적 말하기 예시1: 흡연율을 줄여 건강한 사회를 만들어야 한다〉

　　대한민국의 흡연율은 얼마나 될까요? 2019년 7월 기준으로 대한민국은 OECD 회원국 중 흡연율이 가장 높은 국가로 나타났습니다. 이 자리에도 흡연자들이 많을 겁니다. 금연을 하지 못하는 이유는 다양합니다. 스트레스 해소에 도움이 되어서, 이미 중독이 되어서 습관적으로, 피우지 않으면 불안해서 등 여러 가지 이유가 있습니다. 물론 당장은 피운 시간이 짧아서 괜찮다고 생각하시는 분도 계실 텐데요. 우리는 흡연 경력이 길어지면 몸에 좋지 않다는 것은 누구나 알고 있습니다. 그런데 금연을 하지 못하는 이유는 무엇이고 흡연이 몸에 어떠한 영향을 끼치는지, 흡연을 하는 분들에게 오늘 제 발표가 금연할 수 있는 계기가 되길 바라면서 발표를 시작하겠습니다.

　　흡연은 각종 질병의 원인이 됩니다. 흡연으로 인해 발생하는 가장 대표적인 질환은 폐암을 비롯한 각종 암 질환입니다. 대개는 폐암만을 생

각하실 텐데요. 흡연은 폐암 이외에도 다양한 암을 유발합니다. 담배에는 일산화탄소, 타르, 벤조피린, 폴로늄 등 약 4,000종의 유해 물질이 있습니다. 모든 암의 30% 정도가 흡연 때문에 발생하고 구강암, 식도암, 폐암, 기관지암의 90%는 흡연 때문인 것으로 알려져 있습니다. 흡연은 또한 각종 호흡기 질환의 원인이 됩니다. 흡연으로 인한 가장 대표적인 호흡기 질환은 만성 폐쇄형 폐 질환입니다. 만성 폐쇄형 폐 질환은 유해한 입자나 가스의 흡입 등으로 폐에 비정상적인 염증 반응이 일어나면서 폐 기능이 점차 저하되고 호흡 곤란을 유발하는 질환입니다. 일반적으로 만성 폐쇄형 폐 질환의 70~80%가 흡연과 관련이 있습니다. 흡연은 혈관 질환 특히 뇌혈관 질환의 위험성을 크게 높입니다. 이외에도 관상 동맥 질환, 말초 혈관 질환, 심부전 등 혈관 질환과 관련이 깊습니다. 여러분 혹시 흡연이 척추에도 좋지 않은 영향을 미친다는 사실을 알고 계신가요? 의외라고 생각하는 분들이 많을 텐데요. 흡연은 허리 통증에도 악영향을 미치고 디스크 발생 위험도 높입니다. 흡연은 기관지를 자극해 기관지염과 만성 기침을 유발하고, 복부와 디스크의 압력을 높여서 디스크 파열을 일으킬 수도 있습니다. 장기간 흡연으로 인해 니코틴이 체내에 쌓이면 칼슘 등의 미네랄을 감소시켜 척추뼈에 미세 골절 발생 가능성이 커진다고 합니다. 나아가 혈액 기능이 떨어지고 혈액 순환을 방해해 척추뼈의 혈액 공급이 원활하게 이루어지지 못할 수도 있습니다. 이 경우 척추 디스크의 영양 공급이 어려워지면 디스크의 원인이 됩니다.

많은 분들이 몸에 좋지 않다는 것을 다 알고 있으면서도 주위에서 금연에 성공했다는 사람은 찾아보기 힘듭니다. 왜 금연이 어려울까요? 금연하지 못하는 가장 큰 이유는 중독이기 때문입니다. 담배를 피우면 연기 속의 니코틴이 체내에 흡수됩니다. 니코틴은 폐를 거쳐 혈액으로 들어가고 뇌의 쾌락 중추까지 도달하게 되는데, 흡입에서 쾌락 중추에 도달하기까지 걸리는 시간은 불과 7초입니다. 쾌락 중추에는 니코틴 수용체가 있는데, 수용체에 니코틴이 결합하면 즐거움과 쾌락을 주는 신경 전달 물질인 '도파민'이 분비됩니다. 그런데 흡연을 통해 분비되는 도파민의 양은 맛있는 음식을 먹거나 연애, 성관계 등으로 분비되는 양보다 훨씬 많다고 합니다. 금연을 시작해도 흡연 전으로 돌아가려면 최소한 6개월이 걸리기 때문에 금연은 쉽지 않은 것입니다. 또, 금연을 하면 불면증, 피로감, 긴장, 신경과민, 두통, 기침, 가래, 정신 집중 장애 등의 금단 증상을 보입니다. 미국 연구에 의하면, 흡연자의 70%가 금연을 고려하지만, 자신의 의지만으로 금연에 성공하는 경우는 3~7%에 불과하다고 합니다. 흡연자들은 흡연이 스트레스 해소에 도움이 되기 때문에 팍팍한 일상의 삶을 견디기 위해서는 흡연이 필요하다고 말합니다.

그럼 왜 금연을 해야 할까요? 첫째는 흡연자 본인의 건강을 위해서입니다. 앞서 살펴본 것과 같이 흡연은 각종 질병의 발병 가능성을 높입니다. 건강한 삶을 위해서 금연은 선택이 아닌 필수입니다. 두 번째는 본인의 흡연으로 인해 주변 사람들에게 피해를 주는 것을 막기 위해서입니다. 간접흡연이 직접흡연보다 더 위험하다는 말은 여러분도 들어 보셨을 것입니다. 간접흡연은 직접흡연과 달리 담배 연기가 필터를 거치지 않고 직접 흡입되기 때문에 위험성이 더 높습니다.

그렇다면 금연에 성공하기 위해서는 어떤 방법이 있을까요? 무엇보다 중요한 것은 흡연이 중독이라는 것을 인정하고 필요한 경우 금연 치료 등 의학적인 도움을 받는 것에 주저하지 말아야 합니다. 앞서 말한 것처럼 자기 의지로 금연에 성공하는 사람들의 비율은 지극히 낮습니다. 자신의 의지가 약해서 그런 게 아닐까 의심하지 말고, 금연 클리닉 등의 도움을 받는 것이 보다 덜 고통스럽게, 높은 확률로 금연에 성공할 수 있게 있습니다. 의학적인 도움을 받는 것 외에도 개인적으로 금연 성공률을 높일 수 있는 여러 방법이 있는데요. 먼저 흡연이 아닌 다른 스트레스 해소법을 찾아보는 것입니다. 흡연자들이 말하는 것처럼 흡연이 스트레스 해소에 도움이 된다면, 이를 대체할 수 있는 방법을 찾아야 합니다. 바로 음식을 섭취하는 것이 좋습니다. 금연을 하면 미각이 예민해져 체중 증가를 걱정하는데 이를 막으려면 칼로리가 낮은 오이, 당근, 토마토 등의 신선한 채소, 과일을 많이 먹고 녹차, 생수로 커피를 대신하는 것이 도움이 됩니다. 이외에도 식사 후에 바로 양치질을 하거나, 물을 자주 마시거나, 규칙적으로 운동을 하거나, 비타민C를 충분히 섭취하는 등 금연에 도움이 되는 습관을 갖는 것도 도움이 됩니다. 주위에서도 금연에 성공할 수 있도록 많은 격려를 해 주는 것이 중요한데요. 국가나 사회적 차원에서도 금연에 도움을 주는 방법들이 많습니다. 대표적으로 학교 흡연 예방 교육을 확대해야 합니다. 이외에도 담배 가격을 인상해서 흡연자들의 금연을 유도하는 것도 효과적인 정책입니다. 프랑스와 남아프리카 공화국이 1990년부터 2005년 사이에 매년 담배의 세율을 5% 이상 올린 결과 담배 소비량은 절반으로 감소했다고 합니다. 이외에도 금연 구역의 점진적 확대를 통해 담배를 피울 수 있는 공간을 축소해 나가는 정책도 있습니다.

이제 제 발표를 마무리하도록 하겠습니다. 저는 어렸을 때부터 흡연에 대한 교육을 매우 강하게 받아서 흡연에 대한 호기심이 없었고, 주변 친구들의 권유와 군대 선임들의 강압에도 불구하고 담배를 피우지 않았습니다. 그러다 보니 제가 하는 말이 무작정 금연하라고만 들릴 수도 있고, 흡연을 하고 계시는 분들은 제 발표가 불편하실 수도 있겠지만 오늘 발표는 흡연자들의 건강을 걱정하는 마음으로 준비한 것입니다. 여러분! 저의 이야기를 듣고도 담배를 태우시겠습니까. 흡연자 여러분! 우리 모두 백해무익한 담배를 끊고, 금연에 성공해서 건강한 삶을 삽시다. 경청해 주셔서 고맙습니다.

〈설득적 말하기 예시1〉은 금연을 설득하는 전형적인 설득적 말하기의 한 예이다. 사람들은 자신을 부정적으로 평가하게 만드는 메시지를 거부하는 경향이 있다. 그러므로 금연 문제와 같이 일반적으로 의지가 중요시되는 사안에 대해서는 개인의 의지 문제로 접근하지 않는 것이 중요하다. 금연을 성공하기 위해 개인의 의지가 중요하지만, 전문가들은 하나 같이 흡연은 '중독'이므로 의지만으로 성공하기 힘들다는 점을 지적한다. 의학적 도움 없이 금연에 성공할 확률은 매우 낮다는 점에 대한 강조를 통해 청중이 죄책감이나 자괴감을 느끼지 않도록 하는 것이 중요하다. 나아가 위와 같은 설득적 메시지에서 과도하게 흡연의 위험성을 강조하는 위협적인 메시지는 바람직하지 않다. 사람들은 메시지가 지나치게 위협적이라고 느껴질 경우, 전면적으로 거부하는 성향이 있다. 흡연의 해악을 강조하는 것은 필요하지만 그 수위를 조절할 필요성이 있다. 모든 발표에서 청중의 특성에 대한 파악이 중요한 문제지만 설득적 말하기에서는 더욱 중요하다. 흡연자들에 대해 도덕적인 우월성에 입각한 자세로 접근하는 것은 비난하는 메시지로 들리기 쉽기 때문이다. 그들의 입장에서 생각하고 금연을 결심하는 데 가장 고민하는 문제들이 무엇일까를 생각한 후 접근하여야 한다. 아래는 〈설득적 말하기 예시1〉의 개요서이다.

주제: 흡연율을 줄여 건강한 사회를 만들어야 한다.

말하기 목적: 설득

한정된 주제: 대한민국의 흡연율

세부 목적: 흡연을 함으로써 자신과 주변 사람들에게 주는 피해, 건강을 위해 금연의 필요성을 설득하기 위해서

주제문: 금연의 중요성을 강조하고 흡연자들이 금연 할 수 있도록 방법을 제시함.

인사: 안녕하세요. 무역학부 OOO입니다. 지금부터 발표 시작

서론
대한민국의 흡연율은 얼마나 될까요?(질문)
우리나라가 OECD회원국 중 흡연율이 가장 높은 국가로 나타남. 금연하지 못하는 이유는 스트레스 해소에 도움이 되어, 중독이 되어 피우지 않으면 불안해서, 당장은 피운 지 얼마 안 되었지만 많이 피우지 않아

서 괜찮다고 생각하시는 분들도 있을 것임. 하지만 흡연 경력이 길어지면 몸에 좋지 않다는 사실을 인지. 그래서 오늘 흡연이 몸에 어떠한 영향을 끼치는지, 흡연자에게 금연할 수 있도록 설득.(본론 예시)

본론(주요아이디어 4개)

주요 아이디어1: 흡연으로 인해 발생할 수 있는 병들
- 세부 내용1: 폐암의 암질
- 세부 내용2: 호흡기 질환, 혈관 질환
- 세부 내용3: 척추 질환

주요 아이디어2: 흡연을 끊지 못하는 이유들
- 세부 내용: 스트레스 해소에 도움이 되어서

주요 아이디어3: 금연을 왜 해야 하는지
- 세부 내용1: 흡연으로 인한 각종 발병들을 피하기 위해서
- 세부 내용2: 본인의 흡연으로 인한 주변 사람들의 피해를 막기 위해서

주요 아이디어4: 금연을 하기 위한 방법들(개인적, 사회적)
- 세부 내용1: 개인적 조치
- 세부 내용2: 주변 분들의 격려
- 세부 내용3: 사회적 조치

결론

1. 어렸을 때부터 흡연에 대한 교육을 매우 강하게 받아서 흡연에 대한 호기심이 전혀 없을 뿐 아니라, 주변 친구들의 권유와 군대 선임들의 강압에도 불구하고 피우지 않았음. 그래서 흡연의 쾌감과 중독성에 대해 전혀 알지 못하고, 무작정 금연하라고만 하는 것이라고 생각할

수도 있어서 흡연자에게 자신의 메시지가 불편할 수도 있다고 생각함.(현재의 상황)
2. 하지만 흡연자들의 건강이 걱정되는 마음으로 발표 준비. 백해무익한 담배를 끊고, 금연에 성공해서 건강하길 바람.(당부의 메시지)

(마무리 인사)

〈설득적 말하기 예시2: 자존감의 중요성에 대한 설득〉

여러분은 혹시 주위에서 유독 일이 잘못되면 자기가 못나서 그런다고 자책하는 친구를 본 적이 있으신가요? 피해 의식이 커서 칭찬을 해도 그대로 받아들이는 게 아니라 이상하게 꼬아서 받아들이는 사람은요? 말해 보면 금방 거짓임이 들통나는 데도 허세가 많고 이른바 '척'하기를 좋아하는 친구가 있지는 않나요? 이런 사람들의 공통점은 무엇일까요? 바로 자존감이 낮은 사람입니다. 자존감이 낮은 사람은 자존감이 높은 사람과의 비교해서 건강한 교우 관계를 맺기 힘들고, 그런 친구를 만나고 자신도 자존감이 낮아집니다. 자신을 사랑하고 존중하는 마음, 자존감은 본인뿐 아니라 교우, 업무적인 관계를 맺는 다른 이들에게도 매우 중요한 역할을 합니다. 자존감이 부족한 사람과는 성공적인 사회관계를 맺고, 유지하는 것이 배로 힘들기 때문에 관계로부터 얻게 되는 보상도 없고 오히려 마이너스가 됩니다.

먼저 자존감은 무엇일까요? 사전적인 정의로는 자신을 사랑하는, 존중하는 마음가짐을 말합니다. 비슷한 표현으로는 자기 효능감, 자기 조절감, 자기 안정감 등이 있습니다. 그럼 자존감은 왜 중요할까요? 첫째 자존감이 높을 경우, 자신이 마음먹은 대로 행동할 수 있게 해 줍니다. 자존감이 높은 사람은 자신에 대한 확신이 있기 때문에 자신의 결정과 판단을 믿고 이러한 믿음을 바탕으로 보다 과감하고 확고한 행동이 가능합니다. 높은 자존감은 자신을 매력적으로 만들어 줍니다. 자존감이 높은 사람은 자신의 가치를 인정하고 존중합니다. 이러한 자신에 대한 존중은 자기 자신에 그치는 게 아니라 다른 사람에 대한 태도에서도 나타납니다. 자신과 마찬가지로 존중받을 가치가 있다고 생각하는 성향이 있어서 남에 대해 부정적으로 행동하거나 말하지 않습니다. 다른 사람과의 비교에서 흔들리지 않고 중심을 잡을 수 있습니다. 대개 우리는 남과 비교하면서 자신에 대해 부족함을 느낍니다. 자존감이 높은 사람은 다른 사람과 비교할 때 자신만의 기준을 가지고 있어서 뒤쳐져 있다고 생각하지 않습니다. 높은 자존감은 인생의 기둥이자 방패가 됩니다. 부정적인 감정은 자신을 불안하게 하고 좌절에 빠지게 합니다. 누구나 살면서 어려운 상황에 처하고, 실패를 경험하면 부정적인 감정은 느낍니다. 이런 부정적인 감정에 흔들리지 않고 좌절하지 않아야 위기를 쉽게 극복할 수 있습니다. 자존감은 위기와 실패의 순간에서도 꿋꿋하게 자신의 길을 걸어 나갈 수 있게 해 주는 원동력입니다. 마지막으로 높은 자존감은 타인에게도 긍정적인 영향을 미칩니다. 긍정적인 태도는 긍정적인 반응을 불러오고 혐오는 혐오를 낳습니다. 자존감이 높을수록 자신을 사랑하고 주변 사람도 사랑할 수 있습니다.

그러면 자존감을 어떻게 높일 수 있을까요? 자존감은 '나는 잘났다'고 매일 거울을 보면 자기 세뇌를 한다고 해서 높아지는 것이 아닙니다. 먼저 자그마한 것이더라도 성취, 성공의 경험을 쌓는 것이 중요합니다. 거창하지 않더라도 현실적으로 달성 가능한 자신만의 목표, 이를테면 토익 점수 몇 점까지 올리기, 몸무게를 5kg 줄이기 같은 충분히 성공 가능한 목표, 하지만 그렇다고 너무 쉬워서 성공해도 성취감을 느끼기는 힘든 그런 목표가 아닌 목표들을 세워 하나씩 달성해 나가는 것입니다. 자신의 힘으로 무언가를 이루어 낼 때 그 기억은 자신감을 만들어 나가는 기초가 됩니다. 게다가 시간, 열정, 에너지를 쏟아서 이루어 내는 만족감은 더 높은 목표에 도전하게 만드는 욕구를 불러일으키는 효과가 있습니다. 조금씩 쌓여 가는 성취의 기억은 여러분의 자존감을 한 단계 한 단계 높여 주게 될 것입니다. 자존감을 높이는 또 다른 방법은 소속감과 집단 내에서 자신의 역할을 가지는 것입니다. 어딘가에 속한다는 사실, 그리고 자신이 그 집단 내에서 일정한 역할을 수행해 본 경험은 자존감 형성에 도움을 줍니다. 모든 일의 시작은 작은 것으로부터 시작합니다. 거창한 조직이 아닌 작은 모임에서라도 회장이나 총무, 서기, 팀장처럼 역할을 맡아서 일을 하다 보면 다른 사람들이 나에게 의존하고 내가 다른 사람에게 도움이 되며 나로 인해 조직이 움직인다는 것을 경험할 수 있습니다. 집단의 규모가 커질수록, 나의 역할이 늘어날수록 성취감은 더 커집니다. 마지막으로 자존감을 높이기 위해서는 내면의 시선을 바꿀 필요가 있습니다. 내 마음을 긍정적으로 변화시키기 위해서는 나의 감정과 생각을 정확히 알아야 합니다. 저의 경우는 감사 일기를 쓰는 것이 도움이 되었습니다. 감사 일기란 하루 동안 감사할 일이 무엇이 있었는지 쓰는 일기입니다. 감사 일기 쓰기를 통해 스스로 돌아보고 부정적인 마음에서 벗어나면서 자신감이 향상되는 것을 경험했습니다.

이제 제 발표를 마무리할 시간입니다.
오늘 저는 자존감, 즉 우리 자신을 사랑하고 존중하는 마음이 얼마나 중요하며, 어떤 긍정적인 효과가 있는지, 그리고 자존감을 어떻게 하면 높일 수 있는지에 대해 이야기를 했습니다. 자존감이 높아지면 여러분은 보다 더 나은 사람이, 친구가, 일원이 됩니다. 여러분 모두 자신을 사랑하십시오. 저의 발표를 들어 주셔서 고맙습니다.

〈설득적 말하기 예시2〉는 자존감을 높이는 노력이 필요하다는 것을 목적으로 하는 설득적 말하기의 예이다. 사람들에게 어떠한 행동을 하도록 하려면 그 행위를 행함으로써 얻게 되는 이득을 강조하거나, 그러한 행동을 하지 않음으로써 입게 되는 손해를 강조하거나, 또는 두 가지를 모두 사용하는 방법이 있다. 일반적으로 인간은 손해 프레임에 보다 민감하게 반응하지만, 경우에 따라서는 손해 프레임보다는 이득 프레임이 더 효과적일 수 있다. 자존감에 대한 손해 프레임은 자칫 청중에게 그들의 부족한 점을 지적하는 듯한 자세로 보이기 쉽다. 그런 점에서 위 주제에 대해서는 이득 프레임이 보다 적절하다 볼 수 있다. 위의 예시는 자존감을 높임으로써 얻을 수 있는 이득을 나열해서 청중을 설득하고자 시도한다. 이에 그치지 않고 구체적이고 쉽게 할 수 있는 실천 요령을 제시함으로써 청중이 쉽게 발표자의 아이디어를 받아들일 수 있도록 유도하고 있다. 아래는 〈설득적 말하기 예시2〉의 개요서이다.

주제: 자존감의 중요성

말하기 목적: 설득

세부 목적: 자존감의 중요성에 대해 언급하고 자존감을 높이도록 설득하기 위해서

주제문: 자신을 존중하는 마음인 자존감은 다양한 방면으로 자신에게 도움을 주는 중요한 요소이기 때문에 성취의 경험과 소속감, 감사 일기 쓰는 방법을 통해 가치를 높여야 함.

서론
1. 자존감이 낮은 사람들의 특징, 사례
2. 자존감의 중요성 언급

본론
주요아이디어1: 자존감이란
    세부내용: 정의
        1) 나를 사랑하는 마음, 나를 존중하는 마음
        2) 자기 효능감, 자기 조절감, 자기 안정감

주요아이디어 2: 자존감이 중요한 이유
    세부내용1: 스스로 행동할 수 있게 함.
    세부내용2: 매력적인 자신 발견
    세부내용3: 인간관계에서 중심을 잡게 함.
    세부내용4: 자신과 타인에게 긍정적 영향을 미침.

주요아이디어3: 자존감을 높일 수 있는 방법
    세부내용1: 성취의 경험 갖기

세부내용2: 소속감, 역할 갖기
　　세부내용3: 감사 일기 쓰기

결론
1. 지금까지 발표 내용 간단히 정리
2. 자존감을 높였으면 좋겠다는 점을 언급하며 발표 마무리

〈설득적 말하기 예시3: 연애 과정에서 존재하는
불필요한 관념 및 평등한 연애를 하는 방법〉

"오늘 왜 이렇게 짧은 치마 입었어. 내 바지로 갈아입어. 다른 사람들이 보는 거 싫단 말이야." 제가 입고 온 옷차림이 마음에 들지 않은 남자 친구가 한 말입니다. 처음에는 '남자 친구가 나를 많이 아껴 주는구나, 사랑해서 그러는 거구나.'라고 생각하고 넘어갔지만 시간이 지날수록 마음속의 불편함은 감출 수가 없었습니다. 여기 계시는 여러분 중에서도 혹시 저와 비슷한 경험을 가진 분이 계실까요. 이런 말이 불쾌한 이유는 사실 남자 친구가 저에게 했던 행동은 '통제 유형의 데이트 폭력'이었기 때문입니다. 남자 친구는 저를 '소유'로 여기고 제 행동을 통제했습니다. 제 이야기를 듣고 별것 아닌 것을 너무 크게 생각하는 게 아니냐고 하실 수도 있을 텐데요. 하지만 결코 그렇지 않습니다. 제가 겪었던 말들이 데이트 폭력이었는지 그렇다면, 데이트 폭력은 무엇이고 어떤 유형이 있을까를 고민하면서 용기 내어 발표하게 되었습니다.

데이트 폭력에는 감정적 폭력, 정신적 폭력, 성적 폭력, 물리적 폭력,

통제 권력적 행동 등 다섯 가지의 유형이 있습니다. 감정적 데이트 폭력은 공개적인 장소에서 망신이나 모욕을 주는 행위, 상대방을 무시하는 행위, 죄책감을 느끼게 하는 행위를 말합니다. 정신적 데이트 폭력은 상대방에게 위협을 하거나, 이를테면 헤어지자는 말을 듣고 자해를 한다거나, 자살하겠다고 협박하는 행위들이 해당됩니다. 성관계를 강요한다거나, 상대방에 대한 배려 없이 자신만의 욕구를 충족시키는 행위 등이 성적인 데이트 폭력입니다. 아마 여러분이 가장 익숙한 형태의 데이트 폭력은 물리적 데이트 폭력일 거란 생각이 드는데요. 밀기, 주먹 치기, 발로 차기, 물건 던지기 등 물리적인 위해를 가하는 행위들을 말합니다. 통제 권력적 행동은 상대방의 행동을 통제하고자 하는 행위인데요. 이를테면 누구를 만나는지 일일이 간섭하는 행위, 연인을 하대하는 행위, 연인이 어느 장소에 있는지 계속 추적하는 행위, 무슨 행위를 하기 전 연인에게 허락을 받도록 강요하는 것 등이 포함됩니다.

어쩌면 우리가 사소하게 생각했던 행동들이 데이트 폭력에 포함된다는 것을 알 수 있습니다. 저의 사례를 이야기해 보죠. 제 남자 친구는 통제 권력적 행동에 해당하는 행위를 했습니다. 사소하게 보이는 데이트 폭력이 결코 사소하지 않은 것처럼 보이는 것은 그러한 행동을 하는 사람들의 태도와 성격을 보여 주기 때문입니다. 이런 사소한 행위들이 반복되다 보면 더 큰 문제로 발전하고, 파괴적인 결과를 낳을 수 있습니다. 가정 폭력도 처음에는 사소한 말과 꿀밤을 때리는 것처럼 별것 아닌 행위부터 시작한다고 합니다. 그 어떤 관계보다 소중하고 서로에게 힘이 되어야 할 관계인 연인 관계에서 데이트 폭력으로 인해 자칫하면 서로를 구속하고, 상처를 주고, 극단적인 경우 돌이킬 수 없는 결과를 초래한다면 슬픈 일 아닐까요.

그러면 어떻게 하면 데이트 폭력을 예방할 수 있을까요? 먼저 우리의 선입관과 잘못된 고정 관념을 없애야 합니다. 그리고 사소한 것부터 고쳐 나가는 일부터 시작해야 합니다. 예를 들어, 여러분 이런 말을 친구한테 들어 본 적이 있을까요? "있잖아, 남자 친구가 키스해도 돼? 라고 묻는 거 되게 찌질하지 않아?" 이 질문에 적절한 대답은 무엇일까요? 제 생각에는 '전혀 찌질하지 않다'입니다. 연인 관계에서 상대방을 배려하는 행위는 결코 창피한 일이 아닙니다. 상대방에 대한 무시와 배려 없음이 남자다움이라는 선입관은 하루 빨리 버려야 합니다. 남자, 여자가 다른 것이 아닙니다. 드라마를 보면 '박력 키스'라는 말로 표현되는 느닷없는, 상대방의 의사는 무시하고 이루어지는 기습적인, 그리고 강압적인 키스 장면을 종종 보실 수 있을 텐데요. 대개 남자가 여자에게 느닷없이 키스하고, 그게 계기가 되어 둘이 커플이 되기도 합니다. 실제 상황에서 그런 행동은 성폭력이라고 생각합니다. 드라마, 영화, 웹툰 등에서 남자 주인공이 '나랑 사귈래, 죽을래'라는 멘트로 여자 주인공에게 사랑을 고백하는 경우도 보셨을 겁니다. 이 경우도 대개 여자 주인공은 '남자다움'에 반해서 사귀게 되죠. 우리가 언제부터 폭력을 사랑으로 오해하게 되었을까요? 사랑은 상대방을 위하는 마음으로부터 시작합니다. 상대방을 내 의지대로 조종하고자 하는 행위, 상대방의 기분이나 의사를 고려하지 않는 일방통행적인 행위는 아무리 좋게 포장해도 '폭력'입니다. 그동안 미디어를 통해서 남자다운 것은 적극적이고 박력 있고 터프하고, 관계를 리드하는 모습으로 그려져 왔는데요. 과연 그게 남자다움일까요? 만약 그렇게 생각하고 있다면 이제는 생각을 바꿔야 합니다. 그런 '남자다운' 사람과의 관계에서 자신이 존중받는 동등한 대상으로 대접받는 것은 불가능할 수도 있다는 게 저의 생각입니다. 미디어에서 폭력을 사랑으로 포장하고 우리로 하여금 '나도 하고 싶은 연애'라고 생각하게 합니다. 화면에서 보면 그럴싸하고 멋지게 보일지도 모르지만, 현실에서 그러한 관계는 일방적이고, 상대방을 구속하고, 상대를 무시하는 언제 터질지 모르는 화약고 같은 관계가 될 수 있습니다. 그러한 관계를 통해 얻게 되는 것은 사랑이 아니라 구속과 상처가 될 수도 있겠죠. 우리는 지금까지 미디어가 그리는 남자다움, 여자다움을 당연한 것으로 생각하고, 그 안에 담겨 있는 문제점에 대해서 별다른 문제의식을 느끼지 못하고 살아왔는지도 모릅니다. 우리는 남자다움, 여자다움에 대한 낡은 생각에 자신을 옭아매고 나한테 상처가 되고, 결국은 두 사람 모두에게 도움이 되지 않는 말과 행동을 당연하고 사소한 것으로 여기고 무심코 지나쳐 왔는지도 모릅니다. 상대방을 통제하고, 구속하고, 무시하고, 나만의 의지, 나만의 욕심, 나만의 행복을 강요하는 행위는 결코 사랑이 아닙니다. 건강하고 발전적인 관계는 서로에 대한 존중과 배려로부터 시작합니다. 그리고 그러한 관계를 만들기 위해서는 우리의 잘못된 생각부터 바꿔야 합니다.

제 남자 친구가 한 말은 결코 사소한 잘못이 아닙니다. 그 안에는 사랑이라는 이름으로 포장되어 상대방을 소유하고 통제하려는 무의식적인 욕구가 깔려 있기 때문입니다. 여러분, 빨간색 셀로판지를 눈앞에 대고 글씨를 보면 빨간색 글씨는 보이지 않지만 빨간색 글씨가 보이지 않는다고 빨간색이 없는 건 아닙니다. 오래가는 연애를 하려면 서로 존중하고 평등한 연애를 해야 합니다. 오늘부터라도 무심코 지나쳤던 연인들과의 관계를 다시 한번 생각해 보시고, 데이트 폭력에 대한 내용에 조금이라도 해당된다면 말과 행동들을 고쳐야 합니다. 현실에서의 사랑도 동화처럼 사랑하는 사람과 행복하고 좋은 관계로 오랫동안 남을 수 있도록 서로 노력하시기 바랍니다. 끝까지 제 발표를 들어 주셔서 고맙습니다.

〈설득적 말하기 예시3〉은 남녀 관계에서 자신의 자존감은 스스로 찾는 노력이 필요하다는 것을 청중에게 설득하는 것을 목적으로 한다. 그동안 미디어에서 '남자다움'이라고 그려져 왔던 행동들의 문제점들을 지적하고, 그러한 행동들의 문제가 무엇이며, 어떠한 결과를 낳을 수 있는가를 반복적으로 지적함으로써 연인 관계에서의 사소한 언행으로 치부했던 것들이 실제로는 심각한 문제가 될 수 있다는 것, 그리고 이러한 것들을 고치기 위해서는 우리가 지금까지 별다른 문제의식 없이 당연시해 왔던 남자다움, 여자다움에 대한 생각을 바꿀 필요가 있다는 설득을 시도한다. 위 예시가 설득력을 가질 수 있는 것은 그 내용이 발표자의 개인적인 경험에서 나온 것이기 때문이다. 그런 점에서 발표문의 내용에 사소한 문제로 보였던 것들이 시간이 지남에 따라 어떻게 더 큰 문제로 나타났는지를 실제 예를 통해 보여 준다면 보다 설득력 있는 발표가 될 수 있을 것이다. 아래는 〈설득적 말하기 예시3〉의 개요서이다.

주제: 연애 과정에서 존재하는 불필요한 관념 및 평등한 연애를 하는 방법

말하기 목적: 설득

세부 목적: 연애 과정에서 배려는 반드시 필요한 요소이기 때문에 평등한 연애를 위해 고정 관념을 없애고 올바른 연애 방법을 알리기 위해서

주제문: 남자 친구의 사소한 말들이 사랑하기 때문이 아닌 폭력이 될 수 있음을 깨닫고 새로운 시각에서 타인을 이해해야 함.

서론
1. 옷차림이 맘에 들지 않은 남자 친구가 한 말(경험을 사례로 청중의 이목 집중)
2. 사실 남자 친구가 했던 행동은 '통제 유형의 데이트 폭력'

본론
주요 아이디어1: "나는 네 거가 아니야."라는 슬로건. 데이트 폭력이란 무엇이며 데이트 폭력에는 어떤 유형이 있을까?(본론 예고)

　　세부 내용1: 감정적 데이트 폭력
　　세부 내용2: 정신적 데이트 폭력
　　세부 내용3: 성적인 데이트 폭력
　　세부 내용4: 물리적 데이트 폭력
　　세부 내용5: 통제 권력적 행동

주요 아이디어 2: 사례

세부 내용1: "있잖아, 남자 친구가 '키스해도 돼?'라고 묻는 거 되게 찌질하지 않아?" 성관계에서 타인을 배려하는 행위는 결코 창피한 일이 아님.
세부 내용2: '모 드라마 커플의 박력 키스, 폭풍 로맨스 돌입', '나랑 사귈래, 죽을래' 우리가 폭력을 언제부터 사랑으로 오해하게 되었을까.
세부 내용3: 적극적이고 박력 있고 리드하는 모습은 남자다운 모습이라 정의할 수 없음.

결론
1. 미디어에서 폭력을 사랑으로 포장하여 '나도 하고 싶은 연애'라고 생각(본문 요약)
2. 그러나 고정 관념이 내포(문제 제기)
3. 평등한 연애로 서로 존중(결론)

지금까지 발표를 들어 주셔서 감사(마무리 인사)

〈설득적 말하기 예시4: 학교 교육 과정 내
노동 인권 교육은 강화되어야 한다〉

여러분, 화면의 양쪽 사진(경영자 vs 노동자)을 보시고 우리는 어디에 해당된다고 생각하시나요? (잠시 기다리기) 여러분들 중에 제2의 빌 게이츠나 스티브 잡스처럼 경영자가 될 수도 있고 사회 구성원의 다수를 차지하는 노동자가 될 수도 있습니다. 혹시 노동자라는 단어가 불쾌하게 들리시나요? 그렇다면 그 이유는 '노동자'라는 단어에 대한 고정 관념 때문입니다. 하지만 노동자라는 단어는 그 어떠한 가치 판단도 내재되어 있지 않습니다. 노동자의 사전적 의미는 '노동력을 제공하고 얻은 임금으로 생활을 유지하는 사람'입니다. 다시 말해 일용직 노동자뿐만 아니라 대기업, 공기업 직원, 아나운서, 교사, 변호사, 의사, 교수, 배우, 운동선수 등 노동에 대한 대가로 임금을 받는 사람은 모두 노동자입니다. 그러므로 우리는 대부분 예비 노동자인 셈입니다. 그렇지만 우리는 노동자로서 이 사회를 살아가는 방법을 배운 적이 없습니다. 초·중·고 교육 과정을 거치는 동안 그 어디에서도 노동자의 기본권조차 제대로 배울 수 없었습니다. 저는 학교 교육 과정 안에 노동 인권 교육이 강화되어야 한다고 생각합니다. 제가 이렇게 생각하는 이유를 세 가지로 요약해서 말씀드리겠습니다.

첫 번째 이유는 노동 문제는 저의 문제이기 때문입니다. 우리는 대학 졸업 후 취업해서 신입 사원이 되고, 승진을 거듭하면서 짧아도 이십여 년, 길게는 사십여 년의 세월을 노동자로 일하게 될 것입니다. 그리고 그 세월 동안 현재 노동 현장에서 일하고 있는 노동자들이 부딪히는 문제인 비정규직 차별, 임금 체불, 부당 해고, 과도한 야근 등의 노동 문제에 우리도 부딪히게 될 가능성이 있습니다. 노동자로서의 자신이 부당한 처우를 당했을 경우, 억울한 일을 겪을 때 대처하기 위해서는 노동 인권에 대한 충분한 지식이 필요합니다. 나아가 노동 문제는 저의 문제를 넘어 '우리 가족'의 문제이기도 합니다. 예를 들어, 특성화 고등학교를 졸업한 동생이 있다고 상상해 봅시다. 특성화고에서는 학생들에게 직장 예절과 취업 요령은 가르쳐도 노동법 관련 교육은 하고 있지 않습니다. 그래서 특성화고 졸업생 중 최저 임금 미달 사업장에 근무하면서도 자신의 임금과 근로 시간에 만족한다고 답한 조사 결과가 서울시의 회 행정 감사에서 확인되었습니다. 이런 안타까운 일들이 나와 내 가족의 일이 되었을 때, 노동 인권에 대해 알고 있는 사람과 모르는 사람의 대처법은 다를 수밖에 없습니다.

둘째, 한국의 어설픈 노동 인권 교육이 역효과를 낳고 있습니다. 현재 한국의 노동 인권 교육은 부분적으로 이루어지고 있는데 그 경우조차도 매우 어설픈 상태입니다. 우선, 초등 사회 교과서에서는 아예 노동 문제가 다뤄지지 않습니다. 2016년을 기준으로 중·고등학교 사회과 교과서 17종을 분석한 결과 전체 4612쪽 중 83쪽, 약 2%에만 노동 관련 내용이 나옵니다. 시간으로 보면 학생들은 초등학교에 입학해서 고등학교를 졸업할 때까지 노동 문제에 대해 2~5시간 정도를 배울 뿐입니다. 심지어 그 작은 비중에서조차 "노동자의 권리 요구는 사회 갈등을 유발한다." 또는 이 화면의 사례와 같이 "최저 임금 인상은 10대에게 불리하다."라는 식으로 노동 문제를 부정적으로 담고 있습니다. 문제는 이런 교육이 노동 문제에 대한 부정적 시각을 키운다는 것입니다. 우리 사회는 노동 문제에 대한 부정적인 여론이 많습니다. 한 예로 최근 철도 노조의 파업이 있는데요. 저는 이 파업과 관련된 뉴스를 검색해 보았고 30개 기사 중 1~2개 기사에서만 노동자들의 요구 사항과 그들이 파업을 할 수 밖에 없는 배경에 대해 전했습니다. 나머지는 화면과 같이 파업으로 인한 경제적 손실과 시민들의 불편에만 주목하고 있었습니다. 이것이 우리나라 노동 교육의 결과라고 생각합니다.

마지막으로 선진국들은 노동 문제에 상당한 중요성을 두고 교육하고 있습니다. 독일에서는 초등학교부터 노사 관계를 가르칩니다. 교과서에는 노사 관계를 '사회에서 가장 중요한 관계'라고 정의하고 있습니다. 또 일 년에 여섯 차례 정도 모의 노사 교섭을 진행합니다. 학생들이 스스로 경영자 대표들을 뽑고 노동조합 대표들을 뽑아 임금 협상을 하고 단체 협약을 체결해 보기도 합니다. 프랑스에서는 교과서에 제시된 다음과 같은 노동 관련 주제로 토론을 펼칩니다. (화면을 보여 주며) 화면에 나와 있는 것은 프랑스 고교 1학년 교과서에 수록되어 있는 토론 주제입니다. 대학생인 저도 어렵다는 생각이 들 만큼 굉장히 난이도가 높습니다. 또한 단체 교섭의 전략과 전술, 노조 문건 작성법에 대해서도 가르칩니다. 노동 운동에 부정적인 우리 사회에서는 상상도 못할 일이 아닙니까.

이제 제 이야기를 마칠 때가 되었습니다.
저는 지금까지 학교 교육 과정 내 노동 인권 교육이 왜 강화되어야 하는지에 대해 3가지의 이유를 들어 말씀드렸습니다. 저는 지난 학기에 노동 인권과 관련된 수업을 들었고, 그 수업을 들은 후 노동 문제에 관심을 갖게 되어 노동자가 목소리를 내는 노동절 행사에도 참여했습니다. 이와 같이 노동자의 노동 환경 개선을 위해 작은 행동을 할 수 있게 된 배경에는 노동 인권 교육이 있었다는 생각이 듭니다. 한국의 노동 인권 교육은 부족할 뿐 아니라, 그나마 이루어지고 있는 노동 인권 교육마저 부적절한 내용으로 채워져 있습니다. 노동 인권 교육은 우리가 노동자로서의 미래를 준비하기 위해 필수적입니다. 학교 안의 노동 인권 교육이 강화되어 가까운 미래에 여러분 모두의 노동이 존중받는 사회가 오기를 바라며 발표 마치겠습니다. (참고 자료 보여 주며) 참고 자료는 아래와 같습니다. 경청해 주셔서 고맙습니다.

〈설득적 말하기 예시4〉는 한국 교육에서 노동 인권 교육이 필요함을 설득하고자 하는 목적을 가지고 있다. 발표자는 노동 인권 교육의 필요성을 개인적인 차원, 한국에서 노동 문제에 대한 부정적인 시각을 갖도록 하는 잘못된 노동 인권 교육 현실, 그리고 선진국에서의 노동 인권 교육의 세 가지로 정리해서 제시하고 있다. 발표자는 주제를 청중과 거리가 있는 교육 일반의 문제가 아닌 발표자와 청중에게 공통된 문제로 제시함으로써 청중의 관심을 유도하고 있다. 잘 만들어진 발표문이지만, 한국의 잘못된 노동 인권 교육이 갖는 문제를 보다 쉽게 알 수 있는 구체적인 예를 제시했다면 청중들의 동의를 얻기가 더 용이했을 것이다. 아래는 〈설득적 말하기 예시4〉의 개요서이다.

주제: 학교 교육 과정 내 노동 인권 교육은 강화되어야 함.

말하기 목적: 설득

세부 목적: 초·중·고 교육 과정 안에서 노동 인권 교육을 받을 기회가 많지 않아 '노동자'로 사회에 나갈 준비가 되지 않은 대학생들을 대상으로 한국의 교육 과정 안에서 노동 인권 교육이 강화되어야 함을 설득하기 위해서

주제문: 우리의 노동이 존중받는 사회를 만들기 위해 초·중·고 교육 과정 내 노동 인권 교육은 강화되어야 함.

서론

1. (서언, 관심 끌기) 여러분, 화면의 양쪽 사진(경영자 vs 노동자)을 보시고 우리는 어디에 해당된다고 생각? (잠시 기다리기)
2. 우리는 사회 구성원의 대부분을 차지하는 노동자가 될 가능성이 높음.
3. 혹시 노동자라는 단어가 불쾌? 만약 그렇다면 '노동자'라는 단어에 대한 고정 관념을 갖고 있기 때문임. 노동자의 사전적 의미는 '노동력을 제공하고 얻은 임금으로 생활을 유지하는 사람!'
4. 그러므로 우리도 예비 노동자. 하지만 노동자로서 이 사회를 살아가는 방법을 배우지 못함. 초·중·고 교육 과정을 거치는 동안 그 어디에서도 노동자의 기본권조차 제대로 배울 수 없었음.

(예고) 학교 교육 과정 안에 노동 인권 교육이 강화되어야 하는 세 가지 이유

본론

주요 아이디어1: 남이 아닌 내가, 또는 내 가족이 노동자
    세부 내용1: 노동 문제는 '나'의 문제
    세부 내용2: 노동 문제는 '내 가족'의 문제

주요 아이디어2: 한국의 어설픈 노동 인권 교육이 역효과를 가져옴.
    세부 내용: 한국의 노동 인권 교육 실태

주요 아이디어3: 선진국은 상당히 중요한 비중으로 노동 문제를 가르침.
    세부 내용1: 독일 사례
    세부 내용2: 프랑스 사례

(종료 예고 - 이야기 마치는 것을 신호)

결론

1. 지금까지 학교 교육 과정 내 노동 인권 교육이 왜 강화되어야 하는지에 대해 세 가지의 이유를 이야기함.(정리)
2. 노동 인권과 관련된 수업을 들은 후 노동 문제에 관심을 갖게 됨. 노동 인권 교육의 중요성을 깨달음.(정리)
3. 학교 안의 노동 인권 교육이 강화되어 가까운 미래에 모두의 노동이 존중받는 사회가 오기를 바라며 발표 마침.(결언)
4. 참고 자료는 설명
5. 마무리 인사

이밖에도 유흥과 격려가 있다. 유흥을 위한 말하기는 결혼식이나 문화 행사, 축하 파티 등에서 재미있는 소재로 청중들을 즐겁게 하기 위한 자리에서의 말하기이다. 이 경우 각 모임의 성격이나 취지에 맞게 재미있는 소재를 발굴하는 것이 중요하다. 격려를 위한 말하기는 각종 토론회, 행사 등에서 업적이나 성과, 노력 등에 대하여 치하하고 격려하기 위한 것이다. 이때 말하기의 연사는 주로 단체 혹은 기업의 리더이거나 명망가들이 많다. 그렇기 때문에 연사의 공신력이 공감과 신뢰에 중요한 요인이 된다.

6.
감동을 선사하는 명연설

　말은 어떠한 상황에서 언제 누구를 대상으로 했는지에 따라 결과와 영향에 큰 영향을 미친다. 하지만 아무리 훌륭한 내용을 가진 말과 연설이라도 상황에 맞지 않는다면 의도한 결과를 얻기는 힘들다. 순국 영령을 기리는 자리에서 경제 발전에 대한 연설을 한다면 청중은 대체 왜 이 자리에서 저런 얘기를 하는지 의아해할 것이다. 우리가 알고 있는 명연설들은 연설이 행해진 시기와 장소에 가장 어울리는 적절한 내용을 담고 있다. 오바마 대통령의 예를 들어 보자. 오바마 대통령의 뛰어난 연설 실력은 정평이 나 있다. 그런 오바마 대통령이지만 2011년 학교에서 발생한 총기 난사 사건의 희생자들을 위한 추모 연설을 하는 자리에서는 말 대신 침묵을 택했다. 51초간 이어진 침묵은 그 어떠한 말보다 더 절절하고 공감이 가는 표현이었던 것이다. 그의 침묵은 위대한 침묵으로 호평받았다. 뉴욕타임스NYT는 2011년 1월 13일, 오바마 대통령의 연설을 집중 조명하면서 대통령으로서는 물론 두 딸의 아버지로서의 모습을 보여 줬다고 전했다. 특히 대중 연설에서 불필요한 감정을 노출하지 않는 성향의 오바마 대통령이 이번 추모 연설에서 마지막 부분에 무려 51초간 침묵하며 자신을 추스르는 등 감정적인 모습을 보인 데에 주목했다. 우리는 이 시점에서 왜 그의 연설이 명연설인지 주목해야 한다. 그것은 오바마 대통령이 전 국민과 감정적 소통을 하였다는 것이다. 말을 잘한다는 것은 상황에 적합한 말을 하되 감정적으로 교감한다는 의미이기도 하다.

오바마 대통령의 명연설이 몇 개가 더 있다. 8년 임기를 마치고 백악관을 떠나는 오바마 대통령은 지지율 55%를 웃돌며 순탄하게 국정 운영을 마무리 지었다. 그의 말은 공부하는 사람들에게 샘플이 될 만큼 돋보였다. 젊은 상원 시절 연설부터 고별 연설까지 많은 이들에게 감동을 전한 명연설이 있다. 2005년부터 2013년까지 백악관 수석 연설 보좌관을 맡았던 존 파브르는 오바마 대통령의 2009년 건강 보험 연설을 최고로 뽑았다. 오바마 대통령은 대선 당시부터 건강 보험 개혁을 가장 중요한 정책 중 하나로 내세웠고, 집권 초기부터 개혁 법안을 통과시키기 위해 많은 노력을 기울였다. 하지만 정부의 시장 개입에 대한 거부감, 민주·공화 양당 간의 이념적 극단화 현상, 업계의 강력한 반대 로비 등에 부딪혀서 개혁 법안 통과는 오랜 진통을 겪었다. 오바마의 연설은 미국 상하원이 건강 보험 개혁안을 놓고 논쟁을 한창 벌이고 있던 2009년 9월에 이루어졌다. 그리고 6개월이 지난 2010년 3월 오바마 대통령은 개혁 법안에 서명했다. 오바마의 연설이 법안 통과에 큰 도움이 되었는지는 미지수이지만 연설 자체만을 보면 건강 보험 개혁이라는 복잡한 이슈를 다루는 연설이었음에도 이를 알기 쉽게, 그리고 감동적으로 청중에게 전달한 명연설이다. 오바마 대통령의 연설은 여러 미디어로부터 높은 평가를 받았다. BBC 뉴스는 오바마의 대통령 직무 수행 기간 동안 행한 연설 중 가장 중요한 연설의 하나로 손꼽았으며, 타임지는 명확하고 간결하고, 알아듣기 쉬운 용어로 쓰인 연설이라고 칭찬했다. 오바마의 건강 보험 연설에서 주목할 첫 번째 특징은 그가 청중을 정확하게 파악하고 연설문을 준비했다는 것이다. 오바마의 연설은 건강 보험 개혁과 관련된 주요 이슈에 대한 명확한 입장을 알기 쉬운 언어로 설명하는 동시에, 이를 관철시키고자 하는 그의 확고한 의지를 수차례에 걸쳐 확인시킨다. 이는 오바마가 이 연설의 청중이 두 부류의 사람들—의회에 모여 있는 민주, 공화당의 의원들과 TV를 통해 연설을 시청하는 일반 국민들—이라는 점을 명확하게 인지하고 있음을 보여 준다. 단순히 의원들을 설득하고자 한다면, 보다 전문적인 용어를 사용했을 것이며, 정치적 이해관계에 대한 내용을 담았을 것이다. 하지만 그러한 접근 방식은 건강 보험 이슈를 도덕적 이슈로 틀짓기하는 데는 걸림돌이 될 수밖에 없었을 것이며, 일반 국민들의 마음을 움직이기 어려웠을 것이다. 오바마는 이념적, 정치적 이슈를 뛰어넘는 틀로서, 쉽고 이해하기 쉬운 방식으로 접근함으로써 일반 국민들에게 다가갔던 것이다. 오바마의 연설에서 또 다른 특기할 만한 점은 그가 건강 보험 이슈를 국가적 정체성national identity의 문제로 틀짓기한 점이다. 즉, 건강 보험 개혁을 미국스러운 것, 미국인다운 것으로 규정한 것이다. 오바마 대통령은 건강 보험 개혁을 꾸준히 추진한 대표적 인물인 2009년 5월에 작고한 테드 케네디 상원 의원의 편지 중 한 구절을 인용했다.

"What we face, he wrote, is above all a moral issue; at stake are not just the details of policy, but fundamental principles of social justice and the character of our country."

그는 다음과 같이 적었습니다. "우리가 직면한 문제는 무엇보다 도덕적인 이슈이다. 단순히 정책의 세부 사항이 아니라 사회 정의의 근본적인 원칙들, 그리고 우리나라의 정체성 문제인 것입니다."

오바마 대통령은 건강 보험 개혁 이슈를 예산과 정치적 이해관계를 뛰어넘어 사회 정의와 미국인으로서 당연시하는 가치에 대한 문제로 승화시켰다. 이를 통해 그는 정책 이슈를 도덕적인 이슈와 가치에 관한 이슈로 치환시키는 데 성공한다. 오바마의 연설은 건강 보험 개혁이 정치적 계산을 뛰어넘는 이슈라는 것, 미래를 향한 도전이라는 것, 미국의 정신과 정체성에 어울리는 것이라는 점을 재확인하면서 끝을 맺는다.

> I understand that the politically safe move would be to kick the can further down the road — to defer reform one more year, or one more election, or one more term. But that is not what the moment calls for. That's not what we came here to do. We did not come to fear the future. We came here to shape it.
> (중략)
> Because that's who we are. That is our calling. That is our character.

저는 건강 보험 개혁을 일 년, 아니 또 한 번의 선거, 아니 4년 더 미루는 것이 정치적으로는 안전한 행동이라는 것을 이해합니다. 하지만 이는 지금 상황이 필요로 하는 것이 아닙니다. 이는 우리가 여기에 모여 달성하고자 하는 **목표**가 아닙니다. **우리는** 미래를 두려워하기 위해 보인 것이 아닙니다. 우리는 미래를 만들고자 여기에 모였습니다.

(중략)
이는 우리가 그러한 존재이기 때문입니다. 이는 (우리가 신으로부터 부여받은) 우리의 사명이기 때문입니다. 이것이 미국을 미국답게 만드는 것입니다.

오바마의 이 연설은 정책 연설의 모범이라고 할 수 있다. 건강 보험 개혁을 단순한 정치적, 행정적 판단의 대상인 정책 이슈를 넘어 미국적인 것을 규정하는 행위로, 즉 정체성과 도덕성의 문제로 틀지어 버림으로써 프레임 경쟁에서 우위를 확보했다. 그리고 희망적인, 확고한 의지가 담긴 메시지를 쉽고 간결하게 전달함으로써 민주·공화 양당의 의원들과 미국인들에게 자신의 입장을 명쾌하게 전달하는 데 성공했다.

오바마 대통령이 연설가로서의 뛰어난 감각을 발휘한 또 다른 예는 2015년 전 민주당 상원 의원이자 목사인 클레멘타 피크니 추모 연설이다. 피크니 목사는 찰스턴 교회 총기 난사 사건의 희생자 중 한 명이다. 찰스턴 교회 총기 난사 사건은 2015년 6월 17일 미국 사우스캐롤라이나주의 찰스턴에 위치한 '이매뉴얼 아프리칸 감리교회Emanuel African Methodist Episcopal Church'에서 벌어진 사건으로서, 피크니 목사 그리고 성경 모임에 참여했던 8명의 흑인 등 총 9명의 목숨을 앗아간 비극이다. 사건이 벌어진 교회는 미국에서 가장 오래된 흑인 교회 중 하나이며 흑인 인권 운동과 관련이 깊은 역사적·상징적 장소이다. 범인인 딜란 루프Dylann Roof는 범행 당시 21세였던 백인 우월주의자로서 인종 차별적인 동기에서 학살을 자행했으며, 이매뉴얼 교회를 범행 장소로 고른 것도 교회가 갖는 상징성 때문인 것으로 알려져 있다. 오바마의 추모 연설은 여러 면에서 다른 연설들과 차별성을 갖는다. 이 연설은 정치 행사가 아닌 추모식에서 행해진 연설이었다. 이로 인해서 그의 연설은 종교적 주제로 가득했다. 연설이 유명해진 것도 '어메이징 그레이스'라는 미국 국가만큼 미국 사람들에게 친숙한 찬송가를 직접 부르는 것으로 연설을 마무리했기 때문이다. 추모 연설답게 오바마는 평소보다 훨씬 진지하고 엄숙한 태도로 연설을 이어갔다. 뛰어난 연사들이 자주 사용하는 방법인 가벼운 농담도 최대한 절제하는 모습을 보였다. 그가 종교적 주제로 연설을 구성한 것은 여러 면에서 탁월한 선택이었다. 그는 신의 '은총'이라는 단어로 연설 전체를 이끌어 갔다. 그는 종종 성경 구절을 직접 인용하면서 은총이라는 화두로 찰스턴 교회 총기 난사 사건이 미국 사회에 던지는 정치적·정책적 이슈를 종교적인 내러티브로 풀어 나갔다.

As a nation, out of this terrible tragedy, God has visited grace upon us, for he has allowed us to see where we've been blind. He has given us the chance, where we've been lost, to find our best selves.

하나의 민족으로서, 이 끔찍한 비극으로부터, 신은 우리에게 은총을 내려 주셔서, 우리가 그동안 보지 못했던 것을 볼 수 있도록 하셨습니다. 그는 우리가 길을 잃어버린 곳에서 가장 나은 우리 자신을 찾을 수 있는 기회를 주셨습니다.

오바마가 종교적 내러티브를 차용한 것은 한편으로는 추모 행사에 참여한 청중, 그의 연설이 추모 연설이라는 점을 의식한 것으로 보인다. 목사였던 피크니 전 상원 의원, 그리고 성경 공부에 참여한 이들을 추모하는 자리였기 때문에 추모 행사에 참여한 청중의 대부분은 흑인이었으며, 특히 기독교인들이었다. 이러한 점에서 종교적인 분위기의 연설은 적절한 것이었다. 종교적인 내러티브의 힘은 단순히 청중에게 적절한 주제 이상의 효과를 거두고 있다. 종교의 힘에 기댐으로써 신의 은총, 그리고 이러한 은총을 받은 이들이 행할 수 있는 최선의 행위, 용서와 회개, 이를 통한 더 나은 세계의 건설을 감동적이면서도 설득력 있게 전달했다. 사실 찰스턴 교회 총기 난사 사건은 정치적으로 폭발력을 가진 사건이다. 이 사건은 미국인이 찬성과 반대 반반으로 나뉘어서 논쟁을 벌이고 있는 총기 규제 문제와 흑백 차별 문제를 포함하는 인종 간 갈등의 두 가지 이슈와 동시에 관련되어 있다. 특히 사건이 흑인들을 겨냥한 증오 범죄였다는 점에서 인종 간 대립을 촉발할 가능성이 있었다. 그래서 오바마 대통령의 연설의 주제는 용서와 화합, 치유였다. 이러한 연설에서 신의 은총이라는 주제보다 더 적절한 것을 찾기는 힘들 것이다. 그 어느 나라보다 세속적으로 보이지만 인구의 90% 가량이 아직도 신을 믿는 미국인들을 대상으로 한 연설에서 기독교적인 용서와 구원이라는 주제는 정치적·인종적 편견과 차이를 극복할 수 있는, 미국인들을 하나로 모을 수 있는 주제이기도 하다. 물론 오바마 대통령은 단순히 고인을 추모하는 것에 그치지 않았다. 사건이 사건이니만큼, 어떻게 인종 차별 문제를 해결할 수 있는지, 총기 사고를 어떻게 하면 줄일 수 있는지에 대한 한 국가의 지도자로서의 의견과 방향도 제시했다. 다만, 그는 이를 전체 연설의 성격에 맞추어 종교적인 방식으로 접근한 것이다. 그는 어메이징 그레이스의 가사 한 구절인 "나는 눈이 멀어 있었지만, 이제는 찾았다."라는 어구를 반복하며, 미국 사회가 그동안 무시해 왔던 뿌리 깊은 인종 간 갈등과 혐오 문제, 개인의 자유라는 명분하에 관철시키고 있지 못하던 총기 규제 문제에 대해서도 언급했다.

For too long, we've been blind to the way past injustices continue to shape the present. Perhaps we see that now. Perhaps this tragedy causes us to ask some tough questions about how we can permit so many of our children to languish in poverty, or attend dilapidated schools, or grow up without prospects for a job or for a career.

너무도 오랫동안 우리는 과거의 불의가 계속해서 현재에 미치는 영향을 보고 있지 못했습니다. 어쩌면 우리는 이제는 그것을 볼 수 있을지도 모릅니다. 어쩌면 이 비극이 우리가 수많은 우리의 자녀들이 가난 속에 시들어 가고, 다 허물어져 가는 학교에 다니고, 또는 직업이나 경력에 대한 아무런 전망도 없이 성장하는 것을 묵인해 왔는가에 대한 어려운 질문들을 던지도록 해 주는지도 모릅니다.

If we can find that grace, anything is possible. If we can tap that grace, everything can change.

만약 우리가 그러한 은총을 찾을 수 있다면, 그 어떠한 일도 가능합니다. 만약 우리가 그러한 은총이 흐르도록 한다면, 모든 것이 바뀔 것입니다.

이러한 접근 방식은 그의 주장에 도덕적 우월성을 부여하는 역할을 해 준다. 미국에서 총기 소유의 자유는 헌법에 보장되어 있는 자유이다. 오바마 대통령은 헌법상의 권리보다 한 차원 높은 기독교적인 가치에 소구함으로써 그의 주장에 설득력을 더

하고 있다. 그리고 그의 주장에 종교적인 사명으로서의 무게감을 더해 준다.

오바마의 연설은 어떻게 청중과 공감대를 형성하고, 감동을 전달할 수 있는지 보여 주는 좋은 예이다. 또 다른 예는 윈스턴 처칠이다. 명문 귀족 가문에서 태어난 처칠은 불우한 어린 시절을 보냈다. 타협을 모르고 예민한 아버지, 외향적이고 사교적인 어머니 사이에서 9살 때부터 기숙 학교에 들어간 그에게 부모는 학비를 지원하는 존재였다. 이런 환경으로 처칠은 말더듬에 성적도 하위권이었지만, 부러지는 것을 두려워하지 않는 용기를 아버지에게 물려받았다. 이런 성품이 정치인 처칠을 만들었고, 역사를 좋아한 처칠은 영어와 역사에서 두각을 보였다. 보통의 영국인보다 몇 배나 많은 어휘와 문장력, 방대한 독서량을 가지고 있었다. 훗날 대중 웅변가로서 위대함을 알리는 기본기가 이때 만들어진 것이다. 1939년 제2차 세계 대전이 시작됐을 때, 영국은 내각이 총사퇴하고 새로운 전시 내각이 꾸며졌다. 그 내각의 총리가 바로 처칠이었다. 정계 은퇴를 앞두고 있던 처칠은 험난한 바다를 헤쳐 가야 하는 영국이라는 배의 선장이 되었다. 히틀러의 군대는 1939년 9월 폴란드를 점령하고, 다음해 5월 네덜란드와 벨기에를 함락한 후, 프랑스와 영국 연합군을 패퇴시키고, 영국에 됭케르크 철수 Withdrawal of Dunkerque라는 치욕을 안겨 주었으며, 마침내 6월 14일 파리를 함락하고 프랑스를 굴복시켰다. 이를 지켜본 영국은 공포에 휩싸였다. 1940년 5월 10일 영국 의회에서 처칠은 역사적인 연설을 했다.

"저는 오늘 비극적인 사실을 말하려 합니다. 유럽은 히틀러에게 굴복당했습니다. 이제 다음 차례는 영국입니다. 하지만 저는 국민들에게 해 줄 것이 없습니다. 오히려 국민들에게 요구하고 싶은 것이 있습니다. 그것은 바로 영국민의 피와 땀과 그리고 눈물입니다. 앞으로 기나긴 투쟁과 고단한 시련의 세월이 우리를 기다릴 것입니다. 우리의 확고한 정책은 보장되지 않는 기만적인 강화 조약이 아닌 전쟁입니다. 수많은 목숨을 잃을 수도 있는 전쟁을 하는 목적은 승리입니다. 파시즘에 굴복당하지 않는 자유민의 승리입니다. 어떤 대가를 치르고서라도 반드시 승리해야 우리는 생존할 수 있습니다. 나는 확신합니다. 우리의 단결된 힘이 기필코 승리를 쟁취할 수 있을 것이라고."

이 연설은 국민을 단결시켰다. 영국 왕실과 정부 요인을 미국으로 피신시키고자 했던 계획은 폐기되었고 대영 제국 박물관의 보물과 문화재를 캐나다로 옮기려는 계획도 백지화되었다. 그리고 영국은 5년간의 인내의 시간을 견뎌 내고 마침내 승전국이 될 수 있었다.

토론이 일상화되어 있고, 뛰어난 말솜씨가 강조되는 미국에는 역사적인 명연설이 다수 존재한다. 또 다른 미국 역사상 최고의 명연설은 바로 링컨의 '게티즈버그 연설'이다. 남북 전쟁의 승부를 결정지은 게티즈버그 전투 후 전사자들을 추모하는 행사에서 총 단어 272개, 불과 2분의 연설문은 미국 역사에 길이 남는 연설이 되었다. 여러분이 남북 전쟁에서 숨진 전사자들의 추모 행사에 참석한 청중이라고 상상하면서 아래 연설문을 읽어 보자.

Four score and seven years ago our fathers brought forth on this continent, a new nation, conceived in Liberty, and dedicated to the proposition that all men are created equal.

87년 전(1863년-1776년=87년), 우리 선조는 이 대륙에 새로운 국가를 건설했습니다. 이 국가는 자유라는 사상 속에서 잉태되었고 모든 이는 평등하게 태어났다는 주장을 실현하기 위해 수립된 것입니다.

Now we are engaged in a great civil war, testing whether that nation, or any nation so conceived and so dedicated, can long endure. We are met on a great battlefield of that war. We have come to dedicate a portion of that field, as a final resting place for those who here gave their lives that that nation might live. It is altogether fitting and proper that we should do this.

지금 우리는 이런 숭고한 사상과 목적을 위해 수립된 국가가 존속할 수 있는지를 시험하는 거대한 내전을 치르고 있습니다. 우리는 바로 그런 국가의 생존을 위해 목숨을 바친 이들이 최후의 휴식을 취할 수 있는 장소를 봉헌하기 위해 이 자리에 모였습니다. 우리가 이렇게 그들의 희생을 기리는 것은 당연하고 합당한 일입니다.

But, in a larger sense, we can not dedicate - we can not consecrate - we can not hallow - this ground. The brave men, living and dead, who struggled here, have consecrated it, far above our poor power to add or detract. The world will little note, nor long remember what we say here, but it can never forget what they did here. It is for us the living, rather, to be dedicated here to the unfinished work which they who fought here have thus far so nobly advanced. It is rather for us to be here dedicated to the great task remaining before us - that from these honored dead we take increased devotion to that cause for which they gave the last full measure of devotion - that we here highly resolve that these dead shall not have died in vain - that this nation, under God, shall have a new birth of freedom - and that government of the people, by the people, for the people, shall not perish from the earth.

하지만 보다 큰 의미에서는 우리는 이 땅을 봉헌—신의 이름으로 축복—하는 것은 가능하지 않습니다. 바로 이 장소에서 국가를 위해 싸움을 치르다 죽거나 또는 아직 살아 있는 용맹스런 이들이 이미 이 땅을 축복했기 때문입니다. 그들이 이미 내린 축복에 무엇을 보태거나 뺀다는 것은 우리의 능력 밖의 일입니다. 세상 사람들은 우리가 여기에서 한 말들에 주목하지도 않을 것이고, 기억하지도 못하겠지만, 자유와 평등을 지키기 위해 희생한 이들의 공적은 절대 잊지 못할 것입니다. 이 위대한 전사자들이 다하지 못한 일은 우리 후손들이 완수해야 할 책무라고 생각합니다. 그들의 희생이 헛되지 않도록 우리는 전력을 기울여야 합니다. 신의 가호 아래, 이 국가가 새로운 자유를 탄생시키고, 국민의, 국민에 의한, 국민을 위한 정부가 지구에서 사라지지 않도록 우리 모두가 합심 협력해야 합니다.

|제3장|

말하기와
소통

WORDS TO
CHANGE THE FUTURE

말하기는 다수의 청중, 또는 소수의 청중을 상대로 이루어지는 행위이다. 그리스 소피스트들의 사교육으로 시작된 말하기 교육은 '수사학'의 형태로 체계를 갖추었고 현대는 '스피치 커뮤니케이션학'이 되었다. 최근에는 자신을 표현하는 다양한 도구들의 출현으로 말이 넘쳐 나는 시대가 되었다. 유튜브, 페이스북, 인스타그램, 블로그, 1인 미디어 등 온갖 미디어를 이용하여 우리는 청중과 끊임없이 소통하고 있다. 말을 잘하는 것은 말을 아끼는 것에서 출발한다. 미국의 방송 진행자이자 말 잘하기로 유명한 '오프라 윈프리', 흑인이 백인과 동등한 시민권을 얻기 위한 운동을 펼쳐온 '마틴 루터 킹', 노회찬의 '6411번 버스 연설', 링컨, 처칠, 히틀러, 오바마 대통령에 이르기까지 사람들의 마음을 사로잡는 명연설을 우리는 기억한다. 기억에 남는 연설문을 생각하며 소통의 의미를 다시 생각해 보자. 말하기의 최종 목적은 '설득'이다. 설득은 상대를 이기려고 하는 것이 아닌 상대를 내편으로 만드는 전략이다. 동시에 나의 상황을 설명하는 것이 아닌 상대의 마음을 공략하는 것이다. 즉, '따르게 하는 것'이다. 정리하자면 말을 하는 행위는 상대에게 친밀감을 표현하는 행위이고, 설득은 상대의 마음에 감동과 신뢰를 주는 일이라는 것을 기억하자.

1.
말 한마디의 실수

말하기란 다수의 청중을 상대로 이루어지는 의사소통 행위로, 언어적verbal, 비언어적nonverbal 요소로 구분된다(Hickson, Stacks & Moore, 2004; 장해순·허경호, 2005). 기원전 5세기 중반 고대 그리스 소피스트들의 사교육으로 시작된 말하기 교육은 아리스토텔레스의 수사학 형태로 체계를 갖추게 되었고, 현대적 모습이 스피치 커뮤니케이션학이라 할 수 있다(이상철 2005, 전성기 2007). 이는 연설, 설교, 강의, 프리젠테이션, 발표, 취임사 등을 실행하는 것이다. 말하기는 연사가 언어적·비언어적 요소를 활용하여 청중을 설득하기 위한 방법으로 이성적, 인격적 호감도를 형성하고 상황에 맞게 청중에게 감정을 보여 주고, 객관적 논리가 담기도록 내용을 선정하고, 다시 청중의 신뢰를 형성해서 행동의 변화를 유도하는 것이다. 말하기 교육 효과 연구에서도 말하기 능력의 향상과 불안감의 감소를 보고하면서 말하기 교육의 중요성을 강조했다(범기수, 2009).

우리 속담에 '되로 주고 말로 받는다'는 말이 있다. 사소한 실수가 큰 화로 되돌아오는 경우를 두고 하는 말이다. 그런데 이 사소한 실수의 대표적인 상황으로 '말실수'가 있다. 말실수는 영어로 'tongueslip'이다. 혀가 미끄러지면 말이 잘못 나온다는 뜻이다. 그렇다면 혀는 무엇이 미끄러지게 할까. 프로이트의 저서 『일상생활의 정신 병리학』에서는 말실수가 신체 기관의 오작동에서 나오는 것이 아니라 '정신 기관'에서 나오는 것이라고 표현했다(지그문트 프로이트, 2020). 즉, 말이 정확하게 제대로 발화되는 것을 '방해'하는 심리적 힘 때문에 말실수가 생겨나는 것이다. 우리는 주변에서 종종 목격하거나, 또는 직접적인 말실수로 인해 큰 낭패를 경험하곤 한다. 특히, 공적인 업무를 담당하는 지위에 있는 사람들, 연예인들, 흔히 이름만 들어도 다 아는 사람들이 말실수를 하면 문제가 된다. 공인이라면 기본적으로 말에 더 신경을 써야 한다. 꼭 필요한 말만을 하고 정확한 근거를 가지고 있는 사실이 아니라면 함부로 그 말을 옮기거나 언급해서는 안 된다. 그럼에도 불구하고 사실에 근거하지 않은 일을 사실인 양 언급하거나 자의적인 해석으로 왜곡과 과장을 서슴지 않는 사람들을 종종 보게 된다. 그래서 흔히 그런 사람들을 일 컬어, 숨 쉬는 것만 빼고 입만 열면 책임지지 않는 거짓말을 한 다고 비아냥거린다. 만약 그런 말을 듣는다면 스스로 개탄하 며 자중해야 함에도 아무것도 아니라는 듯, 사실에 기반하지 않 은 일도 자신의 존재감을 내세울 수만 있다면 유권자들의 기억 에 남기 위하여 노이즈 마케팅도 감수하겠다며 막말을 쏟아 내 는 정치인도 있다. 전직 대통령들의 말실수 예를 통해 프로이트 식에 접목해 보자. 고 노무현 대통령의 발언들을 맥락에서 떼어 놓고 말실수라고 언급한 적이 있다. 고 노무현 대통령이 말하는 도중 "대통령 못해 먹겠다." 하는 메시지를 던졌다. 우리가 듣는 건 그의 말인데 역대 대통령들을 보면 대개 표정 없는 얼굴, 감 정 없는 목소리에 익숙해져 이 말이 우리에겐 낯설게 느껴졌는 지도 모른다. 이와 반대로 이명박 대통령의 말실수를 보자. 노 무현 대통령의 말실수가 '메시지' 수사학적 접근이라고 한다면, 이명박 대통령은 말실수라기보다는 '윤리의 문제'였다. 이명박 대통령은 민주화 인사들은 '빈둥빈둥' 놀았던 사람이고, '업소'는 못생긴 여자를 골라야 하고, 시골 출신 관료는 교육을 논할 자 격이 없다고 말했다. 이 말을 듣고 그가 가진 역사의 빈곤과 약 자에 대한 편견을 볼 수 있었다. 자세히 보면, 두 사람의 말은 실 수가 아닐지도 모른다. 의식을 전달하는 방식이 다른 것이다. 노 대통령의 말이 '취향의 문제'라고 한다면 이 대통령의 말은

'가치관'을 바꿔야 하는 문제이다. 말실수를 프로이트식으로 해석하자면, 평소에는 사람 관계나 제도, 관습 등에 의해 억압되었던 생각이 특정한 상황 속에서 자신도 모르게 드러나는 현상이다. 이런 측면에서 보면 실언을 한 사람들에 대해 "어떻게 저런 생각을 하는 사람이 대통령이 될 수 있어."라는 비판은 적절한 것이다. 그 외 민주당 이해찬 대표는 2020년 총선을 앞두고 부산에서 열린 민주당 선대위 회의에서 "부산에 올 때마다 왜 이렇게 부산은 교통 체증이 많을까, 도시가 왜 이렇게 초라할까 하는 생각을 많이 했다."라고 말했다. 경부선 철도 지하화 등 지역 숙원 사업에 대한 의지를 강조하는 도중 나온 발언이지만 지역 폄하로 읽힐 소지가 있어 여당 대표로 신중하지 못했다는 평가였다. 또 민주당 이낙연 의원은 전 코로나19 국난극복대책위원장 때 미래통합당 황교안 대표와의 토론 리허설 과정에서 신종 코로나바이러스 감염증(코로나19)을 '우한 코로나'라고 언급한 적이 있다. '우한 코로나'란 지칭은 특정 지역에 대한 혐오를 조장할 수 있다는 이유로 사용하지 않기로 한 용어이다. 또 황교안 대표는 미래한국당 원유철 전 의원과 한국노총 김동명 위원장과 만난 자리에서 "자유한국당, 자유통합 … 미래통합당"이라며 수차례 당명을 말하지 못한 모습도 있었다. 이런 여야 정당의 지지층들의 실언은 정치 혐오와 신뢰를 깨고 민주주의를 위협하는 형태로 보인다.

탈무드에 이런 말이 있다. "남의 입에서 나오는 말보다 자기 입에서 나오는 말을 잘 들어라." 중요한 자리에서 실언은 역사를 바꿀 만큼 결정적일 경우가 있다. 베를린 장벽의 예를 들어 보자. 베를린 장벽의 붕괴는 동독 정부 대변인의 사소한 말실수로부터 시작된 것이다. 1989년 11월 9일 동독 정치국 대변인으로 임명된 귄터 샤보프스키Günter Schabowski는 기자들과 질의응답 시간에 "동독인들은 언제쯤 자유롭게 서유럽으로 여행할 수 있나요?"라는 질문에 그는 "그들이 원하는 곳이면 아무 데나 갈 수 있고, 아무도 그들을 막지 않을 것입니다."라고 했다. 다시 기자가 "그 법은 언제부터 발표됩니까?"라고 질문하자 "지체 없이, 당장입니다."라고 말했다. 대변인은 법안을 제대로 이해하지 못하고, TV 앞에서 '지금 당장 여행 자유화 조치를 시행한다'고 발표한 것이다. 그의 발언이 TV로 방영되기 무섭게 동독인들이 베를린 장벽으로 달려가 도끼와 망치로 장벽을 무너뜨린 것이다. 이 외에도 인터넷을 떠도는 유명 인사들의 말실수 모음들이 때론 우리를 흥분하게 하기도, 우리에게 웃음거리를 주기도 한다. 말실수 퍼레이드에는 이처럼 정치인, 공직자, 경영자, 심지어 종교인에 이르기까지 다양하다. SNS와 같은 의사소통 도구의 활발한 활용으로 인하여 말실수 퍼레이드는 더욱 더 늘어날 가능성이 높다.

현대의 디지털 기술이 인간 사회에서 소통을 확장했다는 사실에 대해 대부분의 학자들은 이견이 없다. 오히려, SNS 사회는 소통 과다, 소통 폭주 사회가 되어 버렸다. 오프라인에서만 국한되던 일대일, 일대다 커뮤니케이션은 온라인 공간으로 그 자리를 옮겨, 말하기 과다 사회에 직면하고 있다. 그러나 말은 넘쳐 나는데 쓸 만한 말, 꼭 필요한 말, 사실에 기초한 말은 줄어드는 상황이다. 바쁘다는 이유로 검증되지 않은 일을 말하거나 사건(정보)을 제공한 정보원을 믿기 때문에 그 이야기를 믿고 타인에게 전달한다는 연구 결과들은 우리가 무의식적으로 얼마나 무감각하게 거짓일지 모를 일들을 전달하고 있는지에 대한 경각심을 일깨운다. 한 사회 혹은 조직의 리더는 한마디 한마디가 사회나 조직에 영향을 미치기 때문에 개그의 소재거리 정도로 생각하면 안 된다. 우리는 말실수를 어떻게 바라봐야 할까. 말실수는 크게 세 가지로 나눌 수 있다. 첫째는 표현하려고 한 내용과 다른 내용이 무심코 흘러나온 경우이다. 과거 본인이 겪었던 경험이나 상황적 특성이 잘못 연상되어 엉뚱한 단어로 표현되는 경우이다. 이런 경우는 말하기 훈련이나 연설 준비, 연습을 통해 극복될 수 있고 어느 정도 관리가 가능하다. 두 번째는 의도적인 말실수이다. 자신과 생각이 다른 사람들의 반응을 보기 위해 머리로 계산해서 실수를 가장해 표현하는 것이다. 이런 경우 말실수는 계획되었기 때문에 공식적으로 자신의 의견을 알리면 그 의견에 대한 반응이 불확실할 경우, 재판의 도구로 말실수를 활용할 수 있다. 세 번째는 비밀로 가지고 있던 생각이 의식의 통제를 벗어나 자신도 모르게 나오는 경우를 말한다. 프로이트의 주장처럼 무의식의 열망, 갈등, 생각 등이 의식의 메커니즘에 개입해서 발생하는 것으로 해석된다. 우리 사회의 지도자들이 저지른 말실수는 세 번째 경우에 해당된다. 그들이 내심 가졌던 생각은 지속적 성공에 대한 자만과 욕망이었을까.

최근 화두로 떠오른 말하기 소재는 '가짜 뉴스fake news'에 관한 것이다. 가짜 뉴스의 정의와 범위에 대해선 아직도 의견이 여러 갈래로 나뉜다. 언론사의 오보에서부터 인터넷 루머까지, 가짜 뉴스는 넓은 스펙트럼 안에서 혼란스럽게 사용되고 있다. 가짜 뉴스의 역사는 커뮤니케이션 역사만큼이나 길다. 백제 무왕이 지은 '서동요'는 선화 공주와 결혼하기 위해 거짓 정보를 노래로 만든 가짜 뉴스이다. 관동 대지진이 난 1923년 일본 내무성이 조선인에 대해 악의적으로 허위 정보를 퍼트린 일은 가짜 뉴스가 잔인한 학살로 이어진 사건이었다. 역사 속에서 늘 반복되던 가짜 뉴스가 뜨거운 감자로 떠오른 것은 21세기의 인터넷을 통해 빠르게, 광범위하게 퍼지고 나서부터이다. 미디어 플랫폼을 통해 정식 기사화되어 나타난다. 그리고 변장한 가짜 뉴스들은 사람들의 입맛에 맞게 쉽게 유통·확산되고 있다. 대중이 뉴스를 접하는 채널은 전통적 미디어인 신문·방송에서 포털, 소셜 네트워크SNS, 모바일 등 디지털 미디어 플랫폼으로 옮겨 가고 있다. 가짜 뉴스의 대표적인 사례로 미국 트럼프 전 대통령의 사례를 볼 수 있다. 트럼프는 온라인 페이스북과 오프라인을 통하여 자신의 의견을 자주 밝혔는데, 자신을 비판하는 주류 언론사들을 향해 가짜 뉴스를 쏟아 낸다고 비난했다. 말하기는 오프라인으로만 국한되어 생각할 필요는 없기 때문에 실제 현대 사회는 고대 문자 시대로 회귀한 듯이 수많은 사람들이 메신저로 말을 하고 있다. 어쩌면 말하기를 발화 행위이자 소통을 위한 말하기의 표현으로 규정할 때, 말의 처음 출발은 바로 문자화된 원고가 될 것이다. 문제는 시각화된 활자는 그 실수와 오류를 바로잡을 기회를 제공하는데 말은 그럴 기회가 생략되기 때문에 그 오류의 여파는 크다. 다음에 제시되는 기사는 미국 트럼프 대통령이 언급하고 말한 내용에 대한 비판이다.

대선 때부터 언론과의 전쟁을 벌여 온 트럼프 대통령은 자신에 비판적인 주류 언론을 가짜 뉴스라고 비판해 왔다. 트럼프 대통령은 집권 이후 400번 이상 가짜 뉴스라는 말을 써왔다고 CNN은 지적했다. 정계 은퇴를 선언한 제프 플레이크 공화당 상원 의원은 이날 의회 연설에서 트럼프 대통령의 언론 공격을 구소련 독재자 이오시프 스탈린에 비유하며 비판했다. 그는 "미국 대통령이 2017년 자유 언론을 인민의 적으로 불렀다."라면서 "스탈린이 자신의 적들을 묘사하기 위해 사용한 불명예스러운 용어를 우리 대통령이 사용하는 것은 우리 민주주의가 어떤 상태인지에 대한 증거"라고 지적했다. 또 "트럼프 대통령의 발언들은 이 의회에 있는 우리, 특히 대통령이 소속된 정당인 공화당 의원들에게 수치심의 원천"이라며 "그의 발언은 수치스럽고 역겹다."라고 말했다.

(경향신문, 트럼프 가짜뉴스상 발표... 공화당 의원은 "스탈린 행태" 작심 비판, 2018. 01. 18. 기사 중)

이러한 비판에 대하여 정작 트럼프 자신은 어떻게 인식하고 있을까. 정치인으로서 트럼프는 가장 적절하게 노이즈 마케팅을 통하여 자신을 PR하고 대중과 온·오프라인 소통을 하며 말하고 있다. 문제는 이러한 그의 행동이 말실수가 아니라 의도된 방식이라는 것이다. 앞서 이야기한 두 번째 말실수 유형에 해당된다. 그는 자신에게 향하고 있는 각종 의혹들을 정면 돌파하기 위해서 기성 언론을 가짜 뉴스의 온상으로 규정하고 역공을 펼치면서 온라인과 오프라인을 통해 일관되게 말한다. 반복되는 역공 말하기는 오히려 의도된 연출이라는 점에서 미국의 주류 언론들조차 길들이고 있는 듯이 보였다. 가짜 뉴스 프레임을 동원하는 그의 말하기 방식은 위기 돌파 차원에서 일정 부분 효과가 있었다. 말에 담긴 진실성(사실)을 논하고자 함이 아니라 대중을 설득하고 소통하는 방식에 있어서 반복적인 주장으로 일관한다. 오히려 자신에게 향한 각종 의혹에 대해 쉽게 잘못을 인정하고 자신의 말을 번복하기보다 끝까지 대중을 설득하는 그의 말하기 방식이 놀랍다. 이런 말하기 방식은 진실과 사실을 기반으로 하고 있을까. 다음은 2018년 다보스 포럼 연설에 대한 BBC 기사이다.

> 트럼프 대통령은 2018년 1월 27일(현지 시간 26일) 스위스 다보스에서 열린 세계 경제 포럼(WEF·다보스포럼) 연설에서 이같이 말했다. 그는 "미국은 열려 있다."라면서도 더 이상의 불공평 무역을 참지 않을 거라며 공격을 이어 갔다. 대선 후보 시절에도 자국 제조업체들을 보호하겠다며 '미국 우선주의'에 집중했던 트럼프 대통령. 하지만 그의 이 같은 기조는 이번 다보스 포럼의 목표인 '세계화 및 협력'과 부딪혔다. 트럼프 대통령은 법인세 감세와 실업률 하락 등 취임 1년간의 경제적 성과를 자화자찬했다. 미국이 투자하기에 더욱 매력적인 나라가 됐다고도 주장했다.
>
> (중략)
> 연설 후 이어진 질의응답 시간, 일부 참석자들은 트럼프 대통령이 언론을 비난하며 또다시 '가짜 뉴스'를 입에 올리자 야유를 보내기도 했다.
>
> (2018년 1월 27일 BBC NEWS 기사 중)

트럼프의 방식과 달리 각종 말실수로 현재까지 회자되고 있는 또 한 사람의 미국 대통령이 바로 조지 부시 전 대통령이다.

2019년 1월 13일, 영국 일간 텔레그래프 인터넷판은 부시 대통령의 20가지 최악의 실수를 정리했다. 대량 살상 무기WMDs는 없었다. 부시 대통령은 지난 2003년 3월 당시 이라크의 사담 후세인 정권이 WMD를 보유하고 있고 알카에다와 연계돼 있다는 이유로 이라크를 침공했다. 그러나 그는 이라크가 WMD를 보유하고 있다는 증거를 획득하는 데 실패했고 이는 그의 대통령 지위는 물론 미 정보기관과 국가의 명성까지 손상시켰다.

(SBS News, 부시 대통령의 '최악의 실수' 20가지, 2009.01.14. 기사 중)

아래 글은 과거 미국 대통령들의 마이크 앞 실수담들을 소개한 미국 뉴욕타임스 2006년 7월 23일 기사를 인용한 경향신문 기사이다(경향신문, NYT 역대 미국 대통령 마이크 앞 말실수 공개, 2006.07.24. 기사 중).

가장 유명한 일화의 주인공으로는 라디오 연설을 앞두고 소련을 상대로 농담했던 로널드 레이건 전 대통령이 뽑혔다. 그는 마이크가 작동되는 것을 모르고 "국민 여러분, 소련을 영원히 불법화하는 법안에 서명했다는 사실을 알리게 돼 기쁩니다. 5분 뒤에 폭격을 시작할 것입니다."라고 말해 물의를 빚었다. 이 방송 사고는 레이건 전 대통령이 소련을 혐오했다는 것뿐 아니라 그의 유머 감각을 드러낸 것이라고 신문은 전했다.

존 F. 케네디 전 대통령은 우연히 녹음된 테이프 내용이 알려져 평소 말 쑥하고 신사적이던 이미지에 손상을 입었다. 외무부 직원들을 가리켜 '고환(용기를 뜻하는 비유)도 없는 것 같은 사람들'이라고 험담한 데 이어 국 방부 관계자들에 대해서도 '두뇌가 없다'고 혹평했던 것. 이 발언은 그가 생각했던 것보다 품위 있지 않고 정치적이지도 않다는 사실을 보여줬다.

부시 대통령의 전임자인 빌 클린턴 전 대통령도 만만치 않은 '전과'를 보유하고 있다. 예비 선거 운동 당시, 생방송 중인 방송 카메라 앞에 앉아 있던 그는 제시 잭슨 목사가 경쟁자인 톰 하킨 상원 의원을 지지한다는 소식을 전해 들었다. 마이크가 꺼져 있다고 생각한 그는 "더럽고 기만적이며 중상모략적"이라며 분통을 터뜨렸다.

뉴욕타임스 신문은 리처드 닉슨 전 대통령의 워터게이트 사건 이후 대통령들이 사적인 대화조차 조심하기 시작했지만 가끔씩 벌어지는 마이크 앞 실수를 통해 그들의 숨겨진 성품을 알 수 있다고 말했다. 대통령의 말실수는 또 최고 지도자가 현안에 대해 어떤 정책을 구상하고 있는지 힌트를 주기도 한다. 이번 G8 정상회의에서 부시 대통령이 "시리아를 시켜 헤즈볼라가 공격을 중단하도록 해야 한다."라고 말한 것은 시리아의 역할을 염두에 두고 있던 그의 심중을 드러내는 계기였다.

우리는 누군가와 대화를 하면 그 사람이 보인다고 한다. 상대의 말과 행동을 보고 판단하는 것이다. 그렇다면 품성과 전문성은 무엇으로 판단할 수 있을까. 우리는 말 한마디의 처세술에

능한 프로가 아니라 솔직하고 신뢰할 만한 공인을 기다리고 있는지 모른다. 수시로 저지르는 말실수는 자신에 대한 평가를 결정적으로 바꾸게 만들기도 하고, 다른 사람의 마음을 아프게도 한다. 말은 한번 내뱉으면 되돌릴 수 없다. 자신에게 쏜 화살과 같다. 말을 잘하는 것보다 말실수를 하지 않는 것이 더 중요하다. '혀가 꼬이며 나오는 말실수'로 인해 듣는 청중은 말하는 사람의 숨겨진 생각을 간파하기 때문에 다른 사람을 폄훼하는 태도와 오만함은 자신의 인격과 권력에 낭패를 볼 수 있다. 스스로 냉정히 평가하고 사회나 조직에 대한 확고한 신념과 철학, 다른 사람과 소통하며 적절치 못한 용어의 사용은 개선해 가야 한다.

2.
말 한마디로 산 움직이기

앞서 실수로 한번 내뱉은 말 한마디가 돌이킬 수 없는 상황을 만들 수 있다는 것에 대해 이야기했다. 그렇다면 어떻게 해야 말실수를 하지 않을까? 오타니 게이의 저서 『쓸데없는 말 한마디 안 했을 뿐인데』를 참고해 보면 말 잘하는 방법이 오히려 말을 아끼는 출발점에서 시작하는 것을 알 수 있다. 오프라인에서 말실수하지 않는 방법의 첫 번째는 말하지 말아야 할 것과 말해도 되는 것을 정하는 일이다. 어떤 자리에서든 문제가 될 수 있는 세간의 이야기나 사적인 이야기는 하지 않는 것이 좋다. 정치, 종교, 가족, 재산, 험담 등은 피해야 할 소재들이다. 일과 관련된 일은 특히, 미리 정확한 정보를 근거로 사전 자료 조사를 하여 둔다. 검증이나 확인이 안 된 추측성 내용은 언급하지 않는다. 즉, 공식적인 정보가 아닌 비공식적인 내용들은 대화의 주제로 삼지 않는다. 또, 대화에 임하는 자세에 대하여 자신만이 절대적으로 옳다는 생각은 피해야 한다. 시대의 흐름은 바라보는 관점에 따라 서로 다른 해석과 견해를 가질 수 있기 때문이다. 상대와의 대화에서 자신만의 생각을 강요하는 태도는 훗날 자신이 했던 말로 인해 발목을 잡힐 수 있다. 시시각각 변화하는 사회에서 지금의 상황이 바뀌면 자신이 했던 말도 바꿔야 하는 순간이 올 수 있기 때문이다. 또한, 감성적으로 매몰된 대화는 피해야 한다. 가장 많은 말실수가 감정이 격해졌을 때 하지 말아야 할 막말이 튀어나온다. 흥분은 금물이다. 우리는 자신과 생각이 다른 상대와 대화를 하다 보면 그 반론을 위해 격분하는 경우가 있다. 자신의 생각을 강요가 아닌 설득을 통해 펼치려 한다면 말하기 전 머리로 한 번 더 생각하는 것이 좋다. 마지막으로 본인이 한번 내뱉은 말은 주워 담을 수 없음을 인지하고 대화에 덧붙이는 표현을 일상화해야 한다. 전문적이고 정확한 근거 제시가 아니라면 자신의 견해임을 밝히고 자신이 잘못 알 수도 있음을 스스로 인정하는 자세가 필요하다. 이것은 상대방에 대해 독선적이거나 절대적인 자세를 갖지 않는다는 인상을 준다. 언제든지 항상 열린 마음으로 대화한다는 신뢰를 주는 것이다. 이번에는 그 반대의 상황을 보자. 우리말에 '말 한마디로 천 냥 빚을 갚는다'는 말이 있다. 재래시장에서 흥정을 하는 상인은 곧잘 이런 농담을 한다. "말만 잘하면 공짜로 드립니다."처럼 우리는 상황이 사람을 만든다고 말한다.

오프라 윈프리는 말 잘하기로 유명한 미국의 방송 진행자다. 가난한 흑인 마을에서 태어나 인종 차별을 이겨 냈고 뛰어난 말솜씨로 능력을 펼쳐 '오프라 윈프리 쇼'라는 독보적인 프로그램의 진행자가 되었다. 그녀는 전 세계 시청자들의 마음을 사로잡았으며 가난한 학생들을 위해 학교를 세우고 기부를 실천한 것으로 유명하다. 또한 그녀의 말은 전 세계인이 가슴에 새기는 명언록이 되었다.

> I believe that one of life's greatest risks is never daring to risk.
> 단 한 번도 위험을 감수하지 않는 것이 인생에서 가장 위험한 일일 것이라 믿는다.
>
> Challenges are gift that force us to search for new center of gravity. Don't fight them. Just find a new way to stand.
> 인생에서 도전이란 우리가 새로운 중심을 찾을 수 있도록 강하게 밀어붙여 주는 선물입니다. 피하려고 하지 마세요. 그저 새로운 길을 찾으면 됩니다.

윈프리의 메시지는 자신의 삶의 과정에서 고난을 극복했던 삶의 냄새와 땀이 묻어나 있기에 청중에게 감동을 주고 그 말은 사람을 변화시켰다. 말 한마디로 대중들의 마음을 휘어잡는 것은 리더의 꿈이다. 대중들의 인기와 신뢰를 먹고사는 사람들에게 있어 말은 바로 정치 행위의 핵심이기 때문이기도 하다. 아리스토텔레스가 설파한 것처럼 정치는 곧 말이다. 말 한마디로 감동과 희망을 줄 수 있다. 2차 세계 대전 당시에도 그랬다. 독일 침공의 위협으로 풍전등화의 위기에 처한 영국에서 "싸우자, 들판에서도 바다에서도 어디에서도 싸우자."라는 처칠 총리의 간절한 호소는 국민을 다시 뭉치게 했다. 당시 영국은 곧 닥칠 독일 침공의 위협 앞에 왕실도 해외 망명을 준비하는 상황이었다. 어린 시절 말더듬이로 놀림을 받았던 처칠이지만 감동적 말 한마디로 패전 공포에 짓눌려 있던 영국 국민들에게 다시 싸울 용기와 희망을 준 것이다. 이것이 바로 말의 힘이다. 말이 힘을 가지려면 진심이 뒷받침되어야 한다. 단순히 위기를 모면하기 위한 겉치레가 아닌 상황에 맞는 메시지를 구사하는 것이다. 2차 대전을 승리로 이끌었던 처칠은 유머를 적재적소에 사용한 노련한 정치가이기도 했다. 히틀러에게 대륙이 점령당하고 영국만 남아 있는 상황에서 영국의 희망은 미국의 참전이었다. 당시 처칠은 미국의 루즈벨트 대통령을 만나러 워싱턴으로 갔는데 처칠의 방에 찾아온 루즈벨트 대통령은 욕실 문을 열고 알몸의 처칠과 마주하고 말았다. 당황한 미국 대통령에게 처칠은 가리고 있던 부위를 치우고 이렇게 말했다. "각하, 보시다시피 영국은 미국에게 숨기는 것이 없습니다." 이런 솔직한 모습에 루즈벨트는 처칠에게 반해 협상이 긍정적으로 진행되었다. 또 총리가 된 처칠이 어느 날 의회에 지각했다. 야당 의원들이 이를 비난하자 처칠은 유머로 응대했다. "여러분도 저처럼 예쁜 아내와 산다면 아침에 결코 일찍 일어날 수 없을 것입니다." 그러자 의회에 폭소가 터졌다. 이런 재치 있는 유머와 여유는 긍정적인 리더십을 보여 주었다. 또한 영국 국민에게 전쟁에게 이길 수 있다는 V자의 상징적인 그의 포즈도 기억나게 한다. 처칠 어록은 성공의 과정에서 스스로를 채찍질하고 다지면서 자신의 삶의 방향들을 이끌어 온 나침반이기 때문에 그 무게가 크게 다가온다. 우리는 역사적으로 시대를 간파했던 유명한 말 한마디를 던진 사람들을 기억한다. 연설을 잘하는 연사를 꼽으라 한다면 그중에 마틴 루터 킹Matin Luther King이 있다. 그는 흑인이 백인과 동등한 시민권을 얻기 위한 운동을 펼쳐 왔고, 미국에서는 마틴 루터 킹을 기리기 위하여 매년 1월 셋째 주 월요일을 'Matin Luther King, Jr. Day'라는 연방 공휴일로 지정할 정도로 인류사에 감동을 준 인물이다. 그가 철학 박사 학위를 받고 몽고메리에서 목사로 활동하던 중, 흑인 여성 로자 파크스가 버스에서 백인 남성에게 자리를 양보하지 않았다는 이유로 체포가 되는 사건이 벌어졌는데, 루터 킹 목사는 몽고메리의 모든 버스를 보이콧시켰다. 그 후 35세에 최연소 노벨상 수상자가 되었고 안타깝게 1968년 4월 극우파 백인인 제임스 얼 레이에게 암살당해 생을 마감했지만 그의 연설문은 스피치를 공부하는 많은 사람들의 기억 속에 남아 있다. 1963년 8월 28일 마틴 루터 킹 목사의 유명한 연설 〈나에게는 꿈이 있습니다 I have a dream〉의 한 부분이다.

나에게는 꿈이 있습니다. 언젠가는 조지아주 붉은 언덕 위에서 노예의 후손들과 노예 소유주의 후손들이 식탁에서 형제애를 나눌 수 있으리라는 꿈이.

나에게는 꿈이 있습니다. 언젠가는 억압의 열기로 뜨거운 미시시피마저도 자유와 정의의 오아시스로 변하리라는 꿈이.

나에게는 꿈이 있습니다. 언젠가는 내 아이들이 그들의 피부색이 아니라 각자의 장점으로 판단되는 그런 나라에서 살게 되리라는 꿈이.

나에게는 꿈이 있습니다. 지독한 인종 차별주의자들이 들끓는 앨라배마, 주지사가 '주권 우위'라느니, '연방 법력 실시 거부'라느니 같은 말만 떠벌리는 저기 앨라배마에서도 언젠가 흑인 소년 소녀들이 백인 소년 소녀들과 형제자매처럼 손을 마주 잡게 되리라는 꿈이.

나에게는 꿈이 있습니다. 언젠가 모든 골짜기가 솟아오르고 모든 언덕과 산등성이가 낮아지며, 고르지 않은 곳은 평평해지고 굽이진 곳은 곧

> 게 펴질 것이요, '주님의 영광이 나타나 모든 인류가 그 영광을 함께 보게 되리라'는 꿈이.
>
> 이것이 우리의 희망입니다. 이것이 나의 신념이며 이를 가지고, 저는 남쪽으로 돌아가겠습니다.

반세기가 지났지만 인종 차별 철폐의 기폭제 역할을 한 "나에게 꿈이 있습니다."라는 이 연설은 역사상 위대한 연설 중 하나로 꼽히고 있다. 말하기 형식을 보면 대중들에게 호소하는 설득적 방식으로 말속에 힘과 진정성을 담고 있다. 강조하고 싶은 부분에서 같은 메시지를 반복함으로써 청중을 오랫동안 각인시키는 기법이다.

한국 정치인 중에도 말로 대중을 휘어잡던 명연설가들이 있었다. 고인이 된 김대중 전 대통령은 취미가 연설이었다. 일제 강점기에 목포 상업 학교를 다니던 김대중은 학교 소풍날 장기 자랑에서 노래와 춤 대신 연설을 했다고 한다. 학교를 졸업하고 정치를 꿈꾸던 청년 정치인 김대중은 웅변 학원을 직접 운영할 정도로 웅변에는 일가견이 있었다. 이런 그도 야당 대표 시절에는 서재에서 늘 연설할 원고 내용을 갈고 닦으며 소리의 높낮이, 제스처를 끊임없이 연습한 연습 벌레였다고 한다. 민주화 투쟁과 투옥의 경험을 살려 100만 대중들 앞에서 '화해와 통합'을 포효하던 제15대 김대중 대통령의 연설은 지금도 전설로 남아 있다. 고인이 된 김영삼 전 대통령은 발음이 늘 문제였지만 명쾌한 메시지와 우렁찬 목소리로 국민들의 사랑을 받았던 정치인 중의 한명이다. 김영삼은 서울대 2학년 재학 시절 웅변대회 2등의 경력을 갖고 있다. '경제'를 '갱제'로 '위대한'을 '이대한'으로 '관광 도시'를 '간강 도시'로 발음해 실소를 자아내기도 했지만 정직하고 통 큰 이미지로 지지자들의 사랑을 받았다. 지금은 고인이 되었지만, 새벽길에 출근하는 청소 노동자의 삶을 언급한 2012년 진보정의당 출범 당시 당 대표 수락 연설인 '6411번 버스' 연설이 있다. 고 노회찬 의원의 연설 안에는 "이 분들은 태어날 때부터 이름은 있었지만, 그 이름으로 불리지 않았습니다. 그냥 아주머니입니다. 그냥 청소하는 미화원일 뿐입니다."라며 우리의 심금을 울렸다. 6411번 버스 연설은 노 의원의 대표적 명연설 중 하나로 매일 아침 새벽길에 출근하는 노동자의 모습을 연설 안에 담으며 그의 정치철학과 달변가로서의 모습을 보여 주며 청중에게 감동을 주었다.

6411번 버스라고 있습니다. 서울시 구로구 가로수 공원에서 출발해서 강남을 거쳐서 개포동 주공 2단지까지 대략 2시간 정도 걸리는 노선버스입니다. 내일 아침에도 이 버스는 새벽 4시 정각에 출발합니다. 새벽 4시에 출발하는 그 버스와 4시 5분경에 출발하는 그 두 번째 버스는 출발한 지 15분 만에 신도림과 구로 시장을 거칠 때 즈음이면 좌석은 만석이 되고 버스 사이 그 복도 길까지 사람들이 한 명 한 명 바닥에 다 앉는 진풍경이 매일 벌어집니다. 새로운 사람이 타는 일은 거의 없습니다. 매일 같은 사람이 탑니다. 그래서 시내버스인데도 마치, 고정석이 있는 것처럼 어느 정류소에서 누가 타고, 강남 어느 정류소에서 누가 내리는지, 모두가 알고 있는 매우 특이한 버스입니다. 이 버스에 타시는 분들은 새벽 3시에 일어나서 새벽 5시 반이면, 직장인 강남의 빌딩에 출근을 해야 하는 분들입니다. 지하철이 다니지 않는 시각이기 때문에 매일 이 버스를 이용하고 있습니다. 한 분이 어쩌다가 결근을 하면 누가 어디서 안 탔는지 모두가 다 알고 있습니다. 그러나 시간이 좀 흘러서, 아침 출근 시간이 되고, 낮에도 이 버스를 이용하는 사람이 있고, 퇴근길에도 이 버스를 이용하는 사람이 있지만, 그 누구도 새벽 4시와 새벽 4시 5분에 출발하는 6411번 버스가 출발점부터 거의 만석이 되어서 강남의 여러 정류장에서 5·60대 아주머니들을 다 내려준 후에 종점으로 향하는지를 아는 사람은 없습니다. 이분들이 아침에 출근하는 직장도 마찬가지입니다. 아들딸과 같은 수많은 직장인들이 그 빌딩을 드나들지만, 그 빌딩에 새벽 5시 반에 출근하는 아주머니들에 의해서, 청소되고 정비되고 있는 줄 의식하는 사람은 없습니다. 이분들은 태어날 때부터 이름이 있었지만, 그 이름으로 불리지 않습니다. 그냥 아주머니입니다. 그냥 청소하는 미화원일 뿐입니다. 한 달에 85만 원 받는 이분들이야말로 투명 인간입니다. 존재하되, 그 존재를 우리가 느끼지 못하고 함께 살아가는 분들입니다. 지금 현대자동차, 그 고압선 철탑 위에 올라가 있는 비정규직 노동자들도 마찬가지입니다. 스물세 명씩 죽어나간 쌍용자동차 노동자들도 마찬가지입니다. 저 용산에서, 지금은 몇 년째 허허벌판으로 방치되고 있는 저 남일당 그 건물에서 사라져 간 그 다섯 분도 역시 마찬가지 투명 인간입니다. 저는 스스로에게 묻습니다. 이들은 아홉 시 뉴스도 보지 못하고 일찍 잠자리에 들어야 하는 분들입니다. 그래서 이분들이 유시민을 모르고, 심상정을 모르고, 이 노회찬을 모를 수도 있습니다. 그러나 그렇다고 해서 이 분들의 삶이 고단하지 않았던 순간이 있었겠습니까. 이분들이 그 어려움 속에서 우리 같은 사람을 찾을 때 우리는 어디에 있었습니까. 그들 눈앞에 있었습니까. 그들의 손이 닿는 곳에 있었습니까. 그들의 소리가 들리는 곳에 과연 있었습니까. 그 누구 탓도 하지 않겠습니다. 오늘 우리가 함께 만들어 나가는 이 진보 정당, 대한민국을 실제로 움직여 온 수많은 투명 인간들을 위해 존재할 때, 그 일말의 의의를 우리는 확인할 수 있을 것입니다. 사실상 그동안 이런 분들에게 우리는 투명 정당이나 다름없었습니다. 정치한다고 목소리 높여 외치지만 이분들이 필요로 할 때, 이분들이 손에 닿는 거리에 우리는 없었습니다. 존재했지만 보이지 않는 정당, 투명 정당, 그것이 이제까지 대한민국 진보 정당의 모습이었습니다. 저는 이제 이분들이 냄새 맡을 수 있고, 손에 잡을 수 있는 곳으로, 이 당을 여러분과 함께 가져가고자 합니다. 여러분 준비되었습니까? 물은 아래로 흘러갈수록, 그 폭이 넓어진다고 합니다. 우리의 대중 정당은 달리 이루어지는 것이 아니라 더 낮은 곳으로 내려갈 때 실현될 것입니다, 여러분.

과거에는 언론인, 법조인, 정치인 등 말을 많이 하는 직업의 사람들에게만 말의 중요성이 강조되었지만, 현재는 일반인들도 말하기의 중요성을 깨닫고 있다. 소셜 네트워크 사회SNS의 확산은 누구나 말을 할 수 있고 누구나 소통할 수 있으며 세상으로 나아가는 통로가 열려 있다고 해도 과언이 아니다. 자신의 주장을 당당하게 펼치고 논리적인 논쟁을 하며 적절한 사례 제시로 현실성 있는 메시지를 던지는 사람은 스마트해 보인다. 우리나라에 "말은 칼보다 무섭다."라는 말이 있듯이 몽골에는 "칼의 상처는 아물어도 말의 상처는 아물지 않는다."라는 속담이 있다. 실제로 성공한 사람들을 만나 보면 대부분 긍정적이고 적극적인 말로 상대에게 희망을 주고 격려하는 말을 한다. 반대로 실패한 사람들은 질책하고 원망하는 말, 핑계 대는 말을 많이 한다. 우리 주변에서 말 때문에 오래 쌓아온 공든 탑이 한 번에 무너지기도 하고 사람들과의 관계가 회복될 수 없을 정도로 깨지는 경우를 종종 본다. 누구나 자신의 과거를 돌아보면 말실수와 잘못에서 비롯된 것이 많다. 그래서 옛 사람들은 세 치 혀를 잘 다스릴 줄 아는 사람이야말로 지혜로운 사람이라고 했다. 무심코 한 말이 다른 사람의 마음을 아프게 할 수도 있고 희망과 용기를 줄 수도 있다. 그만큼 말의 힘을 고려한다면 신중하게 말해야 한다. 많은 사람과 관계를 맺고 사는 현대인들은 하고 싶은 말이라고 아무렇지 않게 내뱉는 것이 아니라 말하기 전 그 힘과 영향력에 대해 한 번 더 생각해야 한다.

3.
경청으로 시작하기

　자신을 표현할 수 있는 다양한 소통의 도구들이 무한정 출현하면서 '말'이 넘쳐 나는 시대가 되었다. 여러 사람, 특히 모르는 사람 앞에서 말하기를 꺼리던 사람들이 아이디와 닉네임이라는 익명성을 보장받는 공간에서 말을 하기 시작한 것이다. 유튜브, 페이스북, 인스타그램, 트위터, 블로그, 팟캐스트 등 온갖 뉴미디어를 이용하여 말로, 문자로 쏟아 내고 있다. 일부 동영상 사이트의 경우는 광고 수익과 결합되어 더욱 많은 사람들에게 노출을 유도하며 불특정 다수의 사람들에 대한 영향력을 확대하고 있다. 그러나 세상의 모든 이치가 그러하듯 절대적으로 좋은 것만, 절대적으로 나쁜 것만 존재하지는 않는다. 문제는 이러한 미디어 도구를 가지고 새로운 콘텐츠에 담고 있는 말이 결코 좋은 것들만 있지는 않다는 것이다. 조금이라도 많은 사람들의 관심을 끌기 위해서 더 자극적이고 더 원색적이며 더 심한 비속어들을 쏟아 내고 있다. 사람들은 어떠한 정보가 사실인지 아닌지는 관심이 없는 듯하다. 본인의 생각대로 대신 말해 주는 '사이다' 발언들을 좋아하는 것이다. 설령 그것이 '가짜 뉴스', '가짜 정보', 출처 불명의 소위 '카더라', '지라시' 정보라 해도 사람들의 클릭을 유도하고 시선을 끌 수만 있다면 어디까지가 진실(사실)이고 어디서부터 왜곡, 과장되었는지는 중요하지 않다. 앞에서 퍼온 글(말)을 자기 나름대로 사견을 넣어서 더 자극적으로 퍼나르면 된다. 그리고 일부 언론은 그러한 내용들을 마치 사실인 양 기사화한다. 커뮤니케이션 학자들의 연구에 의하면, 이러한 원색적인 소재의 뉴스들은 대부분 과장, 왜곡된 가짜 뉴스가 많았고 이러한 뉴스를 인용한 확대 재생산식 말하기는 주로 정치인들이나 정당들의 주된 단골 소재였다. 설령 차후에 사실이 아닌 것으로 밝혀지더라도 이들에겐 손해 볼 일이 아니라는 것이다. 노이즈 마케팅으로 많은 사람들의 이목을 끌고 시선을 집중시킬 수만 있다면 수많은 의혹 제기와 부풀리기로 대중들을 자신의 쪽으로 유리하게 붙잡아 둘 수 있기 때문이다. 결국, 많은 정치인들이 먼저 말을 뱉어 놓고 주워 담지 않는(책임지지 않는) 화법을 구사하는 것은 자신의 존재감을 내세우기 위함이고 다음 선거를 의식한 행보이다. '아니면 말고'식 무책임 화법은 견

제라는 미명하에 의혹을 제기한다는 식으로 포장되어 대중들에게 전파된다. 과거, 오프라인에서 이야기된 내용들은 그 오프라인 공간의 한정된 대중들과 일부의 취재기자들에 의하여 대중들에게 전파되었고 그 범위는 지극히 제한적이었다. 그러나 현대 소셜 미디어 사회에서는 누구나 말하기를 퍼 나를 수 있으며 디지털 기기로 기록할 수 있다. 미디어 공간에 기록된 영상과 음성들은 확대 재생산되어 영원토록 삭제되지 않고 사이버 공간에 남아 있다. 이 과정에서 선의의 피해자가 발생하더라도 아무도 책임지지 않는다. 심지어 어떤 개인의 발화(말하기)는 두고두고 회자되며 잊힐 권리조차 없게 된다. 소통에 대해 말할 때 '귀가 두 개이고 입이 한 개'인 이유는 듣고 바로 말하지 말고 한 번 더 듣고 말하라는 의미이다. 하지만 말을 쏟아 내는 세대가 도래하고 남보다 먼저 말하고 남이 말할 때 자신은 더 많이 말해야 한다고 생각하는지도 모른다. 지식인들도, 지도층들도, 공권력을 행사하는 집단들도 말을 바꾸고, 기억나지 않는다고 부인하며 과거 자신의 발언에 대해 책임지지 않는데 그 누가 젊은 세대들을 탓할 수 있을까? 말을 잘하고 싶다면 남보다 적게 말하고 듣기를 더 해야 한다. 상대의 말을 듣고 나서 말하고자 하는 메시지의 맥락과 핵심을 파악해야 상대가 원하는 화법으로 말할 수 있고 상대를 설득할 때 반발이나 적대감 없이 받아들이게 할 수 있다. 자신이 상대에게 적으로서 인식되는 것이 아니라 상대를 돕고 싶어 하는 동반자라는 인식을 줘야 한다. 그 첫 출발은 상대의 얘기를 한 번 더 들어 주고 공감해 주는 소통 능력이다. 자신의 말을 줄이고 상대의 말을 한 번 더 듣는다면 말실수를 조금이라도 줄일 수 있고 상대의 말 속에서 오류와 허점을 찾을 수 있다. 즉, 말을 잘한다는 것은 상대를 설득할 수 있다는 것이고 적을 만들기보다 내 편을 만들 수 있다는 의미이다.

이러한 듣기의 소통 능력은 많은 시간의 투자와 인내가 필요하다. 나의 말은 상대의 말이 끝날 때까지 기다린 후에 해야 하기 때문이다. 어쩌면 평소 성격이 급한 사람에게는 이것이 고통스러운 기다림이 될 수도 있다. 상대가 말을 마칠 때까지 못 참고 중간에 말을 가로채어 반박을 하거나 이미 다 파악했다는 의미로 중간에 스스로 결론을 내고 끊고 싶은 유혹이 간절할 것이다. 한국말은 끝까지 들어야 한다. 언어 구조상 영어나 중국어는 주어 다음에 바로 동사가 나온다. 행위의 결과가 있는 것이다. 그러나 한국어는 동사가 뒤에 온다. 말하는 도중에 끊는다면 뒤에 있을 동사가 가져올 행위의 반전은 알 수 없기 때문에 언어 구조상으로도 한국말은 끝까지 들어야 한다. 말을 잘하고 싶은 사람은 상대의 말을 잘 들어야 하는 이유가 또 있다. 소셜 네트워크 사회가 되면서 단시간에 대중을 선동하고 대중의 관심을 끌고자 하는 집단들은 다른 사람의 말을 들으려 하기보다는 먼저 말하고 먼저 폭로하기를 원한다. 때론 의혹 제기로 존재감이 알려지고 난 후 그들의 발언에 대해 책임을 회피한다면 대중들은 점점 실망하게 될 것이다. 결과적으로 말한 사람에게 부메랑이 되어 돌아간다. 시간이 좀 걸리더라도 진심으로 상대의 의견을 충분히 듣고 대화하는 사람들에게 신뢰는 더 높아진다. 그리고 우리는 그를 참으로 말 잘하는 사람으로 인정하게 된다.

우리는 말 잘하는 사람의 기준을 다시 점검해야 한다. 말을 빨리하거나 모든 대화를 유머로 포장한다는 미명하에 개그화해 메시지를 희석하거나, 남보다 말을 더 많이 하거나, 자신의 지식을 과시하기 위해 전문 용어로 포장하거나, 남의 말을 반박하며 억지로 상대의 동의를 구하여 설득을 했다고 자만하거나, 모든 대화를 논쟁으로 몰고 가는 화법은 말을 잘하는 것이 아니다. "목소리 큰 사람이 이긴다."라는 말은 진실이 아님을 TV 토론에서 명쾌한 논리와 조근조근한 어투로 차분하게 상대방의 논리를 압도하는 명토론자들이 몸소 보여 주고 있다. 그러나 우리는 주위에서 겉이 요란한 사람들을 말 잘하는 사람으로 판단하는 유혹을 받는다. 자기 PR의 시대에 살고 있는 요즘, 내가 남보다 나음을 끊임없이 떠들고 다니면 사람들도 그렇게 인식하는 것 같기도 하다. 그럼에도 우리는 말 잘하는 사람의 명쾌한 기준을 경청의 소통 방식에서 찾고자 한다. 상대의 말을 경청한다는 것은 단순히 '듣기만' 하는 것이 아니다. 듣고서 아무 말도 안 하는 침묵도 아니다. 그것은 상대의 메시지를 파악하는 과정이어야 한다. 또한, 상대를 가르치려고 하거나 상대에게 해결점을 알려 주려고 훈수를 두는 과정도 아니다. 섣부른 해석과 결론으로 해결 방안을 제시하는 것은 자칫 잠깐 본 사이에 당신이 무엇을 아느냐 식의 반발을 불러올 수 있다. 그러므로 상대의 말을 끝까지 듣는다는 의미는 듣고 있는 과정을 통하여 상대에게 호의와 신뢰를 주는 행위이며 상대의 입장에 공감한다는 의사 표시이다. 설령 이 과정에서 나와 의견이 다른 부분이 발생하더라도 끝까지 들어 준 뒤에 하는 발언에 대해 상대는 말을 끝까지 들어 준 보답으로 호의적일 것이다. 이론적으로는 당연하다고 느끼지만 사실, 이러한 대화법을 실제로 실천하기란 쉬운 일이 아니다. 평소 지녀 온 습관은 오랫동안 몸에 배어 있고 자신의 성품을 유지해 온 기질 또한 하루아침에 바뀌지 않기 때문이다. 그렇다면 말을 잘하는 방법은 어쩌면 자신의 성격과 품성, 기질을 바꾸는 부단한 연습과 노력이 포함되어야 하는 작업이다. 말 잘하는 것이 단순히 현란한 스킬이라고 여긴다면 말을 잘한다고 보이는 사람들은 많지만 쓸데없는 말만 쏟아 내는 것이 아닌 사람의 마음을 움직이는 메시지에 초점을 맞춰 말해야 한다. 말하기는 상대를 설득하는 소통 과정이라는 것을 내포하기 때문에 상대가 여러분의 말을 듣고 움직일 수 있게 만들어야 한다.

4.
듣고 싶은 말하기

　정치인은 자신의 이야기보다는 청중이 듣고 싶어 하는 말을 한다는 이야기가 있다. 어쩌면 이 이상의 아첨이 있을까 싶다. 정치인들은 부단히 유권자들을 의식한다. 다음 총선에서도 지속적으로 자신의 자리를 만들어 주고 권력을 만들어 주는 상대가 유권자이기 때문이다. 그러기에 유권자들을 대상으로 말을 할 때 입으로는 자신의 소신이 있는 공약과 의견을 말한다고 하지만 실제로는 유권자들이 원하는 말, 그들이 듣고 싶어 하는 말을 해야 하는 경우가 많다는 것이다. 그러다 보니 유권자들은 그 정치인의 전문성과 품성보다는 그가 하는 말이 귀에 거슬리지 않고 자신의 생각과 일치될 때 그를 말 잘하는 정치인, 국민의 대표자로 인식할 가능성이 높다. 소위 정치 9단들은 이러한 사실을 너무 잘 알고 있다. 어디 정치인만 그러하겠는가? 직장의 상급자는 부하 직원이 말을 할 때 자신이 원하는(듣고 싶은) 말을 하면 자신의 지시 사항을 잘 이해하고 업무를 처리하는 능력 있는 직원으로 인식할 가능성이 높다. 남녀가 교제를 할 때 상대가 듣고 싶어 하는 말을 골라서 해 준다면 진정으로 상대가 자신을 아끼고 사랑한다고 확신할 확률이 높다. 말을 잘한다는 것은 상대의 마음을 잘 이해하고 받아들인다는 의미를 내포한다. 아부나 눈치 보기로 폄하할 수도 있겠으나 솔직히 인간은 아부를 그다지 싫어하지 않는다고 한다. 누군가 '내 귀에 사탕'처럼 달콤하고 듣기 원하는 말로 대화한다면 거부할 사람이 별로 없다는 말이다. 상대가 듣고 싶어 하는 말을 할 수 있다면 이미 여러분은 말을 잘하는 기술을 터득하고 있는 사람이다. 하버드 대학의 사회학자 스펜서 레드는 "대화에서 가장 중요한 건 자신을 아주 중요한 사람이라고 느끼게 만드는 것"이라고 했다. 미국의 철학자 윌리엄 제임스는 "인간의 본성 중 가장 인상 깊은 특성은 다른 사람에게 칭찬받는 것이다."라고 말했다. 여기서 핵심은 자신이 하고 싶은 말에 집중하는 것이 아닌, 상대가 듣고 싶은 말에 집중하는 것이다. 상대가 듣고 싶은 말을 알고 있다는 의미는 상대방에 대한 깊은 파악이 끝났다는 의미이며 그 상대를 이해했다는 의미이기도 하다. 문제는 말(대화)을 통해 상대를 파악해야 하는데 역시 그 대화가 자신의 이야기로만 이어진다면 상대를 파악할 기회를 얻을 수 없다는 것이다. 상대방의 생각과 니즈가 무엇인지 이해하고 나서 자신이 무엇을 말할지 결정해야 한다. 대화를 부드럽게 이끌어 가는 사람을 관찰해 보면 대화에서 공통적인 요소들을 발견하고 그것을 화제로 이끄는 사람이라는 점을 알 수 있다. 말을 많이 하기보다는 상대가 먼저 이야기를 하게끔 잘 듣는다. 어쩌면 상대가 자신의 이야기에 반응해 주는 여러분에게 더욱더 적극적으로 자신을 보여 줄지도 모른다. 여기서 강조되는 말하기 기술은 관찰해 보고 말하기이다. 우리가 흔히 하는 실수 중에 상대가 가장 싫어하는 말을 하는 경우가 있다. 상대가 흥미를 가지는 이야기에 대해서는 많이 말하고, 그렇지 않은 이야기에 대해서는 적게 말해야 한다. 상대에 대한 이해와 상대의 취향이 파악되지 않은 상태에서 '제발 저 말만은 하지 않았으면…' 하고 생각하는 그 순간에 불쑥 내뱉은 말 한마디 때문에 스스로 비호감이 되거나 다시는 말을 섞고 싶지 않은 상대가 된다. 상대에게 호감이 가는 연사가 되도록 상대방이 관심을 가지는 것은 무엇인지, 상대방에게 도움이 되는 것은 무엇인지 잘 살펴보자. 그러면 상대도 여러분에게 흥미를 가지고 서로 행복한 교류를 이어 나갈 수 있을 것이다.

5.
입장 바꿔 말하기

누군가의 말에 귀를 기울인다는 말의 의미는 무엇일까, 이와 반대로 흔히 하는 말로 귓등으로 듣는다는 말의 의미는 무엇일까. 앞의 말은 경청한다는 의미로 상대의 말을 듣고 마음에 새긴다는 의미를 지닌다. 인지 행동 이론에 의하면 생각이 바뀌면 태도가 바뀌고 태도가 바뀌면 행동이 바뀐다고 한다. 그것이 누군가의 말을 듣고 그렇게 되었다면 우리는 설득이 되었다고 말한다. 본래에는 그럴 의지가 없었거나 전혀 반대의 생각과 태도를 취했다 하더라도 얼마든지 말을 듣고 생각과 태도, 행동은 바뀔 수가 있다. 반면에 뒤의 말은 상대의 말을 아예 무시한다는 뜻이다. 귀로는 듣고 있지만 전혀 그 메시지를 새길 마음이 없다는 것이다. 자연히 한쪽 귀로 들으면서 다른 한쪽 귀로 흘려 나간다는 의미이다. 그 순간만 지나면 상대가 무슨 말을 했는지조차 기억하지 못한다. 그렇다면, 이 양 극단의 차이는 어디에서 시작하는 것일까? 어떻게 하면 상대를 설득할 수 있을까? 그 해답은 "상대의 마음을 움직이는 말을 해야 한다."에서 찾을 수 있다. 『말투 하나 바꿨을 뿐인데』의 필자인 일본의 심리학자 나이토 요시히토 박사는 '일반적인 말하기'에 '이것'을 더하면 상대를 설득할 확률이 40% 이상 올라간다고 한다. 사람의 생각과 태도를 바꾸고 행동을 수정하게 하는 기술, 그는 이것을 '심리'라고 말한다. 상대의 마음을 헤아려 말을 하면 그 마음이 움직인다는 원리이다. 무언가 결정하기 어려워하는 상대에게 "어느 쪽을 고를래?"라고 묻는 것보다는 다른 사람들은 대부분 이쪽을 골랐는데 "당신은 어느 쪽이야?"라고 묻는다면 주저없이 다수가 선택한 쪽으로 움직이는 것이 일반적인 사회성을 지닌 사람들의 선택이다. 심리학에서 이것을 '사회성의 법칙 효과'라고 설명한다. 어떻게 하면 우리는 상대의 마음을 더 잘 헤아리고 상대의 마음에 한 발짝 더 다가설 수 있을까? 역지사지 易地思之라는 한자어가 있다. 땅을 바꾸고 고치어 생각한다는 의미인데 우리말로는 입장을 바꿔 생각하라는 정도의 말이다. 앞서 말 잘하는 사람은 사람의 마음을 움직이게 하고 설득을 잘하는 사람이라고 했다. 설득에는 기술이 필요하다는 말이다.

상대의 마음을 움직이는 첫 번째 기술은 '공감'이다. "당신의 상황을 이해한다." "나도 예전에 혹은 지금 유사한 상황을 경험한 적이 있다." "그래서, 당신의 입장을 잘 알고 있다." "입장을 바꾼다면 나도 당신과 같은 마음이 될 것이다."

두 번째 기술은 이 공감을 실천에 옮기는 '화법'이다.

1. 상대를 인정하는 결론: 당신은 그럴 수 있다.
2. 동반자 의식 고취: 그런 경험이 있어서 동질감을 느낀다.
3. 유사 사례로 위로: 누구든 그럴 수 있다.
4. 행동의 정당화 혹은 대안 제시: 입장을 바꿔서 내가 당신이라면 이럴 수 있다.

우리가 알고 있는 '역지사지易地思之'라는 단어는 상대를 설득하는 최고의 기술을 담고 있다. "설득하지 못하는 자, 설득 당하게 될 것이다!" 동서고금 대중의 마음을 사로잡은 『인류 최고의 설득술, PREP』라는 서적을 출간한 김은성 작가는 자신의 책을 오래된 수사학적 전통에서 뽑아낸 '설득의 정수'만을 담은 책이라고 소개하고 있다.

그는 고대 그리스 광장에서 '말'이 생존의 수단이자 정치적인 모든 것이었을 때, 고르기아스, 프로타고라스, 히피아스 등 우리에게 '소피스트'로 알려진 이들은 당대 최고의 '말하기 고수'로서 세상을 쥐락펴락했고 무반응으로 유명한 스파르타 군중들마저 그들의 연설 앞에서는 일어나 환호했다고 소개한다. 그리스 젊은이들은 소피스트의 연설 수업을 듣기 위해 광장으로 몰려들었고 소피스트의 말하기 기술은 아리스토텔레스에 의해 '수사학'으로 정립되어 이후, 역사적으로 유명한 선동가와 연설가들에 의해 계승되었다는 것이다. 이 책은 역사상 가장 많이 인용되고 있는 링컨, 처칠, 히틀러, 마틴 루터 킹에서 오바마 대통령에 이르기까지 수사학적 기술을 활용하여 사람들의 마음을 사로잡은 명연설의 사례를 풀어 내고 있다.

구체적으로 PREP(프렙)은 무엇일까?

- Point(강조): 짧고 명료하게 결론을 내려라
- Reason(이유): '왜냐하면'을 통한 근거를 제시해라
- Example(예시): 구체적 사례를 제시하라
- Point(강조): 결론의 반복

즉, 누구나 상황의 이유를 알고 구체적인 예를 들어 타당하

고 그럴 만하다고 이해를 하면 그 주장이 강조될 때 공감이 크게 올라가는 경향이 있다고 한다. 주목할 만한 설득에 관한 말하기 관련 서적을 하나 더 소개하면, 2014년 출간되어 중국 자기 계발 분야 1위를 차지했다는 '리웨이원'의 『하버드 말하기 수업』이란 책이 있다. 흔히 '말하기 수업'이라고 하면 대부분의 사람들은 어떻게 하면 하고자 하는 말을 논리적으로, 매력적으로, 유창하게 할 수 있을까를 생각한다. 그러나 이 책은 그런 말재주가 아니라 말로 사람의 마음을 움직이는 법을 가르쳐 주는 책으로 소개되고 있다. 『하버드 말하기 수업』에서 가장 인상적인 부분은 설득의 핵심에 대한 정의이다. 책에서는 '설득'이란 '말하는 것'이 아니라, '따르게 하는 것'이라고 정의한다. 사람들은 뛰어난 말재주로 물 흐르듯이 매끈하고 끊이지 않게 말해야 한다는 강박을 갖고 있지만 이것은 큰 착각이라는 것이다. 자신의 상황을 줄줄이 설명하는 것보다 상대의 마음을 공략하는 것이 더 중요하다고 한다. 다른 사람을 설득할 때는 말재주와 더불어 마음을 전하는 것이 필요한데, 이때의 핵심은 '말하는 것'이 아니라 '따르게 하는 것'이다. 즉, 듣는 사람이 기꺼이 기쁜 마음으로 말하는 사람의 말을 따르게 하는 것이 진정한 말하기 능력이라고 한다. 많은 사람들이 설득에 실패하는 이유는 뛰어난 말재주가 오히려 상대에게 거부감으로 작용하여 독이 될 수도 있기 때문이다. 또한, 이 책에서는 이야기(스토리)가 가진 힘을 강조하고 있다. 이론을 설명하기 위해 풍부한 예화를 많이 사용하는데 이 예화를 통해 말하고자 하는 핵심을 더 분명히 이해할 수 있었다.

결론적으로 말하기의 최종 목적은 설득이다. 그리고 설득은 상대를 이기려고 하는 것이 아니라 상대의 경계심을 무너뜨리고 그 상대를 내 편으로 만드는 것이다. 나와 의견이, 생각이 다르다고 해서 불필요한 적대감으로 논쟁을 불러일으키고 상대를 적으로 만들 이유는 없다. 단 한 번의 실수로 상대를 적으로 만든다면 그로 인해 깨어진 신뢰는 회복하는 데 많은 시간이 소요될 것이다. 아울러, 관계의 회복을 기대하기는 더욱 힘들다. 상대의 경계심은 이미 스탠바이되어 있고 서로 동반 의식을 느끼기는 어려운 상태이다. 이런 태도를 가진 상대를 설득하기는 힘들다. 그러므로 처음 만나서 관계를 설정할 때 가급적 논쟁을 피하고 상대의 입장에 서서 생각하자. 말을 하는 행위는 상대방과 교류하고 친밀감을 표시하기 위한 행위이고, 설득은 논쟁으로 상대를 굴복시키는 것이 아니라 상대의 마음에 감동을 주고 신뢰를 심어 주는 일이라는 것을 명심해야 한다.

|제4장|

공감하라 그리고 감동시켜라

WORDS TO
CHANGE THE FUTURE

우리는 자신을 주어로 말하느냐, 상대를 주어로 말하느냐에 따라 화법을 나눌 수가 있다. 나를 중심으로 자신의 감정을 표현하고 상대방의 행동과 상황을 있는 그대로 표현하는 '나 전달법'과 상대는 틀렸고 내가 옳으니 내가 말하는 대로 하라는 '너 전달법'이 있다. 하지만 '너 절달법'을 '나 전달법'으로 바꾸면 상대방의 기분을 상하게 하지 않으면서 의도를 전달할 수 있다. 상대에게 나는 얼마나 많은 공감을 주는 사람인가. 사람과의 소통에서 언어적 수단은 35%, 비언어적 수단은 75%로 이루어진다고 한다(Birdwhistell, 1970). 때론 열 마디의 말보다 하나의 몸짓이 사람들에게 영향을 줄 수 있다는 말이다. 그렇다면 청중에게 신뢰를 주고 함께 공감하며 연사의 열정이 담긴 감동을 주는 메시지는 무엇일까.

1.
소통의 의미와 형태

　소통communication은 '함께' 혹은 '공동'이라는 의미의 '커뮨commune'과 '통합unification'이 결합한 말로 다양한 다른 것들, 다른 사람들이 공통적인 것으로 통합한다는 의미를 갖는다. 소통은 단순한 의사 전달 행위를 넘어서 서로 다른 생각, 다른 말을 하던 사람들이 공동 의식을 갖고 공동의 언어와 공통적인 요소들을 통해 통합하는 과정이다. 소통은 리더가 되는 데 있어 가장 중요한 작동 기제가 된다. 리더가 어떤 활동을 하고 있는지, 무슨 생각을 하고 있는지, 사람과 어떻게 소통하고 있는지가 중요하다. 따라서 자신의 몸에 맞는 옷을 입듯이, 자신의 특성이나 개성, 장점을 잘 드러낼 수 있는 소통 스타일로 자신을 무장할 필요가 있다. 일반적으로 소통 스타일은 말하기, 듣기, 읽기,

쓰기, 몸동작 등 타인과 상호 작용하기 위한 모든 표현 방식들이 결합하여 형성된 특징이나 형태를 말한다. 휴먼 커뮤니케이션 학자 맥칼리스터(McCallister, 1992)는 소통의 스타일을 신사형, 소크라테스형, 심사숙고형, 법관형, 후보자형, 의원형 등으로 구분한다.

소통 형태	소통의 특성
신사형 소통	정확하고 솔직하게 필요한 말만 하는 스타일
소크라테스형 소통	상대의 말에 일일이 따지고, 대응하는 논쟁 스타일
심사숙고형 소통	상대의 감정을 고려하고, 갈등이 있을 것 같은 것은 말하지 고, 주장보다는 듣는 스타일
법관형 소통	신사형과 소크라테스형의 혼합형. 정확히 말하고, 논쟁에서는 우위를 차지하고 주장을 관철시키는 스타일
후보자형 소통	소크라테스형과 심사숙고형의 혼합형. 적극적이면서도 상대를 배려하는 태도로 대화하는 스타일
의원형 소통	상황에 따라 신사형과 심사숙고형을 오가며 자신의 대화 스타일을 조절하는 스타일

노튼(Robert W. Norton, 1978)은 지배적dominant, 친근한friendly, 세심한attentive, 안정된relaxed, 논쟁적contentious, 극적dramatic, 생동적animated, 개방적open, 인상적impression-leaving 형태로 소통 스타일을 구분한다.

소통 스타일	소통 특성
지배적 스타일	자신의 사회적 지위에 기반해 소통 행위에서 주도권을 쥐려 하고, 타인에 대해 책임을 지려 하는 경향을 보임.
친근한 스타일	타인에 대해 사례 깊은 관심과 우호적 감정 그리고 친절한 태도를 보이고 적대적 태도는 매우 드물게 나타남.
세심한 스타일	세심하며 타인에게 용기를 주려는 경향과 타인의 이야기에 주의를 기울이는 경향이 강함. 신중하게 행동함.
안정된 스타일	불안하거나 긴장된 모습이 없이 침착하고 자신감 있음. 스피치가 리듬감 있고, 물 흐르듯 자연스런 모습을 보임.
논쟁적 스타일	타인과 말다툼이나 언어적 충돌을 자주 일으키며, 적대적이고 불안한 인간관계를 보여 줌.
극적 스타일	생생한 묘사를 잘하고 과장과 강조를 통해 전달하려는 메시지를 극적으로 표현함. 은유나 과장 등의 수사적 기법을 많이 사용함.
생동적 스타일	표정이나 몸동작 등의 비언어적 도구들을 많이 사용하며, 감정 표현을 잘 드러냄.
개방적 스타일	자신의 성격·감정을 쉽게 드러내고, 사교적이고 솔직하게 표현함.
인상적 스타일	화자가 두드러지고 기억에 남는 소통 스타일을 가지고 있어서 상대방에게 잘 기억됨.

한 개인의 소통 스타일은 위에서 제시한 유형들 중 어느 하나에만 속한다고 볼 수는 없다. 개인의 인성은 보다 다각적이고 다차원적이며, 상황에 따라 다르게 대응하기 때문에 복합적 스타일을 보일 수 있다. 다만, 개인의 인성과 성격, 이성과 감성의 작용 특성에 따라서 경향성을 보이기 때문에, 자신의 주요한 경향성을 파악하고 그에 적합하게 처신하는 것이 바람직하다.

자신의 소통 스타일에 대하여 잘 파악하는 것은 성공적인 소통을 위한 출발점이 된다. 소통 스타일은 하루아침에 만들어지거나 바꿀 수 있는 것이 아니다. 그러므로 자신의 소통 스타일의 장단점을 잘 알고, 토론이나 논쟁 상대의 소통 스타일을 파악함으로써 성공적인 소통을 위한 전략을 세울 수 있다. 자신의 소통 스타일이 주장이 강하고 상대에 대한 반응을 적극적으로 하는 개방적 스타일인지, 자신의 주장은 매우 강하게 하면서 상대의 의견에 대해서는 반응 정도가 낮은 지배적 스타일인지, 주장을 강하게 하지 않으면서 상대의 이야기에 귀 기울이는 친근한 스타일인지, 주장을 강하게 하지 않고, 상대 이야기에 대해서도 즉각적으로 반응하지 않지만 신중하게 고려하는 세심한 스타일인지를 파악하면 각 특성에 따른 적절한 말하기 대응 전략을 세울 수 있다. 한편, 한국인들의 독특한 정서와 정신, 도덕과 규범들이 반영된 소통 스타일들도 있다.

첫째로 체면이 있다. 체면은 사람들의 바람 혹은 기대를 저버리지 않고 남들에게 긍정적인 이미지를 남기고 싶어 하는 태도이다. 체면은 신분, 지위, 명성에 거슬리지 않는 모습을 보여 주려는 언행을 한다. 자기 체면을 지키려 하는 언행 혹은 상대방의 체면을 높여 주려는 언행들이 있다. 둘째는 예의범절이다. 유교적 전통이 깊이 남아 있는 우리 사회에서 윗사람과 아랫사람, 연장자와 연소자, 선배와 후배 혹은 남자와 여자 사이에 지켜야 할 도덕적, 관습적 규범들이 있다. 이 규범들은 상호 간의 관계와 질서의 기준이 되는데, 예의범절은 이 기준에 따라서 표현하고 행동하는 태도이다. 공동체의 질서와 조화, 상호 존중, 진실성을 표현하는 방식으로 상대의 인격을 판단하는 기준이 되고, 공신력을 확보하는 데 중요한 기준이 된다. 셋째는 공동체 소속 의식이다. 한국 사회는 특히 '우리'라는 말을 습관적으로 사용하는 경향이 있다. 수천 년 단일 민족이라는 운명 공동체적 인식이 강하여 '우리'라는 용어는 사회적 소통뿐만 아니라 개인 간 소통에서도 중요한 표현 방식이 되었다. 공동체 의식이 전제된 표현들은 독립적인 의견이나 독창적 주장보다는 공감, 동질성, 하나라는 인식을 보여 줌으로써 대중에게 안정감과 신뢰감을 줄 수 있다. 넷째는 경청이 있다. 상대방에 대해 관심을 보이고, 상대 이야기를 이해하려는 태도는 친근감과 신뢰감을 높여 준다. 듣는 것만으로도 상대의 마음을 얻을 수 있다. 정치인들이 노인 요양소나 산업 현장에서 '경청'하는 태도를 보여 주는 것은 바로 이청득심以聽得心이다. 상대의 말에 마음을 열고 진심으로 들어 주는 것을 뜻한다. 말하는 태도와 듣는 태도는 성공적 소통을 좌우하는 언어적 행위이다. 이러한 언어적 행위 이외에 성공적 소통의 중요한 또 다른 요소로 비언어적 행위가 있다.

2.
나와 너 메시지

　우리는 말을 할 때 자신을 주어로 말하느냐, 상대를 주어로 말하느냐에 따라 말하기 화법을 두 가지로 나눌 수가 있다. 바로 '나 전달법'과 '너 전달법'이다. 나 전달법은 상대를 비난하지 않고 자신의 감정 표현으로 상대의 마음을 움직이는 방법이다. 이 방법은 상대방의 행동과 상황을 있는 그대로 말해 주면서 그 결과에 대한 자신의 감정을 말해 주는 데 목적이 있다. 조종하려는 말은 없지만 사람의 마음을 움직이는 힘이 있다. 반대로, 너 전달법은 상대는 틀렸고, 내가 옳으니 내가 시키는 대로 하라는 것을 말한다. 하나 예를 들어 보자. "너는 매일 게임만 하니? 숙제도 안하고 큰일이다." 이것을 나 메시지로 바꾸어 보면, "네가 게임만 하고 있으니 엄마는 좀 걱정이 되는구나. 숙제 미리 해 두고 하는 게 낫지 않을까?"라고 침착하게 말을 한다. 한편으론 도를 닦아야 하는 기분이 들 것이다. 필자도 간혹 다른 사람과의 관계에서 언짢은 말을 하진 않았는지 반성해 본다. 말은 목적이 있기 때문에 상대방 기분 상하지 않으면서 의도를 전달해야 한다. 이건 우리가 평생 해야 할 숙제이자 화법이 아닐까 생각한다. 자신이 소중한 만큼 상대가 소중하다는 것을 깨닫는 것, 바로 존중이다.

카페나 음식점을 가서 주문을 할 때 이렇게 말하는 사람들이 있다.

"주문하시겠어요?"
"커피 한 잔, 핫으로요."
"슈림프 파스타, 크림 소스요."

위 같은 상황에서 잘못된 것이 없다고 판단할 수도 있다. 하지만 음식점이나 카페에 들어가서 우리는 메뉴를 살펴보고 주문을 결정한다. 위의 태도는 그런 점에서 좋은 인상을 줄 수 없다. 점원의 입장에서 볼 때, "따뜻한 커피를 달라고 하는 걸까, 아니면 커피 한 잔과 다른 따뜻한 음료를 주문하는 걸까?" 하고 생각하게 된다. 마찬가지로 식당에서 슈림프 파스타를 달라고 하는 건지, 크림 소스를 달라고 하는 건지 알 수 없다. 그리고 다시 질문을 던지게 된다. 이게 바로 자기 언어로 주문하는 행동이다. 고객을 응대하는 입장에서는 고객이 특권 의식을 가지고 상대방을 고려하지 않는 태도로 비쳐져 불쾌감을 느낄 수 있기 때문이다. 이런 유형은 자신만의 언어, 자신의 입장에서 말하기 때문에 주변 사람들에게 비호감을 준다.

"로마에 가면 로마법을 따르라."라는 말이 있듯이 어떤 상황에 맞는 환경의 룰을 따라야 한다. 이러한 행동은 다른 사람들로 하여금 자신을 존중받게 도와준다. 남들에게 호감 가는 사람이 되기 위해서는 상대에게 맞는 메시지로 말해야 한다. 그러면 여러분은 누구에게나 배려 깊고 따뜻한 사람으로 인정받게 된다. 가게에서 고객이라는 입장을 이용해 무례하게 행동하면 비호감도를 높인다. 평소에는 좋은 사람인데, 식사를 하러 간 자리에서 동석하고 있는 사람들에게 불편함을 느끼게 하는 경우도 있다. 만약에 음식이 마음에 들지 않거나, 종업원의 실수로 다른 음식이 나왔다고 생각해 보자. 그럴 때 그 사람은 종업원에게 으름장을 놓거나 즐거워야 할 자리에 찬물을 끼얹는 셈이 될지도 모른다. 필자의 예를 들어 본다. 처음 사람을 만나는 자리에서 잘 차려입은 남자가 종업원에게 식사 주문을 했다. "내가 저번에 주문한 거 있지? 그거 그대로 가져와." 아는 식당인지는 모르겠지만, 그 말투에 필자는 그 사람을 평가하게 되었다. 그것은 그 사람의 성격을 단적으로 보여 주는 잣대가 되기도 했다. 그렇다면 자신의 품위를 높이는 방법은 무엇일까. 점원을 배려하고 같은 공간에 있는 사람들의 기분을 상하지 않게 하려면 어떻게 해야 할까. 주변을 보면 어느 식당을 가던 서비스를 받는 사람들이 한두 명은 있다. 그 사람들의 태도를 보면 "저기요."라는 말 대신 종업원의 명찰을 확인 후 이름을 부른다. "OO 매니저님, 오늘 음식 너무 맛있어요." 이 메시지를 듣는 점원은 기분이 좋아서 서비스도 주고 음식의 양을 조금이라도 푸짐하게 주려고 노력할지도 모른다. 대인 관계에서 배려는 다른 사람의 마음을 풍족하게 만든다. 여러분이 다른 사람에게 대하는 태도를 통해서 어떤 사람인지 상대가 평가한다는 것을 꼭 기억해야 한다.

현재 우리는 눈을 뜨고 잠을 자기 전까지 다양한 매체의 영향을 받는다. 갑자기 어떤 사람이 톱스타가 되기도 하고, 파리가 날리던 식당은 줄을 서야 먹을 수 있는 맛집이 되고, 어느 날 갑자기 무명작가가 베스트셀러 작가가 되기도 한다. 우리가 접하는 언론 매체에서는 똑같은 일이라도 자신이 찬성하는 편에서 그 일을 했을 때 긍정적으로 표현되고, 반대하는 편에서는 부정적인 표현을 쓰면서 때론 대중을 조종하는 일이 벌어지기도 한다. 그리고 대중은 쉽게 영향을 받는다. 필자는 미디어 비평에 대한 라디오 코너를 진행하면서 '사소하다고 생각할 수 있는 표현이나 말투가 대중들에게 영향을 줄 수 있구나' 하는 것을 여러 번 느꼈다. 혀의 힘은 말 자체의 힘보다 그 사람이 가진 총체적인 부분의 힘이라고 할 수 있다. 일반적으로 나이가 많은 사람과 적은 사람, 지위가 높은 사람과 지위가 낮은 사람, 남성과 여성, 부모와 자녀, 학생과 선생 등 힘의 논리가 작용하면 상대방을 조종할 수 있게 된다. 미투 운동, 촛불 집회처럼 부정부패를 바로잡기 위한 사회적인 움직임들을 곳곳에서 볼 수 있는 것처럼 말이다.

"칭찬은 고래도 춤추게 한다."라는 말은 누구나 다 알고 있다. 그런데 칭찬으로 고래가 춤을 추는 것과 사람이 그 칭찬에 반응하는 것과는 거리가 있다. 사람은 고래보다 더 깊이 생각하고 판단하고 행동한다. 우리 사회는 다 알다시피 고등학교 때까지 입시를 치러야 하고 경쟁 관계 속에서 우위를 차지해야 자신이 원하는 대학과 직업을 선택할 수 있다. 그러다 보니 자녀가 좋은 성적을 받으면 부모는 "이번 성적 좋네. 아주 잘했어. 필요한 거 없니? 다 말해 봐. 사 줄게." 라고 말한다. 자녀는 부모의 반응을 보고 성적을 잘 받으니 부모님이 기뻐하시는 걸 알고 더 좋은 성적을 받으면 칭찬과 원하는 것을 얻을 수 있다고 생각한다. 여기까지는 고래의 반응과 똑같다. 그런데 성적이 좋을 때는 칭찬을 해 주다가 성적이 떨어지면 벌을 주는 부모의 모습을 볼 때 자녀는 무엇을 생각할까? 자녀는 자신의 성과를 기준으로 부모가 판단한다는 것을 깨닫게 된다. 그럼 조금의 반항심이 생기지 않을까. 필자의 학창 시절을 생각해 본다. 부모님은 성적을 좋게 받든지, 나쁘게 받든지 성적으로 칭찬을 하거나 채찍질을 한 적이 단 한 번도 없었다. 그리고 어머니는 매일 아침 등굣길에 편지와 함께 사랑한다는 말을 하셨다. 그때는 부모님이 항상 응원하고 있다는 의미를 깨닫지 못했다. 학창 시절에는 누구나 다 그렇다고 생각했다. 시간이 지나면서 부모님이 자식을 믿고 존중했구나라고 생각했다. 만약에 성적이 좋을 때는 칭찬을 하고 나쁠 때 채찍질을 했다면 상황이나 결과에 상관없이 배려나 존중의 마음을 느끼지 못했을 것이다. 부모가 자녀를 조종한다는 뉘앙스를 풍기지 않으면서 자녀를 인정하는 따뜻한 마음이 필요한 것이다. "나는 옳고, 너는 틀리다.", "나는 강하고, 너는 약하다."라는 건 잘못된 인식이다. 사소한 말이라도 상대방에 대한 배려와 존중이 우리 사회에 있다면 수많은 사회적 문제들이 이렇게 심각하게 깊어지지 않았을지 모른다. 말보다 중요한 것은 상대방에 대한 진심 어린 사랑과 존중이라는 것을 말하고 싶다.

발표와 토론 수업에서는, 두세 명씩 기조연설과 주장, 반론을 하면서 상대와 치열한 토론을 한다. 그런데 가끔은 너무 치열해서 "이 수업이 끝난 다음에 서로 얼굴을 마주할 수 있을까?"라는 생각을 한 적도 있다. 그래서 수업 전에 이야기한다. 토론 시간만큼은 자신의 부족한 부분과 수정되어야 할 부분, 상대방의 입론과 논리를 잘 듣고 신랄한 지적을 받더라도, 기분이 상하거나 얼굴이 붉어져도, 수업이 끝나면 아무 일도 없었던 것처럼 웃으며 악수를 하라고 한다. 그러면 학생들은 최소한 그 자리에서 감정적으로 반박을 하거나 화를 내거나 싸우려 하는 행동 등은 보이지 않는다. 독일에서 학부모와 교사 간 자유로운 토론 문화가 가능한 것은 독일 사회에는 갑을 관계가 존재하지 않아서라고 한다. 모든 사람은 평등하고 누구나 자신의 의사를 당당히 밝힐 수 있는 기본적인 문화가 형성되었기 때문이다. 반면 우리 사회를 생각해 보자. 학부모가 선생님에게 신랄한 지적을 할 수 있을까. 혹시 자녀에게 피해가 가지 않을까 두려움이 앞서는 건 아닐까. 직장 내에서도 마찬가지이다. 상사에게 반대의 의견을 냈다가 불이익을 당하지 않을까 걱정부터 한다. 누군가 내 의견에 반대를 하는데 말투가 공격적이라면 어떤 생각이 들까. 일단 마음속에 담아 두었다가 그런 기분을 돌려줄 기회를 엿볼지 모른다. 자신의 의견에 반대하는 이유는 공격하기 위해서가 아니라 다른 의견을 말하려고 하는 것이라고 생각해 보자.

그 사람의 의견을 존중하려고 노력해 보자. 상대도 여러분의 의견을 받아들이기 위해 좀 더 객관적이고 구체적인 표현으로 의견에 대한 확실성을 보여 줘야 한다. 이때 표정이 바뀌지 않도록 신경을 써야 한다. 필자도 포커페이스가 잘 안되는 사람 중 하나이다. 상대가 반대 의견으로 공격하면 얼굴 표정이 바뀌고 논쟁을 하면서 때론 표정이 굳어지기도 한다. 상대는 필자를 보면 금방 알아차린다. 그런데 조직사회에서는 그런 행동을 하는 사람에게 동조하지 않는다. 나의 느낌과 표현, 자세를 취할수록 결과는 악순환이다. 이때는 상대방에게 더 가까이 다가가고, 상대방의 의견을 잘 듣고 있다는 행동으로 따뜻한 미소를 지어 주는 게 좋다. 그런 태도는 스스로에게도 마음의 안정과 여유로움을 준다. 누구나 자신의 의견과 생각이 있고, 우리는 그 의견을 관찰시키고자 하는 욕구가 있다. 자신의 언행으로 상대가 조종을 당한다고 느끼거나 상대방의 감정이 상하지 않도록 주의해야 한다. 사소한 말 한마디도 그 자리에서 필요한 말인지, 나와 너의 메시지를 생각해 보면서 세상을 좀 더 아름답게 바라볼 수 있는 여유를 갖도록 하자.

3.
공감각을 자극하는 침묵의 메시지

대부분의 사람들은 언어를 통한 의사소통이 커뮤니케이션의 본질이라고 생각한다. 그러나 실제 대부분의 의사소통에서 비언어적인 신체 동작의 역할이 차지하는 비중은 상당히 크다. 앨버트 머레이비언 UCLA 교수는 그의 저서인 『침묵의 메시지 Silent Messages』에서 비언어적 요소 중 몸짓과 화법, 억양이 표현과 의사소통에 큰 영향을 차지하고 있음을 밝혔다. 또 인류학자 버드휘스텔Birdwhistell에 따르면 인간은 언어뿐만 아니라 모든 감각을 활용하여 의사소통하는 존재이고, 사람 간의 소통은 언어적 수단은 30~35%, 나머지 65% 이상이 비언어적 수단으로 이루어진다고 했다(Birdwhistell, 1970). 단순한 몸짓으로 표현한 메시지 하나가 열 마디 말보다 더 많은 의미를 전달하고 사람들에게 영향을 미칠 수도 있다는 것이다. 그럼 청중에게 신뢰를 주고 연사의 열정을 느끼게 하는 침묵의 메시지는 무엇일까.

(1) 자세

사람을 만나서 대화나 토론을 시작할 때 처음 보이는 것이 자세이다. 자세는 소통을 위한 준비 상태나 침착성을 반영한다. 말하기의 시작은 연사가 걸어 나오는 모습부터이다. 대중을 상대로 연설, 프레젠테이션, 토론을 할 때 준비 자세는 허리를 쭉 펴고 턱을 약간 집어넣고 머리를 똑바로 들고 있는 자세를 취한다. 바른 자세로 당당히 걸어 나와 단상이 있는 경우는 단상 중앙으로 서서, 옆으로 잠시 나와 인사를 하고 다시 단상 중앙으로 가서 발표를 시작한다. 이러한 연사의 자세는 열정적인 모습, 청중과 시선을 맞추는 모습, 자신감 있는 몸짓을 취하는 사람으로 청중에게 기억되게 한다.

(2) 시선

맹자는 이루장구離婁章句 15편에서 "사람의 마음을 살펴보는 데는 눈동자보다 더 좋은 것이 없다."라고 말했다. 맹자는 그가 하는 말을 듣고서 그의 눈동자를 살펴보게 되면 사람이 그 마음을 숨길 수 없다고 한다. 시선은 가장 매력적으로 자신의 마음과 생각을 표현해 줄 수 있는 소통 도구이다. 그뿐만 아니라 서투른 행동도 예뻐해 줄 수 있고, 부족한 모습에도 관용을 베풀도록 하는 위력이 있으며, 타인을 제압하고 리더십을 만들 수 있는 마술적 매력이 있다. 대부분 발표를 하는 연사들은 PPT나 자신이 준비한 내용을 읽는 데 시간을 많이 들여 발표나 토론을 할 때 청중을 쳐다보지도 않는 경우를 볼 수 있다. 청중과의 눈맞춤은 자신감을 보여 주고, 청중과 계속 교감하고 있다는 간접 신호이기도 하다. 자신이 청중 앞에서 무슨 이야기를 할 것인지 각 페이지마다 미리 숙지해서 발표할 때 자연스럽게 청중의 시선을 보고 말해야 한다. 시선은 자연스럽고 천천히, 모든 청중을 앞뒤 좌우 골고루 바라보지만 '도리도리'하듯 돌리는 게 아닌 한 문장씩 끊어서 시선을 주고 고개와 눈은 같은 방향으로 쳐다본다.

(3) 몸짓 언어

몸짓 언어에는 시선, 제스처, 몸의 움직임이 있다. 우리는 사람과의 만남이나 대화에서 이야기하는 도중 상대가 의식적으로 또는 무의식적으로 하는 행위를 보고 어떤 상태인지를 느끼게 된다. 눈 마주침, 윙크, 눈빛에 따라 감정의 메시지를 받는다.

의사, 변호사와 같은 전문직 서비스 제공자가 보이는 밝은 얼굴 표정과 시선 맞춤, 고개 끄덕임 등과 같은 제스처는 신뢰성과 친절성을 지각하는 데 영향을 미치고, 의상은 신뢰성, 능력, 공손함을 평가하는 데 영향을 미친다는 연구가 있다(Sundaram & Webster, 2000). 비언어적 행위를 통해 이미지가 형성된다는 것이다. 서양 사람들은 동양 사람들에 비해 몸의 움직임이 많다. 상대와 이야기를 할 때 눈을 마주보고 공감이 가지 않은 이야기를 할 때는 어깨를 으쓱하거나 고개를 약간 내리는 표정을 짓는다. 대화에 공감하거나 잘 듣고 있다는 표시를 할 때는 고개를 끄덕인다. 또 대화 시, 눈동자의 시선 변화는 그 사람의 정서적 상태를 보여 주고 눈짓 언어의 표현으로 친밀성, 공포, 사랑의 표현을 알 수 있다. 제스처에는 보통 '표상', '예시', '적응'의 3가지 유형이 있다. '표상'은 명확한 뜻이 담긴 제스처로 언어를 대체한다. 예를 들어 손가락 V자는 승리를 뜻한다. '예시'는 하고자 하는 말을 설명하거나 강조하는 것이다. 예를 들어 당수를 치는 제스처는 상대를 일격에 쓰러뜨리는 것을 뜻한다. '적응'은 무의식적으로 연사의 불안감이나 스트레스를 드러내는 제스처이다. 예를 들어 이야기 중에 자세를 자주 바꾸는 것은 불안감을 나타내고, 팔짱을 끼거나 옆으로 비스듬히 앉는 것은 비판적인 태도나 미심쩍은 태도를 보여 준다. 몸의 움직임은 연사나 토론자의 자신감을 보여 준다. 자연스러우면서도 절도가 있고, 바른 자세를 보여 줌으로써 믿음을 주는 지도자의 이미지를 만들어 낸다. 최근 유명 연사들의 강연을 보면 청중과의 거리에서 장애물이 존재하지 않는다. 발표를 할 때 팔짱을 끼거나 연단 뒤에 서서 말하는 경우가 거의 없다. 청중과 눈을 맞추고, 손짓을 활용해서 청중과 대화한다. 팔 움직임은 전체를 활용해서 크고 분명하게 한다. 그리고 발표 내용의 흐름에 맞추어 변화를 준다.

(4) 표정

지구상의 모든 사람들은 각각 다른 얼굴을 가지고 있다. 얼굴로 모든 사람들이 서로 구별된다. 사람들은 얼굴을 볼 때 코, 입, 눈, 귀 등 얼굴을 구성하는 부위를 하나로 결합하여 전체 이미지로 파악한다. 이를 '지각적 조직화'라고 하는데, 얼굴 표정은 얼굴 각 부위를 하나의 통합적 이미지로 구성하게 한다. 연사는 발표 내용에 따라 다양한 표정을 짓는다. 일반적으로 밝고 환한 표정과 미소는 지루함을 덜어 준다. 표정은 고유한 자기 모습이지만 연습하면 표정을 변화시킬 수 있다. 예를 들어, 반가움의 표시를 하기 위해 눈을 크게 뜨고 웃는 모습으로 다가와 껴안는 행위, 생각나지 않을 때 눈을 깜빡이는 행위, 긴장하거나 불안할 때 눈썹을 찡그리는 행위 등이 포함된다.

(5) 침묵

적절한 시기에 잠시 말을 멈추는 것, 때론 큰 소리로 발표하는 것보다 잠시 말을 멈추었을 때 청중의 관심이 집중된다. 연사가 무슨 말을 하려고 하는지 궁금해지기 때문이다. 독일의 소통 전문가 코르넬리아 토프는 그의 저서 『침묵이라는 무기』에서 침묵을 통해 말의 힘을 키우는 방법에 대해서 말했다. 그중 첫째는 서로 하고 싶은 말만 해서 간극이 좁혀지지 않을 때 건설적 침묵의 시간을 갖는 것이다. 둘째는 깊은 좌절이나 슬픔에 빠진 사람에게 어설픈 위로의 말이나 조언은 오히려 독이 될 수 있다는 것, 이때 조용한 마음으로 공감해 주는 것이 큰 위안이 될 수 있다는 것이다. 셋째는 공격적 침묵으로, 말하고 싶지 않다는 것을 상대에게 보여 주는 것이다. 상대가 짜증나게 하거나 서로 대화가 되지 않을 때 말로 대응해 봤자 싸움만 되기 때문이다. 침묵은 강력한 의사소통 수단이지만 침묵을 사용하는 비언어적 방법이 부자연스럽기 때문에 우리는 자주 사용하지 않는다. 예를 들어 발표를 할 때 "오늘 저는 아주 중요한 내용을 전하려고 합니다."라고 말한 후 잠시 말을 끊은 다음 "그건 바로 OO입니다."라고 말하며 주제를 언급한다. 그러면 청중은 그 질문에 대해서 다시 한번 생각하고 다음 내용에 대해서 궁금해 할 것이다. 이 외에도 발표를 시작할 때 침묵 후 청중 중 한 명과 3

초 동안 눈을 마주친 후 질문하기, 발표 중간에 다음 내용으로 넘어가기 전에 이전의 내용을 다시 보기 위해 침묵하기, 상대를 부르고 잠시 침묵하기 등의 방법이 있다. 우리가 기억해야 할 것은 빨리 전달하는 것이 아니라 천천히 정해진 시간 안에 메시지가 확실하게 전달되도록 말을 늦추거나 멈추는 시간을 고려해서 발표를 준비하는 것이다.

(6) 억양

말을 잘하는 사람들은 내용에 따라 억양의 높낮이가 자유롭다. 같은 억양으로 발표를 한다면 듣는 청중은 지루하고 무미건조하게 느낄 것이다. 만약에 여러분에게 "꿈이 무엇인가요?"라는 질문을 한다면 연사의 억양이 끝이 높았을 때와 낮았을 때, 어떻게 질문하는 연사가 더 공신력이 있어 보일지 생각해 보자. 신뢰감 있는 연사가 되기 위해서는 끝의 억양을 내리는 걸 추천하고 싶다. 기자나 아나운서들이 마치 질문하는 것처럼 말이다. 프레젠테이션 하면 떠오르는 인물 중 한 명인 스티브 잡스는 프레젠테이션을 하면서 '대단하다', '엄청나다' 등과 같은 표현을 많이 쓴다. 그런데 이런 단어들을 똑같은 억양으로 말한다면 청중은 감동은커녕 지루하게 느낄 것이다. 스티브 잡스는 이목을 집중시키기 위해 단어들마다 억양을 바꿔서 프레젠테이션을 한다.

(7) 공간 언어

의사소통의 과정에서 공간 언어는 미묘하게 영향을 미친다. 미국의 인류학자 홀Edward T. Hall 박사는 사람들이 공간에 어떻게 반응하고 공간과 상대와의 거리를 이용해서 다른 사람들에게 어떻게 메시지를 전달하는가에 대한 근접학proxemics을 연구했다. 홀 박사는 연구에서 사람들은 누구나 자신만의 공간을 본능적으로 원하고, 공간이 확보되지 않으면 불안감이나 위협감을 느끼며 지나치게 조밀하면 신경이 날카로워져서 공격적 성향이 증가된다고 말했다. 즉 우리는 엘리베이터 안이나 사람들이 붐비는 만원 전철처럼 사람들이 조밀하게 근접해 있을 때 낯선 사람에게 불안감을 느낀다는 것이다. 이런 이유로 상대방과 최적의 거리를 유지할 필요가 있는데 홀 박사는 무의식적인 상호 작용 시 사용하는 거리에 대해서 친밀 간격intimate distance, 개인 간격personal distance, 사회적 간격social distance, 공적 간격public distance으로 분류했다(로날드 애들러 · 러셀 프록터, 2021).

친밀 간격	개인 간격	사회적 간격	공적 간격
15~46cm	46cm~1.2m	1.2m~3.6m	3.6m 이상

홀 박사가 제안하는 이 거리 개념은 문화마다, 가치관마다 다

를 수 있기 때문에 모든 상황에서 일반적이라고 할 수는 없지만 비언어적 소통에서 좌석 배치, 탁자의 모양, 방 배치 등을 할 때 영향을 미친다. 예를 들어 모임에서 지도자는 상석에 배치하고, 직사각형 테이블에서보다 원형 테이블에서 더 평등한 관계의 소통을 하고 있다고 느끼고, 상사와 부하 직원 사이의 테이블 간격이 클수록 거리감이 더 커지고, 비밀스러운 이야기를 할 때 가까운 거리에서, 거리감을 좀 더 좁혀 이야기하듯이 이런 공간에 대한 고려는 의사소통에서 중요한 요소가 아닐 수 없다.

강조를 위한 비언어 사용법

1. 청중과 눈을 마주치면서 또렷하게 발음한다.
2. 강조 부분을 천천히 언급한다.
3. 잠시 뜸을 들인다.
4. 손가락을 이용하여 강조한다.
5. 다시 한번 되풀이한다.

|제5장|

상황별 실전 말하기

WORDS TO
CHANGE THE FUTURE

우리는 가까운 사람들 앞에서 혹은 대중들 앞에서 연설이나 발표를 할 기회들이 많이 있다. 사적인 자리이든 공적인 자리이든 이런 상황에 마주쳤을 때 어떻게 준비하고 말해야 할까. 각자 말하는 목적에 따라 셀프 트레이닝으로 상황에 따른 실전 말하기 방법을 터득하고 연습해 보도록 한다.

1.
프레젠테이션

현재 우리는 무한 경쟁 시대에 살고 있다. 나와 비슷한 지식과 경험을 가진 경쟁자들이 매일같이 쏟아져 나온다. 그 중 프레젠테이션은 말하기의 영역을 비롯한 의사소통 전반에 영향을 미치어 '누구나' 프레젠테이션을 해야만 하는 대중화 시대가 되었다. 요즘 대학생들은 거의 모든 수업에서 발표를 하고 4년 내내 발표자(연사)가 원하는 목표를 달성하기 위해 발표를 듣는 대상(청중)에게 특정한 사실이나 정보, 자신의 의견 등을 전달하고 설득하는 프레젠테이션을 한다. 대부분의 학생들은 청중에게 집중받으며 말하는 것에 대한 '두려움'이 있다. 그 두려움 때문에 선뜻 발표하기를 꺼려하고 어쩔 수 없는 상황에 놓이게 되면 마지못해 발표를 한다. 우리 학생들의 경우, 취업 준비가 가까워질수록 적극적인 발표와 토론, 프레젠테이션을 하는 것을 볼 수 있다. 아마도 프레젠테이션 발표 능력이 자신의 능력을 평가하는 큰 자산이라는 것을 알게 되어 그때부터 필요성을 느끼고 취업을 위해서라도 적극적으로 참여하는 것이 아닐까 하는 생각이 든다. 프레젠테이션을 잘하면 능력을 인정받게 되고 자신의 경쟁력이 높아진다. 좋은 학점을 받기 위해서, 원하는 회사에 취업하기 위해서, 설득력이 높은 리더가 되기 위해서 꼭 필요하다. 요즘 기업에서도 프레젠테이션 스킬을 익히는 것은 자신의 몸값을 높이는 하나의 수단이 되었다. 전문가라는 평가를 받기 위해서는 리더십이 필요한데 그 리더십은 프레젠테이션 실력으로 보여 줄 수 있다. 청중에게 필요한 메시지를 전달하여 직장에서 관심과 동의를 얻고 새로운 업무나 직무를 수행하는 데 프레젠테이션은 중요한 수단이다. 그럼 수업에서의 발표, 즉 개인 발표 프레젠테이션과 대회나 기업에서의 프레젠테이션 스킬에 대해서 한번 살펴보자.

(1) 수업 발표

첫째, 청중과 연결 고리를 만들어라
학생들은 자신의 발표 내용을 듣는 청중을 어떻게 연결시킬 수 있는지 이해해야 한다. 전공이나 교양 수업을 들으면서 발표를 할 때, 수업을 함께 듣는 학생들과 연결 고리를 만들어야 한다. 예를 들어, 발표하다가 그 수업 시간에 배웠던 이론이나 모두가 알 만한 이야기를 언급하면 이해도를 높일 수 있다. 프레젠테이션 시작 후 처음 1분에서 3분의 시간이 중요한데, 그 시간 동안 긴장된 마음을 진정해야 한다. 청중의 얼굴을 익히고 낯선 느낌이 들지 않도록 노력하는 것이다. 짧다면 짧고 길다면 긴 시간이 될 수 있지만 그 시간 안에 청중과 편안해지도록 노력해야 한다. 그러면 긴장이 풀리고 청중의 입장에서 이해하고 있다는 느낌과 관심을 받을 수 있다. 발표자가 하고 싶은 말보다 청중이 원하는 것이 무엇인지를 먼저 파악하고 자신이 아닌 청중 중심으로 발표를 준비한다.

둘째, 청중과 소통하라

청중들, 즉 자신의 이야기를 듣는 학우들이 집중하기 바란다면, 발표에 계속 관여할 수 있는 분위기를 만들어 주는 것이 중요하다. 가끔 학우들에게 직접 질문을 하거나, 추상적인 이야기를 할 때 자신의 경험담이나 모두가 다 알 만한 예시를 들어서 전달한다. 가끔 사적인 이야기를 해 주는 것도 나쁘지 않다. 그러면 청중은 훨씬 더 집중하게 되고 긴밀한 유대감을 형성할 수 있다. 가급적 PPT 슬라이드 안에 많은 내용을 담기보다는 몇 장의 슬라이드에 글자가 많이 들어가지 않도록 프레젠테이션을 준비한다. PPT 슬라이드는 넘기다가 어려운 부분에 대해 설명할 때 도움이 될 수 있도록 띄워 놓고 설명하는 도구이다. 그 외 모든 것은 청중과 소통하며 설명해야 한다. 만약에 그림이나 그래프로 설명하는 게 더 이해도를 높일 수 있다면 슬라이드에서 직접 그림으로 보여 준다. 연사는 청중을 계속 보고 어떤 상태인지를 체크하며 발표 속도를 올려야 하는지, 같은 부분의 이야기를 계속해도 되는지, 아니면 다음 이야기로 넘어가야 하는지, 특정 부분에 관심을 보이는 것은 없는지 파악한다. 청중과 직접적인 대화를 하지는 않지만 소통하고 있다는 의미이다.

셋째, 콘텐츠 구조를 탄탄하게 하라

수업에서 프레젠테이션을 잘하기 위해서는 기본적으로 콘텐츠가 좋아야 한다. 이건 당연한 이야기라 생각할지 모르지만 구조가 탄탄해야 한다는 것이다. 청중이 누구이고 프레젠테이션이 전달하고자 하는 핵심 내용은 무엇인가 미리 파악하고 조직화한다. 여러분이 생각할 때 좋다고 생각하는 샘플 강연이나 발표를 보면서 따라 하는 것도 하나의 방법이다. 예를 들어, 테드 토크TED talk나 세바시 강연을 보면서 강연자들의 콘텐츠 구조를 익히는 것이다. 전달하고 싶은 주제와 핵심 메시지가 많을 때 하나의 발표에 담기 위한 노력이 필요한데, 이것을 '콘텐츠 조직화'라고 한다. 청중이 관심을 가질 만한 주제와 관련된 정보를 수집하고 모아서 정리한 후 순서를 정하고, 본론의 아이디어를 만든다. 그리고 최종 서론과 결론을 작성한다. 아래의 5단계 조직법을 참고한다.

> **콘텐츠 5단계 조직화**
>
> 1단계: 청중의 이목 집중
> 2단계: 필요성을 언급
> 3단계: 필요성을 만족
> 4단계: 문제의 해결법을 구체적 설명
> 5단계: 행동으로 이끄는 마무리

넷째, 발표 시간을 꼭 지켜라

콘텐츠의 구조도 중요하지만, 발표 시간을 지키는 것이 매우 중요하다. 주어진 발표 시간은 프레젠테이션의 목적과 연관되어 있다. 발표 수업에서 학생들의 프레젠테이션을 듣다 보면 시간을 잘 지키는 학생들이 그리 많지 않은 것을 볼 수 있다. 발표 시간은 자신이 전달하고자 하는 정보가 어느 정도인지에 따라 다르다. 발표가 짧을 경우에는 정보가 많지 않아, 청중으로부터 준비가 안 된 연사라는 평가를 받는다. 또 발표가 너무 긴 경우는 지루하고, 정리가 안 된 프레젠테이션을 하고 있다는 생각이 들게 한다. 발표를 하기 전, 미리 나의 발표 시간이 얼마나 되는지 꼭 체크해 보고 시간이 남는다면 부족한 부분들을 좀 더 메우고, 발표 시간을 넘긴다면 어떤 부분에서 요약해야 하는지, 중복되는 부분은 없는지 확인 후 발표에 임한다.

다섯째, 발표의 성격에 맞게 나를 보여 줘라

발표에서 중요한 메시지를 전달할 때 당연히 진중한 자세가 필요하겠지만, 여기에서 중요한 것은 발표는 청중들에게 나 자신을 보여 주는 자리라는 것을 인식하는 것이다. 평소 진지한 사람이 유머러스한 이야기를 할 때 적응이 잘 되지 못하고 어색하게 보일 수도 있다. 필자는 유머를 잘 못하는 편이다. 누군가 필자가 이야기하면 재밌는 이야기도 다큐가 된다는 말을 들은 적이 있다. 평소 유머러스한 사람이라면 자신의 특성과 성격에 맞게 유머로 분위기를 밝게 하는 청중 유도 방법도 좋다. 하지만 스스로의 정체성을 잃지 말고 자신이 유머러스한 사람이 아니라는 생각이 들면 굳이 분위기를 부드럽게 만들려고 할 필요는 없다. 발표의 성격과 본인의 목소리와 특성에 맞게 태도를 보여 주는 것이 좋다.

여섯째, 이미지를 그려 보고 연습하라

발표한 내용의 콘텐츠와 발표의 성격을 알았다면 이제는 발표 연습을 해야 한다. 학생들이 발표할 때 건성으로 하거나 성의 없게 하는 모습이 가끔 보인다. 완벽한 발표는 아니어도 성의 없는 발표는 청중을 무시하는 것처럼 보인다. 발표할 때 자신이 어떤 표정을 짓고 어떤 몸짓을 많이 하는지 스스로 체크해볼 필요가 있다. 발표자는 자신의 얼굴을 볼 수 없기 때문에 연습할 때 거울을 보면서 자신의 얼굴에 익숙해지려고 노력하는 것이 중요하다. 처음에는 어색하고 익숙하지 않지만, 익숙해지면 발표 때 표정도 좋아지고 편안해진다. 프레젠테이션을 연습할 때는 처음부터 끝까지 한 번에 외우려 하지 말고 서론, 본론, 결론을 끊어서 외운다. 이렇게 나누는 이유는 처음부터 끝까지 틀리지 않고 발표를 잘하려고 쭉 이어서 연습을 하면 금방 지치기 때문이다. 한숨 돌리는 시간, 즉 나누는 구간을 만들어 본다. 모든 것을 다 외우려 하지 말고 나눠서 문맥을 파악하며 이미지를 그려 본 뒤 가급적 처음과 마지막은 외우도록 노력한다.

일곱째, 실전처럼 연습하라

집에서 거울을 보고 연습했다면, 발표가 있기 전 동기들이나 지인들에게 부끄러워하지 말고 발표를 봐달라는 부탁을 해 보는 것이 좋다. 자신도 모르는 버릇이 나올 수도 있고 듣는 사람이 불편함을 느끼는 동작이나 언행을 할 수 있기 때문이다. 객관적인 시선으로 봐 주는 동기들이나 지인들에게 피드백을 받으면 발표가 훨씬 좋아진다. 또 강의실 단상 앞이나 발표 장소에 미리 가서 연습을 하는 것도 좋은 방법이다. 집은 자신에게 심리적 안정감을 주는 장소이기 때문에 그 장소에서는 편안하게 말을 하는데 긴장된 장소에 가면 준비를 철저히 했어도 머릿속이 백지가 되는 경우가 있다. 수능 시험을 보는 학생들이 하루 전에 시험 볼 장소에 가서 그 현장의 분위기를 보는 것과 같은 맥락이다.

여덟째, 질의응답을 준비하자

말하기는 따로 질의응답을 할 기회가 많지 않지만 프레젠테이션에서는 발표자가 말한 내용이 이해가 가지 않거나 보충 설명이 필요할 때가 있다. 청중이 듣고 질문을 할 때를 대비해서 PPT 슬라이드의 앞 순서와 뒤 순서는 암기한다. 또 반드시 질문에 대한 답변은 프레젠테이션에서 언급된 내용에서 벗어나지 않아야 한다. 발표자가 미리 기억을 해 놓으면 우왕좌왕하며 슬라이드를 넘기지 않고 바로 충분한 대답이 나올 수 있다. 앞서 말했듯이 발표는 나를 보여 주는 자리라는 것을 명심해야 한다. 자신이 노력했다는 것을 충분히 보여 주고 부족한 발표를 했다고 생각이 들 때는 무엇이 부족했는지 체크하면서 다음 발표를 준비한다면 지금보다 좀 더 나은 프레젠터가 될 수 있다.

〈학교 수업에서의 프레젠테이션 개요서 사례〉

3단계 구성법

① 오프닝(서론): 주제에 대한 청중의 관심과 호기심 유발
② 메시지와 증거(본론): 프레젠테이션의 세부 내용 전개, 통일성 있게 조직
③ 클로징(결론): 반드시 기억해야 하는 정보의 강조 및 긍정적 전망

청중의 실천을 촉구하는 호소

오프닝: 감성적으로 시작(파토스)
메시지: 논리적인 메시지(로고스)
클로징: 이성적 + 감성적으로 마무리(에토스+파토스)

성공적인 프레젠테이션은 주어진 시간 내에 명확하게 주제에 맞는 오프닝, 핵심 메시지, 증거와 사례로 시작해서 마무리까지 물 흐르듯 전개된다. 학생들은 자신의 프레젠테이션 목적을 알기 위해서 스스로 질문해 본다. ① 나는 왜 프레젠테이션을 하는가(이유), ② 나는 청중에게 무엇을 전하려고 하는가(메시지), ③ 나는 청중에게 어떤 방법을 사용해서 프레젠테이션을 할 것인가(방법)를 생각한다. 프레젠테이션 시작(오프닝)은 청중이 집중하는 데 중요한 역할을 하기 때문에 긍정적인 인사말로 시작한다. 본론에서는 자신의 지식이나 경험을 바탕으로 만들어진 스토리텔링 기법을 사용하여 청중과 공감대를 형성해 나간다.

핵심 메시지가 무엇인지, 메시지에 따른 증거와 사례를 제시해야 한다. 마무리(클로징)는 청중에게 강한 인상을 남길 수 있도록 한다. 오프닝, 메시지, 증거, 사례, 클로징 순서로 자료를 보면서 연습하고 실전 강연 감각을 익히기 위해서는 OMEEC를 속으로 외워 보자. OMEEC은 Opening 오프닝, Message 메시지, Evidence 증거, Example 사례, Closing 마무리이다.

오프닝 멘트 만들기

프레젠터가 청중 앞에 나가 인사말과 서두를 통하여 청중의 관심을 유도하고 분위기를 조성한 다음 주제를 간단히 소개한다. 자신의 전문성을 강조한 후 이어서 논의될 내용을 요약·소개함으로써 자신이 하고자 하는 메시지를 예고하는 것이 오프닝이다. 주위를 집중시키는 오프닝 멘트는 청중의 호기심과 기대를 불러일으키고, 우호적이면서 밝은 분위기를 형성한다. 청중에 대한 존중감을 표현하기 위해서 청중을 부르거나, 발표 자리에 대한 감사의 인사를 넣는다. 오프닝 안에는 인사말, 서두, 주제 소개, 발표의 목적이 있어야 한다. 자기소개, 자신의 이름과 본인의 소속을 밝히는 것은 기본이다. 오프닝에서는 큰 그림을 먼저 보여 주고 세부적으로 들어간 후 다시 요약해 준다. 오프닝에서 주제 소개와 목차의 로드맵을 안내해 준다.

주제를 소개할 때 주제에 대한 배경 설명과 청중이 연사의 발표를 듣고 얻게 되는 이점을 설명하면 보다 효과적으로 프레젠테이션을 할 수 있다. 발표자 자신이 학점을 따기 위해 발표를 하는 것이 아니라, 청중이 자신의 발표를 들으면 얻게 되는 정보나 이점 등이 있다는 것을 표현한다. 오프닝의 목적은 프레젠테이션에 대한 관심과 집중을 유발하기 위한 도구이므로 청중의 성격과 시간의 배분에 맞춰서 오프닝을 구성한다. 청중의 관심을 유발하기 위해 다루게 되는 주제나 문제점을 제시하고, 핵심 명제(주제문)을 소개한 후 청중과 연결시킨다. 자신의 사적인 문제 공개나 경험담, 성공담, 실패담, 적절한 유머, 충격적 자극 등을 통해 친근감을 구축한다.

시작에서 관심 끌기

① 재미있는 이야기로 시작하기
② 놀랄만한 이야기로 시작하기
③ 청중에게 질문하기
④ 근거 있는 자료 제시하기
⑤ 최근 이슈가 되는 사건이나 사실로 동의 구하기
⑥ 청중의 관심사 묻고 시작하기
⑦ 유머로 할 때는 반드시 주제와 연결시키기
⑧ 기회를 갖게 되어 영광이라고 말하기
⑨ 청중에게 감사의 뜻 전하기
⑩ 청중에게 사랑과 열정 쏟기

본론에서 관심 끌기

① 스토리는 경험과 사례로 채우기
② 인간미 불어넣기
③ 이름 사용하기
④ 구체적이고 세부적인 묘사하기
⑤ 손짓, 몸짓, 표정으로 시각화하기
⑥ 최근 통계 자료나 그래프 사용하기
⑦ 전문가의 증언 활용하기
⑧ 긍정적으로 생각하기
⑨ '우리'라고 표현하기
⑩ 프레젠테이션 자체 즐기기

클로징 멘트 만들기

클로징 멘트는 기대와 행동에 이익을 제공하는 멘트가 담겨져 있어야 한다. 강렬한 이미지를 주는 효과적인 결언은 프레젠테이션 전체와 결론 부분을 마무리하는 역할을 하기 때문에 청중의 기억에 남는다. 결언의 기본적인 방법은 요약 제시 후 주장을 밝히는 방법과 전망을 말하고 자신의 주장을 말하는 방법이 있다. 클로징 멘트 시 인용문은 강한 인상을 전달하여 청중의 기억력을 높인다. 한 장의 그림이나 사진, 도표 등을 보여 주면서 마무리 하는 것도 좋은 방법이다. 이때 기억해야 할 것은 프레젠테이션을 듣는 청중에게 어떤 이익이 있는지 설명하고 메시지로 인해 행동이 바뀌기를 바라는 마음으로 행동과 함께 이익을 제공해서 동기 부여를 해 주는 것이다. 논리와 함께 진실되게 말하고 연사의 전문성을 심어 주는 마지막 멘트를 한다.

마무리하기

① 청중이 긍정적인 기억을 가지고 돌아가게 하기
② 요점(행동—이익)을 정리하면서 짧고 강렬하게 끝맺음 하기
③ 여운을 주는 한마디의 말로 프레젠테이션의 대미 장식하기
④ 본론 종료 신호, 요약 제시 및 질의응답, 영감을 주는 결언하기
⑤ 감사 인사

(2) 대외 발표

수업에서의 프레젠테이션뿐 아니라 대외적인 활동, 회사에서 프레젠테이션을 할 때 중요한 것은 목적이 무엇인지를 파악하는 것이다. 목적을 알아야 프레젠테이션의 기본 방향, 정확한 자료 작성, 잘못된 것을 수정할 수 있다. 목적을 설정할 때 "나는 어떤 청중을 대상으로 프레젠테이션을 하는가?", "나는 청중에게 무엇을 원하는가?", "청중은 나에게 무엇을 원하는가?", "청중을 고려한 프레젠테이션을 어떻게 기술할까?"라는 것을 생각

한다. 청중이 원하는 기대를 사전 분석함으로써 정보 수집 결과에 따라 목적을 수정할 수 있고 그 목적에 따라 프레젠테이션을 기술할 수 있다. 수업에서의 프레젠테이션과 달리 대외적 자리에서 프레젠테이션할 때는 프레젠테이션 종류가 무엇인지를 잘 살핀 후 해야 하는데 5가지 종류로 구분할 수 있다.

첫째, 청중에게 현재의 사회적 이슈나 신기술에 대한 개발, 지식을 전파할 목적으로 하는 프레젠테이션을 '정보 제공 프레젠테이션'이라고 한다. 청중의 입장에서 "프레젠테이션 듣길 잘 했네."라고 느낀다면 프레젠테이션은 성공한 것이다. 청중이 알고 싶어 하는 욕구를 어떻게 충족시켜야 하는지, 또 얼마나 효율적인 정보를 전달하는지는 프레젠터의 능력이다. 청중 입장에서는 이미 알고 있는 정보이거나 단순하게 제공되는 정보는 흥미가 없고 오랫동안 기억을 하지 못한다. 청중에게 효용성 있는 정보를 주기 위해서는 도식이나 이미지, 그래프 등을 활용하되 제공하는 정보가 지나치게 많다는 느낌이 들지 않도록 요약 형태로 제공하는 것이 좋다. 또 청중이 관심을 가질 만한 자극적인 요소들이나 재미있는 요소, 궁금증을 유발할 수 있는 내용들이 무엇일까 생각해 보고 프레젠테이션이 끝날 때까지 청중이 밖에 나가지 않고, 주의를 끌 민한 변환 능력을 발표자는 보여 주어야 한다.

둘째, 청중의 마음이나 가치관을 바꾸고자 할 때 프레젠터가 의도한 방향대로 청중에게 가치를 인식시켜 의도한 행동대로 바꾸게 만드는 것을 '설득 프레젠테이션'이라고 한다. 정보를 제공한다는 점에서 앞에서 이야기한 정보 제공 프레젠테이션과 같은 맥락이지만 설득 프레젠테이션은 청중이 스스로 판단하여 가치를 인식하게 만드는 것이다. 예를 들어 "이야기를 들어보니 그렇네."라고 청중이 생각하게 하고, "과연 그렇구나."하고 느끼게 만들어 "그럼 그렇게 해 볼까?"라고 스스로 행동하게끔 만드는 것이다. 성공적인 설득을 위해서는 프레젠터와 청중 사이에 감정적 요소가 없어야 한다. 그리고 발표 내용이 논리적이고 납득할 수 있는 것이어야 한다. 마지막은 청중에게 어떤 이익이 돌아가는지 프레젠터는 알려줘야 한다. 대부분의 청중들은 자신에게 이익을 주는데 거절하기는 쉽지 않기 때문이다.

셋째, 청중의 의욕이나 사기를 진작시켜서, 바라던 행동을 스스로 하도록 마음속의 다짐이나 변화를 일으키게 하는 '동기 부여 프레젠테이션'이 있다. 예를 들어, 세일즈를 할 때 회의에서 영업성과 발표, 회사의 목표 전달이나 프로젝트 미팅 시 프로젝트 성공을 위한 장단기 계획, 올림픽에 나가는 선수들을 상대로 대회 전 선수들의 사기 진작을 위해 격려하는 말 등이 여기에 속한다. 여기서 중요한 것은 메시지를 듣는 청중의 입장에서 의

욕이 있어야 한다. 그러려면 청중이 메시지를 들을 준비가 되어 있어야 하고, 프레젠터에게 호의적이어야 한다. 청중이 호의적이지 않을 때는 사실 프레젠테이션을 포기하고 싶겠지만 그럴 수 없다면 논리적 대응보다 감정에 호소하는 게 성공할 확률이 높다.

넷째, 청중에게 흥미를 주거나, 긴장을 풀어 주고 파티에서 감사의 뜻을 전할 때 갑자기 즉흥 연설을 하게 될 때가 있다. 이때 하는 것을 '엔터 프레젠테이션'이라고 한다. 이때는 유머 넘치는 이야기나, 깜짝 놀랄 만한 화제, 모두가 즐거워할 만한 소식, 일반 사람들이 잘 모르는 에피소드, 최근에 경험한 유머러스한 이야기 등을 준비하는 것이 좋다. "자, 여러분 집중하세요. 이 이야기는 처음 공개하는 겁니다. 여러분만 아시는 것입니다."와 같이 프레젠터와 청중 사이에 일체감을 만들 수 있는 효과적인 말하기 기법이 좋다. 하지만 저질 유머나 품위 없는 농담은 프레젠터의 품위를 의심할 수 있기 때문에 적절한 유머와 농담을 사용해야 한다. 아무도 모를 거라고 생각하여 준비했는데 모두 다 알고 있는 내용을 말할 수도 있기 때문에 질문을 하고 청중의 상태를 살피는 것이 좋다. 연령, 성별, 흥미, 관심의 대상을 살펴서 청중에 따라 웃음을 유발하는 포인트가 어떻게 다른지 미리 알아본다.

다섯째, 프레젠터와 청중이 시간과 공간을 공유하고 동일한 기분이나 생각을 갖게 만들도록 하는 것을 '행사 프레젠테이션'이라고 한다. 이때는 내용보다는 관계되는 사람들이 함께 모여서 경청하는 것이 더 의미가 있기 때문에 모임의 취지를 정확하게 알고 있어야 한다. 예를 들어 회사에서 사업을 수주하여 작업에 고생한 직원들을 모아 놓고 축하하는 자리라고 한다면 분위기를 돋우면서 축하만 하고 끝낼 것이 아니라 앞으로 사업의 성공을 위해 협동하여 함께 갈 수 있는 각오까지 끌어내도록 한다. 또 회사의 매출이 올라갔다면 프레젠터는 "여러분이 노력해 주신 덕분입니다."라고 직원들의 체면을 세워 준다. 행사 프레젠테이션을 할 때 주의해야 할 점은 처음과 마지막의 메시지가 연결되어야 한다는 것이다. "사랑하는 여러분들과 이렇게 좋은 날씨에…"로 시작하여 "여러분들과 함께해서 행복합니다. 건강과 행복을 기원합니다."와 같이 끝내는 게 좋다. 또 프레젠터는 장황하고 지루한 이야기보다 청중이 공유하고 있는 사실, 상황, 감정, 사회적 상식 등을 강화해야 한다.

다섯 가지 종류의 프레젠테이션은 때에 따라서 한 가지 목적만이 아니라 여러 개의 목적으로 프레젠테이션이 이루어질 때도 있다. 그랬을 때 어떻게 비율을 둬야 할까. 프레젠테이션의 목적을 설정하는 기준은 조직의 목표와 전략, 프레젠터의 목적과 청중 분석의 결과로 이루어진다. 사회 초년생이든 직장인이든, 사회생활을 하다보면 어떠한 주제에 대해서 발표해야 하는 상황이 자주 온다. 단순히 업무 현황을 보고하는 것에서 새로운 프로젝트를 제안하는 기획안, 신제품 소개, 승진을 부르는 프레젠테이션 등 다양하다. 여러분이 기억해야 할 것은 프레젠테이션의 기본 원칙은 바로 청중을 이해시키고 설득하는 것이라는 점이다. 그럼 프레젠테이션 발표를 성과로 만드는 방법을 알아보자.

① 발표 시간은 짧게 할 것(7분 또는 15분)

발표 내용이 아무리 훌륭하다 하더라도 청중들이 집중할 수 있는 시간은 그리 길지 않다. 7~15분 내외이다. 더 짧으면 내용이 빈약해 보일 수 있고, 더 길면 지루해질 수 있기 때문에 적정 시간을 정해 두고 그 안에서 내용을 전달할 수 있도록 준비한다. 단, 준비할 때는 정한 시간보다 조금 모자라게 준비하자. 실전에 가면 그 시간을 넘기게 되는 경우가 많다. 정한 시간을 꽉 채우지 않도록 한다. 직장 생활에서 프레젠테이션을 하게 되면 시간제한을 따로 두지 않는 경우가 대부분인데, 스스로 적정 시간을 정해 두고 그 안에서 내용을 전달할 수 있도록 미리 준비해 두는 것이 중요하다. 이때, 정한 시간의 100%를 꽉 채워서 준비하면 실전에서는 그 시간을 넘기게 되는 경우가 많으므로

90% 정도만 준비한다.

② 처음 시작과 끝이 중요하다는 것을 인식할 것

(청중에게 강한 이미지를 남겨라)

프레젠테이션 시작과 끝은 시간에 따라 유연하게 조절하되, 시작 멘트는 간단한 인사말, 날씨 정보, 최근 이슈, 궁금증을 유발하는 멘트, 기존의 상식이나 선입견을 깨는 멘트, 황당한 질문으로 이목을 집중시키는 방법이 있다. 마무리 멘트는 핵심 내용을 정리하고 전하고자 하는 메시지를 다시 한번 강하게 전달한다. 너무 디테일하게 말하면 지루하기 때문에 프레젠테이션 시작에서 유발한 궁금증에 대한 답을 마지막에 알려 주면 더 오래 기억에 남는다.

③ 자료나 화면을 의지하지 말 것

직장인들이 프레젠테이션을 준비할 때 가장 많은 시간을 투자하는 것이 바로 시각 자료가 아닐까 하는 생각이 든다. 물론 주제를 효과적으로 전달하기 위해 발표 내용을 일목요연하게 정리한 PPT의 시각 자료는 꼭 필요한 것이지만 단지 보기 위해 준비하는 것은 아니다. 또, PPT 슬라이드쇼가 진행되는 동안 프레젠터는 청중을 응시해야 하는데 PPT만 보고 읽는다든지, 슬라이드를 왔다 갔다 하는 것은 능숙한 태도가 아니다. 프레젠터는 청중과 함께 봐야 하는 자료가 있을 때 빼고는 청중의 반응을 살피고, 눈을 맞추고, 전체적으로 교감하는 분위기에서 프레젠테이션을 진행해야 말하고자 하는 내용을 설득력 있게 전달할 수 있다.

④ 시선, 목소리, 제스처는 확실하면서 신뢰성 있게 할 것
프레젠터의 시선과 목소리, 제스처는 청중과 교감하고 있음을 알려 주는 신호이다. 또 집중도를 높여 주고 신뢰를 주는 요소이기도 하다. 시선은 천천히 청중을 응시하면서 발표 전 어떤 곳을 응시하면 좋을지 몇 군데 포인트를 정해 놓고 교차하면서 청중을 바라보면 안정감을 줄 수 있다. 목소리는 프레젠터가 준비한 내용을 설득력 있게 전달할 수 있는 방법이기 때문에 큰 소리로 말하고, 중요하다고 생각되는 단어나 용어는 확실하게 발음한다. 제스처는 뚜렷하게 하는 게 자신감이 있어 보이지만 너무 과하지 않게 하되, 말로서 설명할 수 없는 것을 보여 주는 비언어적인 설득 방법이므로 시각 자료에서 설명할 수 없는 것을 보여 주는 기술로 인식한다.

⑤ 연습, 또 연습할 것
자료를 잘 준비하고, 말솜씨가 뛰어나다고 하더라도 프레젠테이션에서 우왕좌왕하거나 논리가 일관되지 않고 내용을 완

전히 습득하지 않은 채 발표하면 청중의 입장에선 연사의 자질에 대해서 의심할 것이다. 이럴 때 실수를 하지 않기 위해서는 연습밖에 없다. 내용을 머릿속에 완전히 숙지하고 제스처와 연설 시 동선까지 섬세하게 짜면 실제 발표에서 연습할 때처럼 자연스러운 프레젠테이션을 할 수 있다. 프레젠테이션의 목적에 따라 시간을 정해 타이머를 맞춰 놓고 말하는 속도, PPT 페이지 넘기는 시간, 중간 중간 쉬는 타이밍을 철저히 계산하고 프레젠테이션을 할 장소에 미리 가서 실전처럼 연습한다. 그리고 녹음이나 녹화를 통해 어떻게 발표하고 있는지 스스로 점검을 해 보고 부족하거나 부자연스런 부분들은 하나씩 고쳐 나간다. 말하기와 달리 프레젠테이션에서는 질의응답을 할 수 있는 시간이 있다. 승진을 위한 프레젠테이션이나 발표자의 역량을 평가할 때 실제 발표보다 질의응답 시간이 평가의 하이라이트인 경우가 종종 있다. 청중의 마음을 읽고 그 마음을 설득할 수 있는 중요한 시간이기도 하다. 질의응답도 미리 사전 질문을 준비해서 답변을 해 보는 연습이 필요하다. 팀으로 발표할 때는 발표자뿐 아니라 팀원 모두가 내용을 숙지하고 답변 준비를 해야 한다. 준비와 연습 없이 임기응변에만 의존한다면 돌이킬 수 없는 실수를 범하기 좋은 시간이 바로 질의응답 시간이라는 것을 기억해야 한다.

프레젠테이션을 잘하기로 세계적으로 유명한 사람을 꼽으라면 바로 스티브 잡스를 떠올릴 것이다. 그는 애플의 창립자이면서 21세기 혁신의 아이콘이다. 애플 신제품 발표회 때마다 스티브 잡스가 입은 검은 터틀넥 셔츠와 머리 위에서 원을 그리는 듯한 제스처는 강한 인상을 남긴다. 그의 프레젠테이션 구성은 문자보다는 이미지와 영상이 많다. 'Simple is best.'라는 말처럼 매우 간결하고 지루하지 않았으며 청중들에게 임팩트를 주었다. 그래서 그의 프레젠테이션은 롤 모델로 인정받고, 실제 많은 마케터들이 모방을 하고 있다. 스티브 잡스의 프레젠테이션은 청중 관심―의문 제기―해결책과 구체적 근거―행동 요구이다. 미국 경제 주간지 비즈니스 위크는 스티브 잡스의 MAC WORLD 행사 Mac Book Air 발표를 모델로 그의 프레젠테이션 노하우를 다음과 같이 10가지로 정리하였다(김경태, 2006). 이외에도 스티브 잡스의 프레젠테이션에는 화면에 한 개의 단어만 제시하고, 제품 시연을 통해 호기심을 자극하며 뛰어난 연출을 했다. 이는 끊임없이 연습했기에 가능한 것이라 생각한다.

프레젠테이션 노하우

① 프레젠테이션의 화제를 제시하라
② 제품에 대한 발표자의 열정을 드러내라
③ 프레젠테이션의 전체적인 윤곽을 제시하라
④ 숫자를 의미 있게 만들라
⑤ 청중이 잊지 못할 순간을 만들라
⑥ 시각적인 슬라이드를 만들라
⑦ 멀티미디어를 활용해 '쇼'를 제공하라
⑧ 작은 실수에 어리둥절해 하지 말라
⑨ 제품의 이점을 확실히 홍보하라
⑩ 연습하고 연습하고 또 연습하라

2.
면접

　　프레젠테이션은 한정된 시간에 정확하게 내용을 전달해 의사 결정에 이르게 하는 설득 커뮤니케이션의 한 방법임을 앞에서 배웠다. 여기서 가장 중요한 목적은 듣는 이의 필요에 부합하는 내용에 대해 듣는 이의 관심과 동의를 얻어내는 것이며 그 경우 일대일 프레젠테이션, 일대다 프레젠테이션이 있다. 그중 일대다 프레젠테이션이 면접이다. 면접에 앞서 풍부한 배경지식을 가지는 것이 중요한데 신문 기사나 경제 이슈, 최근 뉴스 등을 챙겨 보는 것이 좋다. 면접 질문의 대부분은 최근에 그 분야에서 화제가 되는 주제에서 출제되기 때문이다. 자신이 원하는 회사의 이슈를 정리해서 이슈마다 3가지 정도의 자기 의견을 정리해 두자. 최근 대다수의 기업에서 면접 시 직군별로 전문성이 있는 주제에 대해 발표하라는 프레젠테이션 면접을 본다. 자신의 의견, 지식, 경험 등을 발표함으로써 면접자 개인의 특성이 최대한 발휘될 수 있도록 하는 방식이다. 약 80%에 해당하는 기업은 두 차례 이상의 면접 중 한차례 프레젠테이션 면접을 거쳐서 채용한다. 프레젠테이션 면접은 보통 5~7분 동안의 발표로 이뤄지며 평균적으로 40~50분의 준비 시간이 부여된다.

그렇다면 이 짧은 시간 동안 면접관이 면접자로부터 파악하는 것은 무엇일까. 필자는 두 가지라고 말하고 싶다. 첫째는 지원하게 된 동기와 면접자가 가지고 있는 가치관, 둘째는 입사하면 무엇을 할 수 있는지이다. 지원 동기, 경험으로 만들어진 가치관, 미래의 포부가 있어야 한다. 채용하는 입장에서 자신을 왜 채용해야 하는지 스스로를 진단해 봐야 하는데, 우리는 자신을 잘 알지 못할 때가 많다. 자신이 면접관 입장이 되어 본인이 왜 적임자인지 밝힐 수 있도록 준비해야 한다.

프레젠테이션 면접을 준비하라고 연락이 오면 주제 선택을 무엇으로 해야 하는지 고민한다. 만약에 회사에서 주제와 시간을 정해 주고 미리 준비해 오라고 한다면, 정해 준 주제에 맞춰서 자신이 가지고 있는 지식과 전달하려는 메시지가 듣는 사람에게 어떻게 느껴질지 생각해 본다. 자유로운 주제 선정의 경우, 광범위한 주제보다는 구체적인 주제를 고르는 것이 좋다. 포괄적인 주제는 시간 내에 핵심 내용을 다 전달하지 못할 수 있기 때문이다. 주제를 정하면 그 주제를 다시 소주제로 나눠서 핵심 내용을 먼저 제시하고 그 뒤에 자신의 생각을 담는다. 면접관들이 지루하지 않도록 도표나 그래프, 사진 등을 적절히 이용하는 것도 좋은 방법이다. 면접에서 심사위원들이 가장 주목하는 것은 문제 해결 능력이다. 발표를 시작할 때, 목차를 정리해서 말한다. 문제 제기는 참신한 아이디어와 함께 논리에 맞게 제시하고 추측성 발언은 지양한다. 앞서도 이야기했지만, 자신감 있는 목소리와 말하고자 하는 내용을 간결하게 하는 것, 시간을 지키는 것은 필수이다. 가끔 면접관이 이야기하는데 본인이 준비한 것을 말하려고 생각하다가 면접관이 질문한 것을 놓칠 때가 있다. 면접관의 말을 잘 경청하는 태도는 매우 중요하다. 질문을 잘 들으면 답이 숨겨져 있다는 것을 꼭 기억해야 한다. 그리고 면접자가 나 혼자가 아니라 다른 면접자가 있을 때는 자신의 면접이 끝났다 생각해서 마음을 놓아서는 안 된다. 다른 면접자가 말을 할 때 충분히 집중하고, 동의한다면 고개를 끄덕이는 등의 표시를 한다. 매너 있는 태도를 면접이 끝날 때까지 보여 주는 것은 면접자에게 매우 중요하다. 본인의 태도와 말은 삶의 경험과 습관을 보여 주기 때문이다.

기업에서 인재를 채용할 때, 독특하거나 부정적인 생각을 가진 사람을 좋아하지 않는다. 짧은 시간에 면접이 이루어지기 때문에 남들이 다 아는 이야기, 형식적인 이야기를 한다면 집중받지 못한다. 앞서 자기소개에 대한 이야기를 했듯이 남들과 똑같은 이야기, 누구나 다 아는 이야기로 자신이 원하는 자리를 얻기란 요즘 세상에 쉽지 않다. 독특할 필요는 없지만 창의적이고 독창적인 주관이 있어야 한다. 아이디어가 다르다면 왜 다르게 보이는지, 어떤 점에서 그런 생각을 하게 되었는지, 그것을 뒷받침할 수 있는 논리적 근거의 타당성은 무엇인지, 자신의 생각을 뒷받침해 줄 만한 자료를 생각하고 임해야 한다. 면접은 나에게 온 기회이다. 면접은 '떨기 위해서 가는 것'이 아닌, '나를 최대한 보여 줄 수 있는 자리'라는 것을 거듭 강조한다. 면접관이 요구하는 답을 들려주기보다는 자신을 어떻게 보여 주어야 할지, 자신의 철학과 가치관을 말로 어떻게 설명할지, 어떻게 하면 예의 있는 모습으로 면접을 마칠 수 있을지 고민해야 한다. 능력은 기본이고 예의 있는 면접자가 되기 위한 5가지 방법을 살펴보자.

첫째, 바른 인상을 남기도록 한다. 면접관의 입장에서 면접자가 문을 열고 들어올 때는 궁금함으로, 문을 닫고 나갈 때는 또 보고 싶은 사람이 되어야 한다. 면접에 들어가면 "안녕하십니까, 면접자 00번 000입니다. 면접 볼 수 있는 기회를 주셔서 감사합니다."라고 말한다. 중간에 질문을 놓쳤을 때 당황하지 말고 "죄송합니다만, 질문을 다시 한번 여쭤봐도 될까요?"라고 정중하게 질문한다. 면접이 다 끝난 후 "끝까지 경청해 주셔서 감사합니다."라는 마무리 말로 바른 인상을 남긴다.

둘째, 이기적인 사람으로 보이지 말아야 한다. 면접에서 "자신에 대한 이야기를 하세요."라고 하지 않으면 이야기의 주체는 나 중심이 아니다. 듣는 대상에 대한 반응을 살피고 상대의 입장에 초점을 맞춘다. 가끔 면접에서 면접관이 "질문 있으면 하세요."라고 했을 때, "급여는 어떻게 되나요?", "언제부터 근무해야 하나요?", "입사하면 승진은 몇 년에 한 번씩 이루어지나요?" 등의 질문을 하는 경우가 있다. 결과는 아마 채용되지 않을 것이다. 면접을 아주 잘 봤고, 채용하려고 마음먹은 면접자라고 하더라도 이런 질문을 받으면 면접관은 한번쯤 의심할 것이다. 회사는 자기중심적인 사람보다 남을 배려하는 사람을 좋아한다. 물론 일 잘하는 사람을 뽑아야겠지만 그보다 우선되는 것이 사람 됨됨이다.

셋째, 단점을 부인해서는 안 된다. 면접은 자신의 강점을 보여 주는 자리라고 생각하는 사람들이 많다. 하지만 자신의 단점을 드러내는 것을 두려워하면 안 된다. 부족한 점들이 있지만 그 부족한 점들이 업무에 크게 문제가 되지 않는다는 점을 객관적 사실에 기반하여 보여 주면 된다. 예를 들자면, "집이 멀어서 출퇴근이 쉽지 않겠는데요."라는 질문에 "네. 말씀하신 대로 제가 지원한 회사와 집은 거리가 상당히 있습니다. 학교 다닐 때, 장거리인 친구들이 먼저 등교하는 거 많이 보셨을 것입니다. 학교 다닐 때도 제법 장거리로 등교했는데, 한 번도 개근상을 놓친 적이 없습니다."와 같이 대답한다. 재치 있으면서 객관성이 증명된 대답에 면접관은 다음 질문을 할 것이다. "이번에 유능한 인재들이 많이 지원을 했는데, 우리가 OOO 씨를 채용해야 하는 이유가 있을까요?"라고 질문을 한다면 "네, 오늘 면접에 유능한 인재들이 많이 왔다는 건 귀사가 그만큼 일하고 싶은 회사이기 때문이라 생각합니다. 저는 대학교 4년 동안 오직 한 회사만 생각하고 귀사에 다니는 꿈을 꾸며 살았습니다. 부족한 점이 많지만, 제가 배운 전공 지식, 대회 참여 경력, 인턴 경험으로 귀사에 꼭 필요한 인재가 될 수 있습니다."라고 대답한다면 부족함을 피하지 않고 현실에서 감당할 능력을 보여 주는 대답이다.

넷째, 함정을 파지 말아야 한다. 면접관의 질문에 자신을 돋보이게 하기 위해서, 확실히 알지 못하는 질문에 능력을 과시하기 위해서 말을 많이 하는 경우를 본다. 말이 지나치게 많으면 실수를 더 많이 한다. 특히 시간이 이미 정해져 있는 면접에서 함정이 될 수 있기 때문에 더욱 조심해야 한다. 면접관의 질문을 잘 듣고 명확하게 답해야 하는데, 면접관은 질문한 대답 외에는 듣고 싶어 하지 않는다는 것을 기억해야 한다. 면접관의 표정과 피드백을 잘 읽지 못하여 면접관이 흥미를 보이지 않는데 계속 말을 해서 면접을 망치는 경우가 있다. 또 면접을 보면서 다리를 꼰다든가, 손가락을 움직인다든가, 고개를 흔든다든가, 턱을 치켜들고 아래로 본다든가 한다면 주위가 산만하거나 거만한 사람으로 보인다. 눈빛을 통해 열정을 보여 주고 면접관의 콧등 정도로 시선을 응시하고 면접관이 질문을 할 때 고개를 끄덕이는 제스처를 보여 준다. 자신을 보여 주는 잠시의 시간, 대면의 시간들이 면접자에게는 그 사람의 자질과 예의를 판단하게 한다. 과장된 표현이나 적절하기 못한 예시, 객관성을 잃은 경솔한 말 한마디 때문에 열심히 준비한 성과를 이루지 못한다면 자신감은 점점 결여될 것이다. 신중한 말 한마디, 행동 하나하나에 집중하는 면접자가 되어야 한다.

마지막은 결론부터 말하는 습관을 들인다. 어떤 발언을 할 때 결론부터 말하고 핵심을 이야기하고, 그 내용의 근거를 제시하고, 기억에 남을 만한 문장으로 마무리한다. 질문에 대해서 답할 때 일반적으로 3개 이하로 요약해서 하되, 면접관이 답이 너무 길다고 느끼지 않을 정도로 준비한다. 또 근거가 되는 예시나 사례를 들 때 추상적으로 말하는 것보다 본인의 과거 경험이 현재와 연결성이 있으면 스토리를 그려서 말한다. 사람과의 관계에서 가장 무서운 것은 무관심이라고 했다. 논리정연하게, 상대의 감정을 움직일 수 있는 메시지와 겸허하고 품위 있는 자세로 면접에 임할 때 여러분은 누구에게나 매력 있는 사람으로 기억될 것이다.

| 참고 문헌 |

1. 국내문헌

강태완·장해순(2003). 대학생들의 토론학습동기와 인지욕구가 토론능력, 상호작용관여 및 논쟁성에 미치는 영향.『한국언론학보』. 47권 6호, 249~279.
구자황(2011).『교양인의 화법과 대학글쓰기』. 역락.
김경태(2006).『스티브 잡스의 프레젠테이션 1』. 멘토르.
김미경(2016).『아트스피치』. 21세기북스.
김상준(2002).『방송언어연구』. 커뮤니케이션북스.
_____(2008).『한국어 아나운싱과 스피치』. 커뮤니케이션북스.
_____(2015).『스피치 커뮤니케이션』. 역락.
김세은(2005). 발표불안집단과 사회불안 하위집단의 심리사회적 특성 비교. 연세대학교 교육대학원 석사학위 논문.
김신자(2005).『효과적 교수설계 및 교수방법』. 문음사.
김용훈(2010).『1% 명품스피치』. 제이앤씨커뮤니티.
김은성(2017).『인류 최고의 설득술, PREP』. 쌤앤파커스.
김종명·오정요·안소진(2011).『설득의 비밀』. 쿠폰북.
김정기(2012). 커뮤니케이션 스타일, 동기, 주목도, 만족감, 교육 효과의 관계.『스피치와 커뮤니케이션』. 18호, 202~234.
_____(2012).『나를 좋아하게 하는 커뮤니케이션』. 인북스.
_____(2019).『소통하는 인간, 호모커뮤니쿠스』. 인북스.

김정기·안호림(2014). 교수자와 학생의 커뮤니케이션 요인과 교육효과의 관계. 『커뮤니케이션학 연구』 22(1), 65~910.
김진숙·김지희·이하린(2017). 『대한민국 리더의 말하기 교과서』. 지식과감성.
김학준·김성봉(2011). 대안적 강의실커뮤니케이션 모형 탐구. 『교육학연구』 49권 1호, 35~62.
김현기(2010). 『파워스피치 특강』. 한국문화사.
나탈리 로저스(2003). 『토크파워』. 강헌구 역. 한언.
데이비드 크리스털(2016). 『힘 있는 말하기』. 이희수 역. 토트.
래리 킹(2004). 『대화의 법칙』. 강서일 역. 청년정신.
로날드 애들러·러셀 프록터(2021). 『인간관계와 의사소통의 심리학』. 정태연 역. 박영스토리.
로버트 그린(2012). 『유혹의 기술』. 강미경 역. 웅진지식하우스.
로버트 치알디니(2013). 『설득의 심리학』. 황혜숙 역. 21세기북스.
로이 언더힐(2004). 『청중을 사로잡는 기술』. 이종인 역. 더난출판.
류리나(2019). 『하버드 100년 전통 말하기 수업』. 이에스더 역. 리드리드출판.
리웨이원(2015). 『하버드 말하기 수업』. 김락준 역. 가나출판사.
마리온 위츠(2004). 『당당하게 일어나 자신있게 말하라』. 김수진 역. 아라크네.
마크 냅·주디스 홀·테렌스 호건(2017). 『비언어 커뮤니케이션』. 최양호·김영기 역. 커뮤니케이션북스.
매튜 맥케이·마사 데이비스(2003). 『메시지』. 이재봉 역. 보보스.
박기순(1998). 『대인커뮤니케이션』. 세영사.
박경현(2001). 『리더의 화법』. 삼영사.
박덕재(2012). 온라인 대학영문법 수업에서 상호작용과 정의적 요인이 교육효과에 미치는 영향. 『한국콘텐츠학회논문지』 12권 4호, 510~519.
방선욱(2003). 교수 학습과 매체에 대한 커뮤니케이션 연구의 관점 비교를 통한 대안적 교육 패러다임 모색. 『커뮤니케이션학연구』 11권 1호, 236~262.

배윤희(2018). 『8 step으로 완성하는 스피치 트레이닝』. 시대인.
백미숙(2007). 『스피치특강』. 커뮤니케이션북스.
_____(2009). 교양교육으로서의 말하기 교육의 현황과 방향: 성균관대학교의 '스피치와 토론' 강좌 사례를 중심으로. 『수사학』. 10집, 323~348.
_____(2013). 『스피치로 승부하라』. 교보문고.
범기수·김은정·유가기·정혜진(2009). 자기주장성과 스피치 교육의 효과. 『스피치와 커뮤니케이션』. 12호, 196~218.
변영계·김영환·손미(2007). 『교육방법 및 교육공학』. 학지사.
복주환(2018). 『생각정리스피치』. 천그루숲.
빈현우(2014). 『스피치의 매력에 빠지다』. 지혜정원.
성은모·진성희(2011). 전원학교 이러닝 교수학습 환경에서 교수의 사회적 지지인식, 교수매체활용 지식 및 의지가 교수매체활용 및 교육효과 인지도에 미치는 영향. 『교육공학연구』. 27권 3호, 599~623.
스튜어트 다이아몬드(2011). 『어떻게 원하는 것을 얻는가』. 김태훈 역. 8.0(에이트 포인트).
스피치와 토론 교과교재 출간위원회(2014). 『소통의 기초 스피치와 토론』. 성균관대학교 출판부.
스쿤(2021). 『당신만 모르는 인생을 바꾸는 대화법』. 박진희 역. 미디어숲.
샘 리스(2014). 『레토릭: 세상을 움직인 설득의 비밀』. 정미나 역. 청어람미디어.
안선경·허경호(2004). 개인의 성격과 의사소통 능력 간의 관계. 『한국언론학보』. 48권 2호, 321~346.
안호림(2021). 교수자 커뮤니케이션 행동의 차별적 효과에 대한 연구: 학습자의 성격요인과 커뮤니케이션 특성에 따른 집단간 차이. 『디지털융복합연구』. 19권 1호, 361~371.
야하타 히로시(2003). 『프리젠테이션 박사』. 나상억 역. 21세기북스.
에드워드 험프리(2020). 『위대한 명연설』. 홍선영 역. 베이직북스.
양정애(2019). 일반 시민들이 생각하는 '뉴스'와 '가짜뉴스'. 『미디어 이슈』 5권

1호, 한국언론진흥재단.
오미영·정인숙(2005). 『커뮤니케이션 핵심이론』. 커뮤니케이션북스.
유발 하라리(2015). 『사피엔스』. 조현욱 역. 김영사.
유태용(1999). 성격의 5요인과 학업수행간의 관계. 『광운대학교 인문사회과학논문집』. 28권, 197~214.
윤영미(2016). 『넌 지금 그걸 말이라고 하세요?』. 어나더북.
이연택(2003). 『이연택 교수의 토론의 기술』. 21세기북스.
이옥주·정색영(2008). 의사소통 중심의 교수법의 학습효과에 대한 실험적 연구: 초급중국어 강의실 수업을 중심으로. 『중국어문학논집』. 52호, 217~241.
이상철(2005). 교양교육으로서 스피치와 토론 프로그램의 유익성과 한계점. 『한국소통학회』 가을철 정기학술대회 발표논문.
이상철·백미숙·정현숙(2006). 『스피치와 토론』. 성균관대학교 출판부.
이재호(2015). 『미러링 스피치』. 미다스북스.
이희현·송인섭(2009). 지능과 성격 5요인간의 관계. 『교육심리연구』. 23권 3호, 601~622.
이창덕 외(2007). 『삶과 화법』. 박이정출판사.
임유정(2015). 『임유정의 나의 스피치 스타일을 바꿔라』. 원앤원북스.
_____(2017). 『스피치 트레이닝, 60일의 기적』. 원앤원북스.
임철웅(2019). 『마음을 훔치는 대화:이론편』. 42미디어콘텐츠.
_____(2020). 『마음을 훔치는 대화:실전편』. 42미디어콘텐츠.
임태섭(2010). 『스피치 커뮤니케이션』. 커뮤니케이션북스.
장해순·한주리(2005). 관찰자 측정 스피치 능력 척도 타당성 검증. 『한국방송학회』. 19호, 178~217.
장해순·한주리·허경호(2007). 갈등관리스타일에 영향을 미치는 퍼스낼리티 요인: 성격 5요인(big five factors), 자아존중감, 자기감시를 중심으로. 『한국언론정보학보』. 37호, 418~451.
전성기(2007). 『인문학의 수사학적 탐구』. 고려대학교출판부.

전영우(2004). 『스피치와 프리젠테이션』. 민지사.
정경진(2009). 『내 인생을 바꾸는 3분 스피치』. 북앤라이프.
정미영(2009). 『스피치 커뮤니케이션(이론과 실제)』. 한국학술정보.
제러미 도노반·라이언 애이버리(2015). 『스피치 에센스』. 박상진 역. 진성북스.
조예신(2016). 『스피치 비언어 커뮤니케이션』. 높이깊이.
존 케이도(2013). 『한 마디 사과가 백 마디 설득을 이긴다』. 이현우 역. 서울문화사.
전재강(2011). 『발표와 토론』. 박이정출판사.
지그문트 프로이트(2020). 『일상 생활의 정신 병리학』. 이한우 역. 열린책들.
최병학(1997). 『방송화술강의』. 오늘예감.
타니모토 유카(2017). 『사람의 마음을 얻는 대화의 기술 48가지』. 이선영 역. 리텍콘텐츠.
탁희성·김은정(2015). 『커뮤니케이션&스피치』. 태학사.
티모시 보서스(2007). 『수사학 이론』. 이희복·차유철·안주아·신명희 역. 커뮤니케이션북스.
피터 콜릿(2004). 『몸이 나보다 먼저 말한다』. 박태선 역. 청림출판.
카나이 히데유키(2007). 『3분 스피치』. 이봉노 역. 북뱅크.
＿＿＿＿＿＿＿＿(2017). 『남 앞에서 떨지 않고 말하게 해주는 책』. 최현숙 역. 국일미디어.
코르넬리아 토프(2019). 『침묵이라는 무기』. 장혜경 역. 가나출판사.
케리 패터슨·조셉 그레니·론 맥밀런·알 스위즐러(2003). 『결정적 순간의 대화』. 김경섭·김선준 역. 김영사.
황유선·손의식·조현지·김지민(2012). 『커뮤니케이션과 방송 스피치』. 미르컴.
홍주현·나은경(2016). 온라인 혐오표현의 확산 네트워크 분석: 이유 속성별 확산 패턴 및 혐오표현의 유형과 강도. 『한국언론학보』. 60권 5호, 145~175.
KBS아나운서실(1997). 『아나운서 교본』. KBS한국방송사업단.

2. 국외문헌

Allen, M., Witt, P. L. & Wheeless, L. R. (2006). The role of teacher immediacy as a motivational factor in student learning: Using meta-analysis. *Communication Education*, 55(1), 21-31.

Avtgis, T. A. & Rancer, A. S. (2010). *Arguments, aggression, and conflict: New directions in theory and research* (Eds.). New York: Routledge.

Banfield, S. R., Richmond, V. P. & McCroskey, J. C. (2006). The effect of teacher misbehaviors on teacher credibility and affect for the teacher. *Communication Education*, 55, 63-72.

Barack Obama's Speech on Race. The New York Times, 18 March 2008.

Battistella, E. L. (2014). *Sorry about that: The language of public apology*. Oxford, MA: Oxford University Press.

Birdwhistell, R. L. (1970). *Kinesics and Context. Essays on Body Motion Communication*, Philadelphia: University of Pennsylvania Press.

Bond, C. F. & DePaulo, B. M. (2006). Accuracy of deception judgments. *Review of Personality and Social Psychology*, 10, 214-234.

Bowler, M. C., Bowler, J. L. & Cope, J. G. (2012). Further evidence of the impact of cognitive complexity on the Five-Factor Model. *Social Behavior and Personality*, 40(7), 1083-1098.

Burgoon, J. K., Buller, D. B. & Woodall, W. G. (1996). *Nonverbal Communication: The unspoken dialogue* (2nd ed.). New York: McGraw-Hall.

Coleman, P. (2002). *How to say it for couples: Communication with tenderness, openness, and honesty*. Paramus, NJ: Prentice-Hall.

Cortez, D., Gayle, B. M. & Preiss, R. W. (2006). An overview of teacher effectiveness research: Components and processes. In Gayle, B. M., Preiss, R. W., Burrell, N. & Allen, M. (Eds.), *Classroom communication and instructional analyses* (pp. 263-277). Mahwah, NJ: Erlbaum.

Cragan, J. F., Wright, D. W. & Kasch, C. R. (2003). *Communication in Small Groups: Theory, Process, and Skills*. Cengage Learning.

DeVito, J. A. (2008). *Essentials of Human Communication* (6th ed.). Boston, MA: Allyn and Bacon.

Donath, J. & Boyd, D. M. (2004). Public displays of connection. *BT Technology Journal*, 22(4), 71-82.

Ellison, N. B., Lampe, C. & Steinfield, C. (2009). Social network sites and society: Current trends and future possibilities. *Interactions*, 16(1), 6-9.

Fassett, D. L. & Myers, S. A. (2010). *The SAGE Handbook of Communication and instruction* (Eds.). Los Angeles, CA: Sage.

Fono, D. & Raynes-Goldie, K. (2006). Hyper-friendship and beyond: Friends and social norms on LiveJournal. In Consalvo, M. & Haythornthwaite, C. (Eds.), *Internet Research Annual Volume 4: Selected Papers from the AOIR conference* (pp. 91-103). New York: Peter Lang.

Gabbott, M. & Hogg, G. (2000). An Empirical Investigation of the Impact of Nonverbal Communication on Service Evaluation. *European Journal of Marketing*, 34(3/4), 384-398.

Gamble, T. K. & Gamble, M. W. (2013). *Interpersonal Communication: Building Connections Together*. SAGE.

German, K., Gronbeck, B., Ehinger, D. & Monroe, A. H. (2001). *Principles of Public Speaking*. Longman.

Golish, T. D. & Olson, L. N. (2000). Students' use of power in the classroom: An investigation of student power, teacher power, and teacher immediacy. *Communication Quarterly*, 47, 293-310.

Gregory, H. (2002). *Public Speaking for College and Career*. McGraw-Hill.

Griffn, C. L. (2003). *Invitation to Public Speaking*. Wadsworth.

Hickson, M. III., Stacks, D. W. & Moore, N. (2004). Nonverbal communication: Studies and applications (4th ed.). Los Angeles: Roxbury.

Infante, D. A., Rancer, A. S. & Avtgis, T. A. (2010). *Contemporary communication theory* (Eds.). Dubuque IA: Kendall Hunt.

Jaffe, C. (2004). *Public Speaking: Concepts and Skills for a Diverse Society*. Wadsworth.

Joinson, A. (2001). Self-disclosure in computer-mediated communication: The role of self-awareness and visual anonymity. *European Journal of Social Psychology*, 31, 177-192.

Levine, T. R., Shaw, A. & Shulman, H. C. (2010). Increasing deception detection accuracy with strategic questioning. *Human Communication Research*, 36, 216-231.

Lews, C., George, J. F. & Giordano, G. (2009). A cross-cultural comparison of computer-mediated deceptive communication. A paper presented at 2009 Pacific Asia Conference on Information Systems.
http://aisel.aisnet.org/pacis2009/21.

Lucas, S. E. (2004). *The Art of Public Speaking*. McGraw-Hill.

Martin, M. M. & Myers, S. A. (2010). The relational side of instructional communication: An Examination of instructor's presentational communication traits. In Fassett, D. L. & Warren, J. T. (Eds.). *The sage handbook of communication and instruction* (pp. 263-280). Los Angeles, CA: Sage.

McCrae, R. & Costa, P. (1987). Validation of the five-factor model of personality across instruments and observers. *Journal of Personality and Social Psychology*, 52, 81-90.

McCallister, L. (1992). *I wish I'd said that!*. New York: John Wiley & Sons.

McCroskey, J. C. (1993). *An introduction to rhetorical communication*. Englewood cliffs, NJ: Prentice Hall.

_____ (2011). Communication apprehension: What have we learned in the last four decades. *Human Communication*, 12(2), 157-171.

McCroskey, J. C. & Beatty, M. J. (1987). Communication apprehension. In Daly, J. A. (Ed.), *Personality and interpersonal communication* (pp. 215-231). Newbury Park, CA: Sage.

McCroskey, J. C., Heisel, A. D. & Richmond, V. P. (2001). Eysenck's BIG THREE and communication traits: Three correlational studies. *Communication Monographs*, 68, 360-366.

McCroskey, J. C., Holdridge, W. & Toomb, J. K. (1974). An instrument for measuring the source credibility of basic speech communication instructors. *Speech Teacher*, 23, 26-33.

McCroskey, J. C. & McCroskey, L. L. (2006). Instructional communication: The historical perspective. In Mottet, T. P., Richmond, V. P. & McCroskey, J. C. (Eds.), *Handbook of instructional communication: Rhetorical and relational perspectives* (pp. 33-47). Boston: Allyn & Bacon.

McCroskey, L. L., Richmond, V. P. & McCroskey, J. C. (2002). The scholarship of teaching and learning: Contributions from the discipline of communication. *Communication Education*, 51(4), 383-391.

Mehrabian, A. (1972). *Nonverbal Communication*. Chicago: Aldine-Atherton.
Mr. Obama's Profile in Courage. The New York Times. 19 March 2008.
Myers, S. A. (1998). Instructor socio-communicative style, argumentativeness, and verbal aggressiveness in the college classroom. *Communication Research Reports*, 15, 141-151.
_____(2010). Instructional communication: The emergence of a field. In Fassett, D. L. & Warren, J. T. (Eds.). *The SAGE Handbook of Communication and Instruction* (pp. 149-159). Los Angeles, CA:Sage.
Meyers, S. A. & Avtgis, T. A. (1997). The association of socio-communicative style and relational type on perceptions of nonverbal immediacy. *Communication Research Reports*, 14, 339-349.
Myers, S. A., Mottet, T. P. & Martin, M. M. (2000). The relationship between student communication motives and perceived instructor communication style. *Communication Research Reports*, 17, 161-170.
Norton, R. (1978). Foundation of a communicator style construct. *Human Communication Research*, 4, 99-112.
_____(1983). *Communicator style: Theory, applications, and measures*. Beverly Hills, CA: Sage.
Petronid, S. (2002). *Boundaries of privacy: Dialectics of disclosure*. Albany: SUNY Press.
Petronio, S. & Durham, W. T. (2008). Communication privacy management theory: Significance for interpersonal communication. In Boxter, L. A. & Braithwaite, D. O. (Eds.), *Engaging theories in interpersonal communication: Multiple Perspectives* (pp. 309-322). Thousand Oaks, CA: Sage.
Pogue, L. L. & AhYun, K. (2006). The effect of teacher nonverbal immediacy

and credibility on student motivation and affective learning. *Communication Education*, 55, 331-344.

Richmond, V. & McCroskey, J. C. (1997). *Communication: Apprehension, avoidance, and effectiveness* (5th ed.). Scottsdale, AZ: Gorsuch Scarisbrick.

Richmond, V. P., Wrench, J. S. & Gorham, J. (2001). *Communication, affect, and learning in the classroom.* MA: Tapestry Press.

Schrodt, P. & Turman, P. D. (2005). The impact of instructional technology use, course design, and sex differences on students' initial perceptions of instructor credibility. *Communication Quarterly*, 53, 177-196.

Schrodt, P., Turman, P. D. & Soliz, J. (2006). Perceived understanding as a mediator of perceived teacher confirmation and students' ratings of instruction. *Communication Education*, 55, 370-388.

Schrodt, P. & Witt, P. L. (2006). Students' attributions of instructor credibility as a function of students' expectations of instructional technology use and nonverbal immediacy. *Communication Education*, 55, 1-20.

Schrodt, P., Witt, P. L. & Turman, P. D. (2007). Reconsidering the measurement of teacher power use in the college classroom. *Communication Education*, 56, 308-332.

Schrodt, P., Witt, P. L., Turman, P. D., Myers, S. A., Barton, M. H. & Jernberg, K. A. (2008). Testing a general model of instructional communication across four institutions. Paper presented at the meeting of the National Communication Association, San Diego, CA.

Semlak, J. L. & Pearson, J. C. (2008). Through the years: An examination of instructor age and misbehavior on perceived teacher

credibility. *Communication Research Reports*, 25, 76-85.
Simonds, B. K., Meyer, K. R., Quinlan, M. M. & Hunt, S. K. (2006). Effects of instructor speech rate on student affective learning, recall, and perceptions of nonverbal immediacy, credibility, and clarity. *Communication Research Reports*, 23, 187-197.
Solomon, D. & Theiss, J. (2013). *Interpersonal Communication: Putting Theory into Practice*. Taylor & Francis.
Sprague, J. & Stuart, D. (2005). *The Speaker's Handbook*. Tomson.
Sundaram, D. S. & Webster, C. (2000). The role of nonverbal communication in service encounters, *Journal of Services Marketing*, 14(5), 378-391.
Tedford, T. L. & Herbeck, D. A. (2001). *Freedom of speech in the United States* (4th Ed.). State College, PA: Strata Publishing.
Tidwell, L. C. & Walther, J. B. (2002). Computer-mediated communication effects on disclosure, impressions, and interpersonal evaluations: Getting to know one another a bit at a time. *Human communication Research*, 28(3), 317-348.
Verderber, U. F. (2000). *Effective Speaking*. Wadsworth.
Wrench, J. S., Goding, A., Johnson, D. I. & Attias, B. A. (2011). *Stand Up, Speak Out: The Practice and Ethics of Public Speaking*. FlatWorld.
Witt, P. L. & Behnke, R. R. (2006). Anticipatory speech anxiety as a function of public speaking assignment type. *Communication Education*, 55, 166-177.
Witt, P. L. & Schrodt, P. (2006). The influence of instructional technology use and instructor immediacy on student affect for instructor and course. *Communication Reports*, 19, 1-15.
Witt, P. L. & Wheeless, L. R. (2001). An experimental study of teachers'

verbal and nonverbal immediacy and students' affective and cognitive learning. *Communication Education*, 50, 327-342.

Witt, P. L., Wheeless, L. R. & Allen, M. (2004). A meta-analytical review of the relationship between teacher immediacy and student learning. *Communication Monographs*, 71, 184-207.

Wolvin, A. D. & Coakley, C. G. (1985). *Listening*. Dubuque. LA: Wm. C. Brown Publishers.

Worley, D. W. & Cornett-DeVito, M. M. (2007). College students with learning disabilities (SWLD) and their response to teacher power. *Communication Studies*, 58, 17-33.

Zarefsky, D. (2002). *Public Speaking*, Strategies for Success. Allyn & Bac

Zhang, Q. (2007). Teacher misbehaviors as learning demotivators in college classrooms: A cross-cultural investigation in China, Germany, Japan, and the United States. *Communication Education*, 56, 209-227.

Zhang, Q. & Oetzel, J. G. (2006). A cross-cultural test of immediacy-learning models in Chinese classrooms. *Communication Education*, 55(3), 322-325.

Zhang, Q. & Sapp, D. A. (2009). The effect of perceived teacher burnout on credibility. *Communication Research Reports*, 26(1), 87-90.

Zhang, Q., Zhang, J. & Castelluccio, A. (2011). A cross-cultural investigation of student resistance in college classrooms: The effects of teacher misbehaviors and credibility. *Communication Quarterly*, 59(4), 450-464.

미래를 바꾸는 말 한마디
ⓒ 2021 안호림

1판 1쇄 발행 2021년 10월 28일
지 은 이   안호림
펴 낸 이   김재문

책임편집   정수연
디 자 인   이정아
펴 낸 곳   출판그룹 상상
출판등록   2010년 5월 27일 제2010-000116호
주   소   (06646) 서울시 서초구 반포대로28길 42, 6층
전자우편   story@sangsang21.com | 홈페이지 www.sangsang21.com
페이스북   facebook.com/sangsangbookclub
인스타그램 @sangsangbookclub
대표전화   02-588-4589 | 팩스 02-588-3589

ISBN 979-11-91197-25-9 (03320)

* 이 책의 판권은 지은이와 출판그룹 상상에 있습니다.
  이 책 내용의 일부 또는 전부를 재사용하려면 사전에 양측의 동의를 받아야 합니다.

* 이 저서는 2017년 정부(교육부)의 재원으로 한국연구재단의 지원을 받아 수행된 연구임.
  (NRF-2017S1A6A4A01020560)
  This work was supported by the National Research Foundation of Korea Grant funded by the Korean Government(NRF-2017S1A6A4A01020560)